Robert Stupperic.

Erasmus von Rotterdam und seine Welt

1977

Walter de Gruyter · Berlin · New York

CIP-Kurztitelaufnahme der Deutschen Bibliothek

Stupperich, Robert
Erasmus von Rotterdam und seine Welt. – Berlin, New York :
de Gruyter, 1977.
(De-Gruyter-Studienbuch)
ISBN 3-11-007085-5

1977 by Walter de Gruyter & Co., vormals G. J. Göschen'sche Verlagshandlung
J. Guttentag, Verlagsbuchhandlung · Georg Reimer · Karl J. Trübner
Veit & Comp., Berlin 30, Genthiner Straße 13.
Printed in Germany

Satz und Druck: Walter de Gruyter & Co., Berlin
Einband: Lüderitz & Bauer, Berlin

Vorwort

Dieses Buch ist im wesentlichen während eines Studienjahres in Holland entstanden, als ich die Gelegenheit hatte, ausschließlich auf dem Gebiet der Erasmus-Forschung zu arbeiten. Meine Studien galten sowohl biographischen Problemen als auch dem Verhältnis von Humanismus und Theologie im Wirken des großen Gelehrten. Der Ertrag meiner Untersuchungen, die in einigen Fällen zu neuen Ergebnissen führten, und Anregungen aus der fast nicht mehr zu übersehenden Erasmus-Literatur im holländischen, französischen und englischen Sprachgebiet veranlaßten mich zu einer Zusammenfassung.

Im letzten halben Jahrhundert war es vor allem Johan Huizinga, der mit seinem Erasmus-Buch (1924) auf die Forschung bestimmend einwirkte. Es sind zwar auch von anderen Autoren Anregungen ausgegangen, aber Huizinga ist doch nicht überboten worden. Seine Erasmus-Biographie ist auch im Zeichen des 500. Geburtstages des Rotterdamers nicht erneuert worden. Wohl haben unlängst die beiden Amerikaner Roland H. Bainton und Albert Hyma resummierende Abrisse ihrer Lebensarbeit geboten, manches gesichtet, doch in der Hauptsache es bei der alten Position bewenden lassen.

Das vorliegende Buch bietet einen Einblick in die internationale Forschungslage auf dem Gebiet der Erasmus-Forschung, beleuchtet ihre Ergebnisse und nimmt Stellung zu den wesentlichen Problemen hinsichtlich des Lebensganges und des Werkes des Erasmus. Einige bisher noch nicht berührte Fragen werden erstmalig aufgenommen und näher untersucht. Bei meiner Behandlungsweise sind, wie ich hoffe, Aspekte eröffnet worden, die der weiteren Erasmus-Forschung zugute kommen werden.

Zu danken habe ich beim Abschluß dieses Buches der Erasmus-Kommission der Kgl. Niederländischen Akademie der Wissenschaften in Amsterdam, den Direktoren der Kgl. Bibliothek in Den Haag und der Gemeente-Bibliotheek in Rotterdam, den Kollegen von den niederländischen Universitäten, die mit mir ins Gespräch eingetreten sind, und

nicht zuletzt dem Nederlands Instituut voor voortgezet wetenschap-
pelijk onderzoek (NIAS) in Wassenaar, das mir die äußere Möglichkeit
zur Durchführung dieser Arbeit geboten hat.

Münster   Robert Stupperich

Inhaltsverzeichnis

Abkürzungen

Allen = Opus epistolarum Des. Erasmi Roterodami denuo regognitum et auctum per P. S. Allen. Oxonii 1906–1958. 12 vol.

ARG = Archiv für Reformationsgeschichte

ASD = Opera omnia Desiderii Erasmi Roterodami. Amsterdam 1969 ff.

BHR = Bibliothèque d'Humanisme et Renaissance

Holborn = Ausgewählte Werke. Desiderii Erasmi Roterodami ed. Hajo Holborn. München 1933 (Neudruck 1964)

Huizinga = Johan Huizinga. Erasmus. (1924), ³Haarlem 1936

LB = Des. Erasmi Roterodami Opera omnia ed J. Clericus, Lugduni Batavorum 1703–1706, 10 vols (Neudruck Hildesheim 1961/62).

Meissinger = Karl August Meissinger. Erasmus von Rotterdam. Berlin ²1948

Mestwerdt = Paul Mestwerdt. Die Anfänge des Erasmus. Leipzig 1917

MPG = Migne. Patrologiae cursus completus, series graeca. Paris 1857

MPL = Migne. Patrologiae cursus completus series latina. Paris

NDB = Neue Deutsche Biographie

Reedijk = Desiderius Erasmus. The poems ed. C. Reedijk. Leiden 1956

Renaudet. Préréforme = Préréforme et humanisme à Paris. Paris ²1953

Renaudet. Erasme, Sa pensée = E. Sa pensée réligiense et son action. Paris 1926

Renaudet. Etudes = Etudes erasmiennes. Paris 1939

WA = Luthers Werke. Weimar 1883 ff.

ZKG = Zeitschrift für Kirchengeschichte

Zur Einführung

Über Erasmus von Rotterdam, sein Leben und sein Werk zu schreiben, ist immer ein Wagnis. Denn der große Humanist und berühmte Theologe ist nicht umsonst eine Sphinx genannt worden. Vielfach bleibt er rätselvoll und undurchdringlich. Was seine eigene Entwicklung anlangt, ist Erasmus wortkarg. Das hat seine besonderen Gründe, denn über dem Leben des berühmten Gelehrten steht ein unglücklicher Stern.

Äußere Ungunst hat ihn von kleinauf bedrückt und seine Entwicklung gehindert. Die Umwelt war – nach seiner Auffassung und Erfahrung – ihm feindlich. Es hat lange gedauert, bis er sich freigekämpft hatte für ein Leben und Wirken, wie er es sich wünschte. Aber in innerer Hinsicht blieb er gehemmt. Erasmus zog sich zurück in das Gehäuse des Hieronymus, er blieb am liebsten allein, trat nicht hervor, führte sogar das Gespräch mit der ganzen damaligen gebildeten Welt vom Schreibtisch aus.

An äußeren Ereignissen ist dieses Leben nicht besonders reich, obwohl sein Träger mit den bedeutendsten Persönlichkeiten seiner Zeit in Verbindung stand und an den wichtigsten Geschehnissen im Verlauf von mehr als einem Menschenalter Anteil hatte.

In seiner niederländischen Heimat war Erasmus mit der Frömmigkeitsbewegung der Devotio moderna in Berührung gekommen, hatte den Augustinismus und die Anfänge des Humanismus kennen gelernt, Bestrebungen, die er selbst weiter gepflegt und durch sein ganzes Leben hindurch gefördert hat, ohne sich einer dieser Bewegungen allein verschreiben zu können. In der Verbindung verschiedener Motive prägte sich seine eigene Gedankenwelt und Weltanschauung aus. Weil er nicht nur ein religiosus, nicht nur ein scholasticus, nicht nur ein literatus, sondern alles zugleich war, wurde er zu seiner Zeit bewundert und gerühmt. Päpste und Könige hielten es für eine Ehre, mit dem Fürsten in der Welt des Geistes Briefe zu wechseln und an seinen Gedanken Anteil zu haben. Mit manchen unter ihnen verdarb er es, weil er auch anderen als ihren Interessen huldigte und sich nicht einseitig entscheiden konnte.

Erasmus ist ein Mann für sich[1] – schrieben seine humanistischen Verehrer. Es gab zu seiner Zeit keinen, den man neben ihn stellen konnte. Unzählige haben ihn als ihren Lehrer bezeichnet, viele sich von ihm abgegrenzt, nur wenige ihm sich voll angeschlossen; niemand konnte an ihm vorübergehen. Erasmus soll im folgenden nicht von der psychologischen Seite erfaßt werden. Das hat sein geistvoller Landsmann Johan Huizinga in einzigartiger Schau getan[2]. Ebensowenig soll er von den Auseinandersetzungen seiner Zeit aus verstanden werden. Wer es bisher getan hat – auf welcher Seite auch – ist Erasmus nicht gerecht geworden. Und das waren im 16. Jahrhundert die meisten. Sein Schüler Melanchthon gehört zu den wenigen, die seine Leistungen und seine Bedeutung für die Menschen seiner und der späteren Zeit gerecht zu würdigen wußte[3]. Für ihn ist Erasmus derjenige, der die Schneisen durch den Wald geschlagen, der als ein venerabilis inceptor den Ruf ad fontes erhoben, der damit die großen der Menschheit gesetzten, aber später verdunkelten Ziele wieder hat erstrahlen lassen. Wie Erasmus zeitlebens an diesen Zielen festgehalten und sie trotz aller Gegensätze verteidigt hat, so hat auch Melanchthon in entscheidenden Fragen mit ihm übereinstimmen können, ohne sich seiner Selbständigkeit dabei zu begeben. Melanchthon sah Erasmus als den sich gleichbleibenden Denker an und hat diese Auffassung auch durch sein ganzes Leben hindurch vertreten.

Daß Erasmus selbst seinen Weg und sein Werk in gleicher Weise beurteilte, wird ihm bekannt gewesen sein. Mochte manches, was Erasmus geschrieben hat, den Zeitgenossen, und gerade den Konservativen unter ihnen, anstößig gewesen sein, mochten sie es für unvereinbar halten, daß ein und derselbe Gelehrte sich um die neue religiöse Grundlegung bemühte und dann die Laus stultitiae schrieb, Erasmus selbst bekannte sich dazu, daß es derselbe Geist sei, aus dem heraus er beides getan hat[4].

Durch Spiel und Ironie tiefe Wahrheiten auszusprechen, ist dem holländischen Geist bis heute geläufig. Diese Ausdrucksweise hat uns

---

[1] Erasmus est homo sui generis bzw. pro se. Epp. obscurorum virorum ed. Alois Bömer. Leipzig 1924 Ep. 59.

[2] J. Huizinga. Erasmus. Haarlem ³1936, S. 126 ff.

[3] R. Stupperich. Melanchthon und Erasmus (im Druck).

[4] Allen 2,93: Nec aliud agitur in Moria sub specie lusus, quam actum est in Enchiridio bzw. in caeteris lucubrationibus, tametsi via diversa.

Huizinga in seinem homo ludens zu verstehen gelehrt[5]. Damit soll nicht gesagt sein, daß in den Anschauungen des Erasmus etwas Spielerisches liegt, daß er letzten Endes – wie Luther meinte – ein Skeptiker sei, der an keine letzte Wahrheit glaubte[6]. Dieses Urteil ist sicher unrichtig. Erasmus war aufrichtig und hielt fest, was er sagte, aber darin war er eben Humanist, daß er der antiken Rhetorik folgend verschiedene Formen anwenden konnte, wenn er seine Gedanken wirksam machen wollte.

Es ist zu fragen, ob Erasmus seine Zeit richtig eingeschätzt hat, ob er nicht fälschlicherweise gemeint hat, sich auf eine höhere Ebene stellen und sich dadurch dem Tageskampf entziehen zu können. Erasmus blieb im Niemandsland und wurde von vielen Seiten angegriffen. Er meinte trotzdem, diesen Weg gehen zu müssen. Wenn er seine Heimat verließ, wenn er sich von seinen engsten Freunden und Mitarbeitern in Basel trennte, so erhob sich die Frage, ob es nicht ein schwächliches Ausweichen war, wo ein entschiedenes Auftreten gefordert wurde. Wir werden seine Haltung, die mit seinem Charakter aufs engste zusammenhängt, oft anders beurteilen, als er es selbst getan hat. Erasmus meinte, unter seinen Umständen nicht anders sich entscheiden zu können.

Bis heute wird die Frage verschieden beantwortet, ob Erasmus ein spät-antiker, ein mittelalterlicher oder ein moderner Mensch gewesen sei. An dieser Stelle muß nach seinem Verhältnis zur Vergangenheit und zu seiner Gegenwart gefragt werden. War die Bindung an die Vergangenheit bei ihm stärker als die Verpflichtung seiner Gegenwart gegenüber? Man kann hier Widersprüche finden oder zumindest Gegensätze, die Erasmus selbst nicht bewußt geworden sind. Aber auch für den heutigen Beurteiler werden diese Spannungen noch geklärt werden müssen. Die Erforschung des Spätmittelalters hat zwar in den letzten Jahrzehnten große Fortschritte gemacht, und doch stehen ungelöste Aufgaben in großer Zahl vor uns. Erasmus lebte durchaus in der Welt des mittelalterlichen Menschen, wenn er auch schon einen Fuß über die Schwelle der neuen Zeit gesetzt hat. Darum ist er zu keinem Entweder – Oder gekommen, er umfaßt alles, Altes und Neues, und meint, beides zugleich festhalten zu können und zu sollen. Daher ist oft die Frage gestellt worden, ob seine Anschauungen auch einheitlich[7] waren oder ob er sie

---

[5] J. Huizinga. Homo ludens. (1938) dt. Ausg. Basel 1943.
[6] WA 18,604.
[7] Vgl. E. W. Kohls. Die Einheit der Theologie des Erasmus. (Theologische Literaturzeitung 1970, S. 642–648.)

zu keiner letzten Einheit hatte bringen können. Ist er nur der große
Eklektiker oder konnte er aus einer einheitlichen Weltbetrachtung
heraus Wegweiser in die Zukunft sein?

In der Gegenwart ist es dem Historiker selbstverständlich, daß bei
der Abfassung einer Biographie der Briefwechsel der betreffenden Per-
sönlichkeit das wichtigste Quellenmaterial darstellt. Briefe, in denen der
Verfasser seine innersten Gedanken an ihm nahestehende Menschen aus-
spricht, sind meist die besten und eindeutigsten Kommentare zu seinen
Werken. Aber auch für den eigenen Lebensweg gibt es keine bessere
Markierung als durch die Briefe aus derselben Zeit. Beides ist in gleicher
Weise zu bedenken.

Pierre Mesnard hat nachdrücklich betont, daß gerade die schwer zu
deutenden Hauptwerke des Erasmus, wie etwa die Laus stultitiae, von
den Briefen des Verfassers her eine vortreffliche, um nicht zu sagen die
bestmögliche Deutung erfahren[8]. So sehr diese auf die Sache bezogene
Deutung anzuerkennen ist, muß bei Erasmus andererseits zur Kenntnis
genommen werden, daß er wie die meisten Humanisten seiner Zeit in
Anknüpfung an die antike Tradition den persönlichen Charakter des
Briefes in unserem Sinne nicht kannte. Der Brief galt ihm nicht als ein-
maliges historisches Zeugnis, das zugleich ein Dokument für die zeit-
gebundene Lage des Verfassers war, sondern vielmehr als Schriftstück
von literarischem Wert. Erasmus zeigte schon in jungen Jahren, in
welchem Maße er der antiken Überlieferung verhaftet war. Nicht nur in
theoretischer, sondern auch in praktischer Weise schloß er sich an antike
Muster und Vorbilder an.

Seine auf Wunsch von Robert Fisher verfaßte Schrift De conscribendis epistolis[9] war in Paris 1498 fertiggestellt und an mehrere
Personen geschickt worden, um sie nicht verloren gehen zu lassen[10].
Offenbar hatte Erasmus viel Arbeit hineingelegt und dieser Schrift einen
nicht geringen Wert beigemessen. Es ist noch nicht ausgemacht, ob
Erasmus die im Mittelalter übliche summa dictaminis oder ars dictandi
nur auf seine Ebene übertragen oder ob er einen neuen Weg einschlagen
wollte. Die Lektüre seiner Schrift zeigt, wie Erasmus den Brief ein-

---

[8] P. Mesnard. Humanisme et theologie dans la controverse entre Erasme et Dorpius. (Filosofia 14, Turino 1963, S. 885.)
[9] ASD I, 2,153–580 = LB 1,343ff. Vgl. A. Gerlo. L'opus de conscribendis
epistolis. (Colloquia Erasmiana Turonensia I) ed. J. C. Margolin. Toronto
1972 S. 223ff.
[10] Allen 1,198.209.

schätzt, der je nach seinem Charakter auch eine besondere Behandlungsweise erfahren muß. Ein Brief kann nicht wie der andere sein. Zum Vergleich führt Erasmus an, daß die Menschen auch nicht die gleichen Schuhe oder Kleider tragen. Ein Brief muß einen klaren Aufbau haben, muß ausgearbeitet und zwar kunstvoll ausgearbeitet sein. Bei der Gestaltung der Briefe ist darauf zu achten, ob es ein privater oder ein öffentlicher Brief sein soll. Erasmus geht alle Arten von Briefen durch, je nach dem, ob sie dem Bericht, der Ermahnung, dem Trost, der Bitte, der Empfehlung oder anderen Zwecken dienen sollen. Er berücksichtigt nicht, daß Briefe selten einen ausschließlichen Charakter haben und die genera nicht streng von einander zu scheiden sind.

Die Forderung, daß Briefe kunstvoll und elegant sein müssen, stand für Erasmus fest, aber um elegant schreiben zu können, muß man nicht nur das Vokabular beherrschen, sondern auch andere rhetorische Regeln kennen wie das Vermeiden von Wiederholungen und der Monotonie des Ausdrucks. Zu diesem Zwecke hatte Erasmus eine Vorarbeit verfaßt: de copia verborum[11]. Die Ausdrucksweise muß, um die Eleganz zu erzielen, variiert werden durch Synonyma, Metaphern oder Veränderung der Begriffe. Mit alledem zeigt Erasmus, wie sehr er in der antiken Tradition steht. Wie einst Cicero oder Plinius ihre Gedanken in Briefform entwickelten und diese als besondere literarische Gattung gestalteten, so faßte auch Erasmus seine Aufgabe auf, als er seine Briefe herauszugeben sich entschloß.

An seinen eigenen Briefen konnte Erasmus feststellen, daß sie sehr verschiedenartig waren. Er gab keine Mustersammlung für verschiedene Arten von Briefen heraus, sondern machte auf dem Hintergrund seiner Lebensgeschichte auf wesentliche Probleme aufmerksam und versuchte, dadurch einen moralischen Einfluß auf Kirche und Öffentlichkeit auszuüben.

Erasmus hat sehr früh begonnen, seine eigenen Briefe zu sammeln. Bereits in Paris 1498 hat er Jugendbriefe von seinen Freunden zurückerbeten[12]. Gleich nach dem Tode seines Freundes Jacobus Batt hat er seine an ihn gerichteten Briefe abschreiben lassen[13]. Bald darauf äußerte er den Plan, seine Briefe herauszugeben[14]. Aber gerade von seinen

[11] LB 1,3–74. Vgl. G. Vallese. Erasme et le De duplici copia verborum ac rerum. (Coll. Erasm. Turon. I, S. 233 ff.)
[12] Allen 1,195.237.298.
[13] Allen 1,355.373.
[14] Allen 1,415: Mihi in animo est, librum unum epistolarum edere.

Klosterbriefen, die er zu sammeln begann, hat er sehr wenige veröffentlicht. Er wartete noch ein Jahrzehnt, ehe er sich an den Druck seiner
ausgewählten Briefe machte. In den Jahren 1516 bis 1536 sind elf Sammlungen seiner Briefe erschienen. Im 1. Bande seiner großen Briefedition
hat P. S. Allen im Appendix VII (1,593 ff.) die wichtigsten dieser
Briefsammlungen zusammengestellt und charakterisiert. Abgesehen von
zwei kleinen Büchlein, die ein Freund in Löwen vermutlich im Auftrag
des Erasmus herausgab, verantwortet Erasmus alle folgenden Briefeditionen. Die größten Sammlungen sind Farrago, Epistolae ad diversos
und das Opus epistolarum, die in Basel im Jahrzehnt 1519–1529 erschienen. Wie groß die von Erasmus getroffene Auswahl war, läßt sich
dabei kaum feststellen. Bedenken wir, daß Erasmus nach seinen eigenen
Angaben den halben Tag dem Briefschreiben widmete, so wird die Zahl
der von ihm verfaßten Briefe die der erhaltenen bei weitem übertroffen
haben. Nach welchen Gesichtspunkten er die Auswahl der Briefe traf,
die er für den Druck bestimmte, ist bisher im einzelnen noch nicht festgestellt worden, obwohl über seine Briefe sehr viel geschrieben worden
ist. Von Interesse war meist der Inhalt, weniger das Zustandekommen
der Sammlung. Die meisten Probleme sind mit der Frühzeit verbunden.
Es muß auffallen, daß Erasmus aus den Jahren 1502–1504 nur drei bis
sechs Briefe vorlegt, für das Jahr 1505 nur einen und das Jahr 1510
gänzlich ausfällt. Dabei handelt es sich um Jahre, in denen er vermutlich
keinen geringeren Briefwechsel geführt hat als sonst und in denen er
bereits mit der Möglichkeit rechnete, seine Briefe zu publizieren.
    Da Erasmus die Briefeditionen vornehmlich unter literarischen Ge-
sichtspunkten betrachtete, weniger unter autobiographischen, so hatte er
auch keine Bedenken, die für die Veröffentlichung bestimmten Briefe
abzuändern. In einem Brief an Aldo Manutius spricht er es offen aus:
wenn der Verleger einen Brief geändert haben wollte, so sollte er es
ohne Bedenken tun[15]. Erasmus hat es selbst auch getan. Der Literator
soll deshalb nicht ein Falsifikator genannt werden. Erasmus überarbeitete nicht nur seine alten Briefe, er stellte auch neue Briefe her und
schrieb diese sogar Menschen zu, die es gar nicht gab.
    Die Erasmus-Forschung hat einigen Einblick in die Werkstatt des
Meisters gewonnen. Dennoch ist es nicht möglich, immer genau nachzu-
weisen, wo Erasmus an seinen Briefen etwas geändert und den ursprünglichen Zusammenhang gestört hat. Bisweilen wollte Erasmus den

---

[15] Allen 1,441.

wahren Sachverhalt verwischen, wie im Falle seiner Herkunft und Jugend. Bisweilen hatte er mehrere Eisen gleichzeitig im Feuer und spielte eine Sache gegen die andere aus. Die Nachwelt, die keine Kontrollmöglichkeit mehr hatte, glaubte ihm aufs Wort.

Als Erasmus einen fingierten Brief an Jacobus Batt schrieb, war er erstaunt, daß Batt ihm daraufhin keinen Glauben mehr schenken wollte[16]. Erasmus versicherte ihm, daß er in den folgenden Briefen alles aufrichtig berichtet habe, und beschwor ihn, ihm gegenüber nicht mißtrauisch zu sein. Wir fragen, warum er Unwahres schrieb. Ging die Phantasie mit ihm durch oder wollte er nur die Darstellung interessanter machen? In manchen seiner Briefe finden sich abenteuerliche Berichte von Raubüberfällen, Geldverlusten und ähnlichem[17]. Da verfolgte Erasmus offenbar einen bestimmten Zweck, nämlich seine Freunde zu bewegen, ihm Geld zu schicken.

Ein Musterbeispiel für „unechte" Briefe ist der sogenannte Grunniusbrief[18]. Hier handelt es sich nicht nur um einen Brief an eine erdachte Person, sondern um einen Brief mit komponiertem Inhalt, mit dem Erasmus sein „Unglück" meistern wollte. Dabei liegt kein echter Brief zugrunde, der durch einzelne Passagen ergänzt worden wäre, sondern es handelt sich um eine von der Hand des Erasmus gegebene Darstellung, die er aus späterer Sicht, in die er sich hineingesteigert hatte, zurückprojiziert und dadurch in ein falsches Licht rückt. Ob dieser Brief tatsächlich gebraucht wurde, um in Rom verwendet zu werden, oder nur in der Öffentlichkeit für ihn wirken sollte, bleibt eine offene Frage.

Durch diese Eigenmächtigkeiten hat Erasmus seinen Biographen die Arbeit ungeheuer erschwert. Viele sind von ihm auf Holzwege geführt worden, da sie in Erasmus die anima candida sahen. Andere haben in Erasmus einen treuen Überlieferer der Quellen zu seiner Geschichte gesehen und haben ihm so viel Tendenz und Berechnung gar nicht zugetraut. Er selbst hat aber sein Leben mit einem mysteriösen Schleier umhüllt und die kritischen Forscher zu starkem Mißtrauen verleitet. Es ist nicht gut, sein eigener Editor und Biograph zu sein!

---

[16] Allen 1,287.
[17] Allen 1,233 u. ö.
[18] Allen 2,293–312. Vgl. P. Mestwerdt. Die Anfänge des Erasmus, Humanismus und Devotio moderna. Leipzig 1917, S. 189ff. Dort werden die kontroversen Fragen besprochen. In diesem Zusammenhang wird auch auf das Compendium vitae hingewiesen. (Allen 1,47ff.), das noch stärkeren Bedenken unterliegt.

Von den 11 Bänden des Opus Epistolarum Des. Erasmi Rotterodami entfallen auf den 1. Band die Briefe, die Erasmus bis zum Jahre 1514 geschrieben hat. Demgegenüber füllen die Briefe seiner letzten 22 Jahre ganze 10 Bände. Selbst wenn wir in Betracht ziehen, daß Erasmus in späteren Jahren eine größere Korrespondenz hatte als in der Frühzeit, bis zu seinem 45. Lebensjahr, so will es uns doch scheinen, daß aus der Anfangszeit nur der geringste Teil der Briefe erhalten geblieben ist. Wie wir gesehen haben, hat Erasmus früh seine Briefe zu sammeln begonnen; die Lücken sind trotzdem nicht unbeträchtlich.

Dabei hat Allen[19] die bemerkenswerte Feststellung gemacht, daß alle bekannten Briefe aus der Zeit vor 1514 noch zu Lebzeiten des Erasmus veröffentlicht worden sind, d. h. durch seine Hand gegangen und von ihm vor dem Druck geprüft worden sind. Die Zahl der in den genannten 11 Sammlungen veröffentlichten Briefe beträgt 1231. Es ist daher ausgeschlossen, daß Erasmus seine Briefe nur als Beispielsammlungen im Anschluß an die Schrift De conscribendis epistolis bekannt gemacht hätte. Vielmehr ist anzunehmen, daß er andere Absichten mit ihnen verfolgte.

Da Erasmus nicht alle ihm vorliegenden Briefe veröffentlichte, sondern einige von ihnen ausschied, ist nach dem Schicksal dieser Briefe zu fragen. Wenn Erasmus sie nicht vernichtet hat, dann mußten sie später auftauchen. Tatsächlich sind solche ,,unbearbeiteten" Briefe oft wiedergefunden worden. Nach dem Verhältnis der beiden Kategorien muß gefragt werden. Dieser Frage ist Augustin Renaudet nachgegangen[20]. Er verfolgte abgesehen von den Editionen des 16. Jahrhundert die seit Merula (1607) veröffentlichten Briefausgaben, um zu einer Gesamtcharakteristik des erasmischen Briefwechsels zu kommen. Wenn er auch die großen Lücken feststellen mußte, z. B. das völlige Fehlen der Briefe aus Rom, so hat es Renaudet verabsäumt, Folgerungen aus dem festgestellten Tatbestand zu ziehen. Im Gegenteil: trotz der Feststellung, daß Erasmus seine ihm wichtig erscheinenden Briefe immer abschrieb oder abschreiben ließ und meist lange Jahre mit der Veröffentlichung wartete, meint Renaudet, daß Erasmus sich nicht viel Mühe mit den Briefeditionen gemacht habe. Auch hält er die Edition von Allen für ,,veritablement critique"[21]. Uns scheint es dagegen, daß Allen zu

---

[19] Allen 1,595.
[20] A. Renaudet, Erasme, sa vie et son œuvre jusqu'en 1517. (Revue historique 37, 1912, S. 225.)
[21] ibid. S. 230.

„erasmustreu" gewesen ist und die Briefe im Sinne des späteren Erasmus verstanden hat. Seine konservative Art hat ihn davon ferngehalten, kritische Fragen zu stellen. Niemand wird der Familie Allen die Anerkennung vorenthalten. Ihre Arbeit ist, wie Mesnard sagt, eine „édition magnifique"[22]. Dort aber, wo diese Edition offene Fragen stehen läßt, wird die historische Kritik erneut einsetzen müssen[23].

Die Forschung der letzten Jahre hat sich einmal auf die initia Erasmi zum anderen auf die Theologie des Meisters konzentriert[24]. Auf beiden Gebieten hat sie bemerkenswerte Ergebnisse hervorgebracht. Aber auf beiden Gebieten liegen noch offene Fragen vor, denen wir uns im Folgenden zuwenden müssen.

Nur von der Grundlage einer gesicherten Biographie aus kann eine Theologie des Erasmus geschrieben werden. Deshalb wird es als voreilig bezeichnet werden müssen, wenn eine solche entfaltet wird, ohne daß die Grundlagen der biographischen Forschung festgestellt sind. Diese Tatsache hat in der Forschung der letzten Jahrzehnte oft Überraschungen ergeben. Selbstverständlich können theologische Untersuchungen auch ohne subtile Kenntnis des biographischen Hergangs angestellt werden, aber ihre volle Relevanz können sie erst beanspruchen, wenn auch die biographischen Vorarbeiten einwandfrei geleistet sind. Biographie und Theologie gehören wie bei jedem Denker auch bei Erasmus zusammen. Die Geschichte des Menschen Erasmus und die Geschichte seines Denkens und Wirkens bilden eine Einheit. Indem wir den Lebensgang des Erasmus verfolgen, verfolgen wir zugleich das Werden und Wachsen seiner Gedanken und Überzeugungen. Für beide Darstellungen, die sich berühren und durchdringen, brauchen wir Quellen aus der eigenen Feder des Gelehrten.

Erasmus hat zwar selbst schon frühzeitig an die Herausgabe seiner Werke gedacht, auch nach sachlichen Gesichtspunkten eine Einteilung seiner Schriften in 8 Bände getroffen, aber trotz dieser Vorarbeit und trotz der Überwachung seiner Ausgabe durch seinen langjährigen Mitarbeiter Beatus Rhenanus hat Erasmus der Forschung dadurch größere und schwerere Aufgaben gestellt, als wenn er sich um seinen Nachlaß weniger bekümmert hätte. Diese Feststellung gilt vor allem hinsichtlich

---

[22] ibid. S. 241.
[23] Renaudet stellte schon fest, daß die Korrespondenz aus Italien besonders dürftig ist. Den Grund dafür wird man nur erahnen können.
[24] Vgl. C. Augustijn. Het problem van de initia Erasmi. (Bijdragen, Tijdschrift voor Filosofie en Theologie 30, 1969, 380 ff.)

der vollständigen Vernachlässigung des geschichtlichen Elementes.
Daraus ist Erasmus kein Vorwurf zu machen – er ist ein Kind seiner
Zeit und weiß es auch, daß er es ist – er sieht die historischen Zusammenhänge nicht und ist auch nicht interessiert an der Ausprägung
des von ihm entscheidend repräsentierten christlichen Humanismus. Ihm
machte es daher nichts aus, Jugendschriften, wenn sie die nötige literarische Form hatten, noch nach 20 Jahren herauszugeben – selbstverständlich nach einer Überarbeitung – oder bei Neuauflagen immer
wieder Zusätze zu machen und den Charakter der ursprünglichen Schrift
dadurch zu verändern. Emendationes und retractationes waren in der
humanistischen Welt nicht nur allgemein zugelassen, sondern auch er-
wünscht.

Jede Forschergeneration geht an Erasmus von ihren Voraussetzungen
und mit ihren Fragestellungen heran. Überblicken wir das vergangene
Halbjahrhundert, so bemerken wir, daß die ersten Jahrzehnte bis in die
30er Jahre hinein einen vom liberalen Geist erfüllten Humanisten
Erasmus in den Vordergrund stellten. Unter den Erasmus-Forschern
dieser Periode sind Walther Köhler, Johan Huizinga und Augustin
Renaudet diejenigen, die diese Auffassung am stärksten vertreten haben.
Man hat zwar alle drei für echte Interpreten des Erasmus gehalten, aber
dieses Urteil läßt sich nur von den Voraussetzungen der ersten Hälfte
unseres Jahrhunderts halten. Beim 100. Geburtstag Jan Huizingas ist z.
B. bereits betont worden, daß dieser kongeniale Erasmusdeuter dem
Meister im Grunde fernstand, ja ihn um seiner Theologie willen geradezu
ablehnte[25].

Der Gegensatz konnte nicht ausbleiben. Es hat zwar auch zu Beginn
unseres Jahrhunderts an Stimmen nicht gefehlt, die auf die theologische
Grundstruktur im Denken des Erasmus hinwiesen und seine tiefsten
Überzeugungen in seinem christlichen Glauben begründet sahen, aber
im ganzen waren es damals vereinzelte Stimmen. Dagegen hat die
intensive Beschäftigung mit Erasmus in den letzten Jahrzehnten eine
überraschende Übereinstimmung darüber ergeben, daß die Theologie.
vor allem in den letzten 20 Jahren seines Lebens, Erasmus voll in
Anspruch genommen hat, daß seine Beschäftigung sich immer mehr auf
die Heilige Schrift und die Kirchenväter konzentrierte und daß man den
älteren Erasmus mit vollem Recht als Theologen und Begründer der
modernen Theologie bezeichnen könne und sogar müsse.

[25] Über Huizinga vgl. Acta et agenda. Leiden 15/5, 1972 und J. Huizinga. Mein
Weg zur Geschichte. Basel 1947, S. 59.

Die Zahl der Erasmusarbeiten geht in den letzten Jahren in die Hunderte. Dabei wurden die verschiedensten Aspekte angewendet. Die kritische Sicht ergibt dabei, daß die Fragestellung nach seiner Theologie im Konzept der Erasmus-Forscher fast durchschlagend geworden ist. Die entscheidenden Beiträge zur Erasmus-Forschung haben sich in den letzten Jahren immer mit diesem Thema befaßt und entweder spezielle Untersuchungen oder konzentrierte Zusammenfassungen seiner theologischen Ansichten gebracht.

Erasmus wollte von seiner Jugend an Theologe sein und beschäftigte sich zeitlebens mit theologischen Problemen. Aber das Verhältnis zwischen Humanismus und Theologie des Erasmus bleibt eine umstrittene Frage, die bewährte Erasmus-Forscher immer wieder anzog. Die Darstellung der Theologie des Erasmus sollte niemals am Anfang einer Forscher-Tätigkeit stehen. Dazu ist der Gegenstand zu schwierig und zu verwickelt. Pierre Mesnard hat in einem seiner letzten beachtlichen Aufsätze nachdrücklich darauf hingewiesen, daß zur Deutung des Erasmus und seines Werkes die Kenntnis des ganzen Erasmus gehöre[26].

Manche Mißverständnisse rührten daher, daß die Verfasser sich ein Sondergebiet wählen und diesen Garten bestellen, ohne sich um die Umgebung und die ganze Umwelt zu kümmern. Dieses gilt insbesondere von der Theologie, die im Werk des Erasmus den Mittelpunkt darstellt.

Theologie verstehen wir hier nicht im Sinne der Schuldogmatik, der Erasmus zeitlebens feind war. Die Darstellung seiner Kerngedanken kann in einem kurzen Abriß durchaus vollständig bestehen.

In diesem Sinne wollen wir zusammenfassende Arbeiten von J. N. Bakhuizen van den Brink, J. Coppens, P. Mesnard und R. R. Post, um nur die wichtigsten Exponenten der letzten Forschergeneration zu nennen, als ,,Theologie des Erasmus`` werten.

Die Deutung der Theologie des Erasmus kann durchaus in der Weise geschehen, daß von einem seiner Hauptwerke ausgegangen wird. Mesnard hat die schwierige Aufgabe übernommen, von der Moria aus auf die Grundfragen des Erasmus zu kommen, die er im Verhältnis von Humanismus und Theologie sieht. Die Wesensbestimmung der Theologie beschäftigt hier Erasmus in stärkster Weise. Echte, richtige, aufgeklärte Theologie ist für ihn ein hoher, ja der höchste Begriff, nach dem er selbst kaum zu greifen wagt. Den Gegensatz dazu bildet die vulgäre

[26] Siehe Anmerkung 8.

Theologie, die auch die verkehrte Theologie ist und der der Kampf des
Erasmus gilt. Seine „neue" Theologie, die auch die ursprüngliche
christliche Lehre ist, muß die bleibende sein.

Coppens hat in einer zwar veraltet klingenden Alternative von „frei-
sinnig und rechtgläubig" die echte Frage gestellt nach dem eigentlichen
Anliegen des Erasmus[27]. Ist es die Ethik oder der Christusglaube bzw.
die Christusnachfolge? Coppens meint, durchaus eine theologische Ent-
wicklung bei Erasmus annehmen zu müssen. Ihren Höhepunkt findet er
in der „Ratio verae theologiae". Den Aussagen des Erasmus in dieser
Schrift fehle zwar bisweilen die Präzision, aber wenn er die Theologie eine
Philosophia Christi nenne, so sei er weit davon entfernt, den Ton auf die
Philosophie als menschliche Leistung zu legen. Sie ist ihm vielmehr eine
Philosophia coelestis und insofern eine göttliche Gabe.

Auch R. R. Post bemühte sich, den theologischen Standpunkt des
Erasmus deutlicher zu bestimmen[28]. Er ging vom methodischen
Problem aus und zeigte, daß verschiedene Methoden in der Forschung
häufig zu verschiedenen Ergebnissen und dementsprechend zu vonein-
ander abweichenden Ansichten führten. Ihm lag es daran, die
Auffassung des Erasmus prinzipiell auf einen klaren Nenner zu bringen.
Weiter führte J. N. Bakhuizen van den Brink, indem er deutlich
machte, wie bei Erasmus die Linie von der kritischen Gelehrtenarbeit
zur Theologie hinüberleitete[29]. In Anknüpfung an die bekannten
Äußerungen im Briefe des Erasmus an Martin van Dorp betonte er, daß
für Erasmus die theologische Arbeit an eine Vorbedingung geknüpft
sei, nämlich an das persönlich Erfaßtsein durch das Wort. Fehlt diese
innere Beziehung, dann ist die Arbeit des Theologen nur Schauspielerei.
Aus den Vorreden zum griechischen Neuen Testament sei die Meinung
des Erasmus deutlich herauszulesen. Allerdings sind inneres Verstehen
und Kritik nicht immer zusammenzubringen; oft stehen sie gegeneinander. Wie Bakhuizen van den Brink sagt, hat Erasmus mit dieser

---

[27] J. Coppens, Erasmus, vrijzinnige of rechtzinnige theoloog? (Erasmus, Plechtig herdacht op 30 april 1969 in Brussel.)

[28] R. R. Post, Methoden bij het beschrijven van de ideeën van vroegere theologen
(Archief voor de Geschiedenis van de Katholieke Kerk in Nederland 10, 1968,
S. 18ff.).

[29] J. N. Bakhuizen van der Brink, Het Humanisme van Erasmus. (Erasmus,
Plechtig herdacht op 30 april 1969 in Brussel, S. 55ff.) und
ders. Erasme: Humanisme et philosophia christiana. (Mededelingen van het
Nederlandse Instituut te Rome, 36, 1974, S. 89–100.)

grundsätzlichen Auffassung einen besonderen Zug seinem Selbstporträt hinzugefügt. Manches, woran spätere Zeiten Anstoß nahmen, wie z. B. natürliche Theologie oder das Walten des heiligen Geistes in der Welt, Auffassungen, die dem Menschen der Renaissance selbstverständlich waren, sollten von uns nicht hochgespielt werden. Der Humanismus des Erasmus war inhaltreicher, als er vielfach dargestellt wird, und führt bis an das Letzte heran.

Solche Auffassungen vom Humanismus und von der Theologie des Erasmus finden sich in großer Übereinstimmung in vielen umfangreichen und kleinen Arbeiten der letzten Jahre. Es scheint so, als hätte sich die gemeinsame Auffassung schon durchgesetzt, daß der Humanismus des Erasmus vom Anfang an im Dienst einer höheren Aufgabe stand, daß es ihm im Grunde um die Theologie ging. Freilich ergaben Einzelstudien, daß manche Spannungen unausgetragen blieben, daß die Auffassung von Schrift und Tradition nicht immer in gleicher Weise klar ausgedrückt wurde. Die doctrina christiana sollte von der Schrift und nicht von späteren philosophischen Ansichten aus gedeutet werden.

Wie wir sehen, haben sich die Forscher, die über die Theologie des Erasmus schrieben, meist an seine zentralen theologischen Schriften gehalten. Auch wenn sie mit der gesamten Entwicklung seiner Auffassung sich beschäftigten, war die erarbeitete Position meist dieselbe. Im einzelnen wurde sie häufig vervollständigt. Es ist, was die Theologie des Erasmus anlangt, eine Zeit weitgehender Übereinstimmung in der Forschung eingetreten. In der Methode, in einzelnen Ergebnissen bleiben zwar immer Differenzen, aber auch da wird nach einer Klärung gesucht.

Wie im biographischen, so gibt es auch im theologischen Bereich bei Erasmus Perioden, die klarer, und solche, die dunkler sind. Vielfach hängen die beiden Gebiete zusammen. In einer Zeit äußerer Unbefriedigtheit, des Suchens und der Unsicherheit können auch keine festen Denkergebnisse angenommen werden. Im Allgemeinen hat Erasmus gewußt, wo seine Begabung und wo seine Aufgaben liegen. Aber auch ihm ist es nicht immer deutlich gewesen, welche Aufgaben zu seinen eigentlichen Beruf gehörten. Bisweilen hat er sich auch bestimmt vergriffen und Dinge angepackt, die er besser hätte lassen sollen. Einen sicheren Instinkt besaß er dafür nicht. Vor allem gelang es ihm nicht, seine Gedanken in die Wirklichkeit zu übertragen. Er hat es nicht oft unternommen. Denken wir daran, wie er sich in der Kirchenpolitik versuchte, wo ihm jeder Anlauf mißlang, so liegt der Beweis auf der

Hand. Es fehlte ihm dazu an Gestaltungskraft, an konkreter Anschauung und zuweilen auch an Mut. Im Lebensbereich des Erasmus ist noch lange nicht alles erforscht und geklärt. Es gibt einzelne Begebenheiten oder auch große Zusammenhänge, die ungeklärt sind. Bei genauerer Lektüre seiner Schriften fallen uns immer wieder Beziehungen auf, die noch der Erklärung warten. Dabei muß auch mit der Tatsache gerechnet werden, daß es offene Fragen im Leben des Erasmus gibt, die niemals einwandfrei gelöst werden können. Der Grund dafür liegt nicht nur im Charakter dieses eigentümlichen Mannes, sondern auch in den Umständen seines Lebens und Wirkens. Mit Hilfe der Psychologie, die die Sicherheit der historischen Forschung niemals erreicht, wird der fehlende Tatbestand auch nicht erschlossen werden.

Erasmus, der so oft einen Januskopf zeigt, wird niemand völlig ergründen, wohl aber wird es möglich sein, ihn bald von der einen, bald von der anderen Seite zu betrachten. An einigen Stellen dieses Buches versuchen wir Antwort auf bisher unbeachtete oder unbeantwortete Fragen zu geben und damit unseren Beitrag zur Erasmus-Forschung zu leisten. Zugleich ist dies ein Dank an diejenigen, die ihre Lebensarbeit dem großen Rotterdamer widmeten.

Kapitel I
Erörterung über Herkunft und Jugend

Herkunft und Kindheit des berühmten Humanistenfürsten sind in ein fast undurchdringliches Dunkel gehüllt. Erasmus hat selbst nur sehr wenig über seine Familie gewußt, und das Wenige, was er wußte, hatte er Grund zu verschweigen oder sogar unrichtig darzustellen. Wenn er über seine Kindheit spricht, dann geschieht es mit einer deutlich zu verspürenden Bitterkeit. Offenbar hat Erasmus als Kind viele Demütigungen und Zurücksetzungen erfahren, die ihn haben verschlossen werden lassen. Diese Verschlossenheit blieb zeitlebens seine Charaktereigenschaft.

Erasmus entstammte einer unerlaubten Verbindung des Priesters Gerardus Rogerius mit einem Mädchen oder einer Frau aus Gouda[1]. Wann sein Vater Priester geworden war, bleibt unbekannt. Erasmus mußte es wissen, daß er Priestersohn war. Wenn er später sagt, er befürchte es, daß er einer verbotenen und sündhaften Verbindung entstamme, so sagt er keine Unwahrheit. Möglicherweise ist ihm diese Tatsache lange unbewußt geblieben. Es könnte durchaus sein, daß seine Eltern nahe verwandt waren.

Der Tag seiner Geburt ist der 28. Oktober. Über das Jahr konnte schon 1536 sein nächster vertrauter Mitarbeiter, Beatus Rhenanus, als er die Werke des Origenes „im Sinne des Verstorbenen" (Erasmus) dem Erzbischof von Köln, Hermann·von Wied, widmete, nichts Bestimmtes sagen[2]. Beatus Rhenanus meinte, Erasmus sei 70 Jahre alt geworden oder sogar etwas älter. Nach dieser Schätzung käme man in das Jahr 1466 oder sogar 1465. Erasmus selbst hat die Jahreszahl 1466 angegeben, daneben aber Angaben gemacht, die diesem Datum widersprechen, so daß es durchaus unsicher bleibt, wie alt er war.

---

[1] Allen 2,434. Im Schreiben Papst Leos X. an den päpstlichen Geschäftsträger in England Andreas Ammonius heißt es: ex illicito et, ut timet (Erasmus), incesto damnatoque coitu genitus. Vgl. R. Stupperich. Zur Biographie des Erasmus von Rotterdam. ARG 65, 1974, S. 28 ff.

[2] Allen 1,55: de anno, quo natus est apud Batavos, nobis non constat.

Das Verfahren der Forscher, die sich mit diesem Problem beschäftigt haben, erscheint uneinheitlich. So scharfsinnig sie auch argumentieren, bringen sie nicht genug zur Geltung, daß Erasmus ein Kind seiner Zeit ist. Weder er noch seine Zeitgenossen legen großen Wert auf die Feststellung ihres Alters bzw. ihres Geburtsdatums. Die Mentalität des Menschen jener Tage hat für das historische Denken wenig Raum. Was späteren Generationen selbstverständlich wurde, blieb dem Menschen, der weder Geburtsurkunde noch Taufschein besaß, gleichgültig. Daher gibt es bei historischen Bestimmungen ein unaufhörliches Schwanken. Selbst Melanchthon[3], der genaue Erkundungen einzuziehen pflegte, bringt oft falsche Daten zu Tage. Wie wenig Erasmus für historische Fragestellungen im Grunde übrig hatte, wird am Beispiel seiner eigenen Lebensgeschichte deutlich.

Wenn Mestwerdt alle Angaben der Zeitgenossen über das Geburtsjahr des Erasmus ausschied, da sie nach seiner Meinung sekundären Charakters seien, so läßt sich diese Behauptung in seiner Verallgemeinerung nicht halten. Mestwerdt meinte[4], daß nur die eigenen Angaben des Erasmus für diese Bestimmung brauchbar seien; dennoch trifft gerade diese Feststellung nicht zu. Mestwerdt wollte für die Bestimmung des Geburtsjahres auch das Compendium vitae heranziehen, das in dieser Beziehung gerade die meiste Verwirrung gestiftet hat. Ohne den älteren Bruder des Erasmus, Peter, zu erwähnen, wird dessen Geburtsjahr im Compendium für Erasmus in Anspruch genommen. Nimmt man das Jahr 1466 als feststehend an, und stellt dazu die Mitteilung des Erasmus, daß er mit 14 Jahren Deventer verlassen habe, so entsteht bis zu seinem Eintritt ins Kloster Steyn eine zu große Lücke. Diese wird durch einen dreijährigen Schulbesuch in s'Hertogenbosch nicht ausgefüllt. Es ergeben sich aber noch weitere Unstimmigkeiten, denn, wie Erasmus wiederholt betont, hielt er sich noch bis 1484 in Deventer auf. Aus diesem Grunde haben manche Forscher auf das Datum 1466 verzichtet und haben als das eigentliche Geburtsjahr 1469

---

[3] CR 12,266. Zu dieser Rede vgl. N. Müller. Zur Chronologie und Bibliographie der Reden Melanchthons 1545–1560. (Beitr. z. Reformationsgeschichte. Gotha 1896, S. 152.) Das genannte Horoskop ist veröffentlicht in „Erasmiaansch Gymnasium Programma". Rotterdam 1894, S. 14–16. Erasmus selbst dachte über das Horoskop anders als Melanchthon vgl. ASD I, 2, S. 45: De horoscopo aestimationem cuique suam liberam facio.

[4] Mestwerdt S. 177, Anm. 1.

errechnet[5]. Besonders nachhaltig hat sich R. R. Post für dieses Datum eingesetzt und weithin Anerkennung gefunden. Widerspruch war aber auch nicht ausgeblieben. Neuerdings hat sich A. F. C. Koch für das Jahr 1467 ausgesprochen und sehr beachtliche Argumente dafür geltend gemacht. Dasselbe Datum nannte schon Melanchthon, der, um ein Horoskop für Erasmus stellen zu lassen, sich nach dem genauen Geburtsdatum erkundigt hatte. Seinen Gewährsmann nennt er leider nicht. Trotz aller Argumente pro et contra ist die Kontroverse über das Geburtsjahr ohne Entscheidung geblieben.

Bis jetzt meinten viele Forscher etwas mehr über die Verhältnisse, aus denen Erasmus kam, aussagen zu können. Sie beriefen sich dabei auf das oben schon erwähnte Compendium vitae, das Paul Merula, Professor in Leiden, nach einem angeblichen Autographen des Erasmus 1607 veröffentlichte. In seinem Begleitbrief zu dieser Veröffentlichung vom 12. November 1606 schrieb Merula, Erasmus hätte diese Schrift am 2. April 1524 seinem Freunde, dem Professor Konrad Goclenius (Gockeln) zugeschickt, der sie im Falle seines Todes allen späteren Biographen zur Verfügung stellen sollte. Diesem Wunsch des Erasmus hat nun sein treuester und, wie Erasmus selbst bezeugt, einzig aufrichtiger Freund Goclenius nicht entsprochen. Offenbar wußte er nichts davon. P. S. Allen hat zwar trotz unermüdlichen Forschens das angebliche Autograph, von dem Merula spricht, nicht mehr gefunden, sich aber trotzdem für die Echtheit dieses Schriftstückes ausgesprochen[6]. Er er-

---

[5] Allen 1,533. Die Kontroverse über das Geburtsjahr des Erasmus, die schon einmal um die Jahrhundertwende ausgetragen wurde, lebte erneut auf, als E. W. Kohls, ,,Das Geburtsjahr des Erasmus" (Theol. Zeitschrift, Basel 1966, 96–121) sich wieder für das Jahr 1466 aussprach. Ihm widersprach R. R. Post, ,,Nochmals Erasmus' Geburtsjahr" ebd. 1966, 319–333, der bereits in seiner Abhandlung ,,Geboortejaar en opleiding van Erasmus" (Mededelingen der Kon. Nederlandse Akademie van Wetenschappen, Afd. Letterkunde Nr. 16, 1953, S. 327–348) sich für diese Datierung ausgesprochen hatte. Ihm sekundierte James Tracy ,,Bemerkungen zur Jugend des Erasmus". (Basler Zeitschrift für Geschichte und Altertumskunde 72, S. 221–229), während C. Reedijk die Frage offen ließ. Auch A. C. F. Koch. The year of Erasmus' birth. Utrecht 1967 konnte sich mit dem Ansatz 1467 nicht allgemein durchsetzen.

[6] Allen verteidigt die Echtheit des Compendium vitae (1,47–52) in Appendix I, S. 575ff. Während der erste Herausgeber P. Merula im Jahre 1607 behauptete (LB 3,1, S. 2), es sei von Erasmus geschrieben, hieß es in der zweiten Ausgabe von 1615: (Vita) partim ab ipsomet Erasmo, partim ab amicis fideliter descripta. Auf Allens Autorität hin ist die Vita von den Biographen ,,mit kritischer Zurückhaltung" benutzt worden. Nach Roland Crahay, Recherches

kannte wohl einige Bedenken der Kritiker an, meinte jedoch, sie nicht so hoch einschätzen zu sollen. Das entscheidende Argument für die Echtheit sah er darin, daß das Compendium konkrete Fakten berichtete. Andere Erasmus-Forscher haben die Echtheit des Compendiums bezweifelt mit dem Hinweis darauf, daß große Teile dieses Schriftstückes den Dispens-Schreiben vom Herbst 1516 entstammen und mit Aussagen aus den Spongia und aus dem Catalogus lucubrationum verwoben seien. Von der Kontroverse, die sich gegen Ende des 19. Jahrhunderts entspann und an der sich namhafte Forscher beteiligten, berichtet Mestwerdt in aller Ausführlichkeit. Allen gab zu, Erasmus hätte wahrscheinlich das Compendium nicht selbst geschrieben, wohl aber echte Briefe dafür zur Verfügung gestellt. Ebenso hatte Allen anfänglich auch die Existenz eines päpstlichen Sekretärs Lambert Grunnius anerkannt, später aber als fiktiv aufgeben müssen. Auch Mestwerdt wollte noch daran festhalten, daß Erasmus diesen Bericht geschrieben habe, um damit in den Gang seiner Dispensangelegenheit eingreifen zu können. Aber auch Mestwerdt war seiner Sache nicht sicher[7].

In neuerer Zeit ist das Compendium vitae von Roland Crahay genau untersucht worden. Das Ergebnis seiner kritischen Prüfung ist dem von Allen völlig entgegengesetzt[8]. Crahay betont, daß das Compendium unmöglich von Erasmus stammen könne. Nach seinem Urteil handelt es sich um einen langweiligen Bericht, dem jede eigene Note fehle. Die romantische Liebesgeschichte des Vaters erinnere an schlechte zeitgenössische Romane und sei durchaus unglaubwürdig. Die Angaben über die Familie der Mutter, deren Brüder Erasmus als 90-jährige Greise gesehen haben soll, sind zeitlich nicht unterzubringen. Zum mindesten hätte zwischen der Mutter des Erasmus und ihren Brüdern ein ungewöhnlich großer Altersunterschied bestanden haben müssen. Die weiteren Angaben des Compendiums seien nach Crahays Meinung blaß

---

sur le Compendium vitae, attribué à Erasme. BHR 6, 1939, 7–19 und 135 bis 153 ist es um die Mitte des 16. Jahrhunderts in Holland entstanden. Crahays Einwände gegen die Echtheit sind durch J. Tracy „Bemerkungen" S. 229f. nicht entkräftet worden. Es kommt hinzu, daß es noch andere Verdachtsmomente gibt. Ein Argument dieser Art bleibt die Tatsache, daß Goclenius den Auftrag nicht ausführt, vgl. R. Stupperich, Erasmus und Westfalen. Jb. f. Westf. Kirchengeschichte 68, 1975, S. 17.

[7] Allen 2,291; Mestwerdt S. 189ff.

[8] Crahays Auffassung haben sich inzwischen weitere Forscher angeschlossen vgl. Margolin in Coll. Erasm. Turonen. I, S. 354, Anm. 104.

und brechen aus dem Grunde mit dem Jahre 1516 ab, weil sich das Compendium nach dem Grunnius-Brief richte. Freilich habe der Compilator auch jüngere Erasmus-Texte für das von ihm komponierte Schriftstück benutzt. R. Crahay trug weitere Argumente für seine Auffassung, daß dieser Bericht nicht von Erasmus stammen könne, aus stilistischen Beobachtungen bei. Allen hatte zwar zum Vergleich noch eine Epistola Erasmi de relicta vita monastica herangezogen und deren erasmischen Ursprung angenommen[9], aber auch diese benutzte als Quelle nur den Grunnius-Brief[10]. In ihr vermutete Allen eine Vorform des Compendiums. Seine Hypothese ging noch weiter. Er meinte, Erasmus habe diese Vorarbeit an Gerhard Geldenhauer geschickt und dieser hätte daraus das Compendium geschaffen. Gerade diese letzte Vermutung erscheint jedoch sehr unwahrscheinlich[11].

Obwohl wir mit Mestwerdt sagen müssen, daß die einzigen brauchbaren Angaben für die Biographie des Erasmus seinen Briefen zu entnehmen sind, müssen wir dabei festhalten, daß Erasmus in seiner Korrespondenz sehr viele Begebenheiten aus seinem Leben erklärlicherweise übergeht und daß seine Angaben nur ein grobes Mosaik ermöglichen[12]. Abgesehen davon, daß sehr viele Briefe des Erasmus nicht erhalten geblieben sind, liegt es in der Natur der Sache, daß in Briefen nur kurz und komprimiert über Lebensereignisse berichtet wird. Dazu sind die Angaben des Erasmus über seine Jugend und seine innere Entwickelung, wie schon oft festgestellt ist, meist sehr subjektiv. Außerdem kann nicht bestritten werden, daß er die Darstellung mancher Begebenheit seines Lebens mit einer bestimmten Tendenz verbindet. Beim Rückblick will er die Tatsachen in bestimmtem Lichte sehen – möglicherweise bona fide – denn viele Ereignisse können sich so, wie er sie darstellt, nicht abgespielt haben. Wir müssen uns damit abfinden, daß es für die Frühzeit des Erasmus nur sehr wenig gesicherte Angaben gibt[13] und vieles im Dunkeln bleiben muß, sofern nicht neue Quellen

---

[9] Albert Hyma. The youth of Erasmus. Ann Arbor 1930, S. 153 ff.

[10] Allen 2,293 ff. Der Brief an Lambert Grunnius ist ein literarisches Erzeugnis vgl. P. Mestwerdt S. 189 ff. Ob Erasmus eine bestimmte Person als Adressaten im Auge hatte, bleibt eine offene Frage. Später belegte er mit diesem Namen verschiedene Personen, vgl. Allen 9,152 (Einl.).

[11] Allen 5,426 f. vgl. A. Hyma. The youth S. 153.

[12] Erasmus versuchte immer wieder, sein Schicksal zu korrigieren. Dazu kommt, wie Huizinga S. 5 sagt: „Zijn chronologische zin is altijd zwak geweest."

[13] Siehe Anm. 5.

erschlossen werden. Alle Angaben, die nur das Compendium vitae bringt, können zwar auf guter Überlieferung beruhen, müssen aber mit einem Fragezeichen vesehen werden[14]. Fraglich bleibt, ob Erasmus seine Kindheit bei der Mutter bzw. bei den Eltern in Gouda zugebracht hat, wann die Mutter ihre beiden Kinder nach Deventer gebracht hat, ob die Wahl der berühmt gewordenen Schule durch den Vater getroffen wurde u. a. mehr.

Wenn Beatus Rhenanus aus tiefer Verehrung Erasmus einen Autodidakten[15] nennt, so folgt er einer in der Zeit liegenden Ansicht, daß große Menschen alles aus sich selbst gewonnen haben. Diese von Curtius nachgewiesene Auffassung ist ein weit verbreiteter Topos[16]. Erasmus selbst hat ihm viel Nahrung gegeben. Nicht nur das Schulwesen seiner Zeit bezeichnet er als ungenügend, die Kenntnisse seiner Lehrer als zu geringfügig, um ihm viel zu vermitteln, das ganze Zeitalter als rückständig. Im Catalogus berichtet Erasmus, seine Kindheit sei in eine Zeit gefallen, in der zwar in Italien Wissenschaft und Kunst aufzublühen begannen, aber die Buchdruckerkunst nur wenigen vertraut war und Druckwerke daher nicht so leicht überall hingelangen konnten. Weder durch die Lehrer persönlich noch durch zahlreiche Bücher konnte daher die Bildung schnell verbreitet werden. Auf welche Weise ist der junge Erasmus in kurzer Zeit so weit gekommen, daß er bald an der Spitze der europäischen Wissenschaft stand? Darauf gibt Erasmus selbst im Catalogus die Antwort, es sei gleichsam durch eine geheime Naturkraft geschehen, daß er zu den bonae literae hingezogen, ja hingerissen wurde. Mit der Naturkraft vergleicht er offenbar seine Begabung, seine Anlage zu wissenschaftlichem Forschen. In diesem Zusammenhang fehlt jeder Hinweis darauf, daß es eine göttliche Bestimmung gewesen sein könnte. Erasmus hält sich ganz im Bereich des Tatsächlichen. Freilich kennt er die Neigung, die über ihn als eine geheime Macht kam, mit der er offenbar nicht gerechnet hat, die ihn plötzlich ergriff und mit Begeisterung erfüllte. Es ist bezeichnend, daß Erasmus hier das Wort rapi-hingerissen werden gebraucht, das sonst in den mystischen Erfahrungsbereich gehört. Der Raptus ist die mystische Ekstase, eine Bewegung, der sich der Myste nicht entziehen kann, der er folgen muß. Auch für Erasmus ist somit das Folgen auf dieser Bahn ein

---

[14] Allen 2,532.
[15] Allen 1,55 vgl. Mestwerdt S. 203.
[16] E. R. Curtius, Europäische Literatur und lateinisches Mittelalter. Berlin/München ³1963 S. 188.

inneres Muß gewesen. Die Feststellung des Erasmus, daß er schon in jungen Jahren für die Bildung begeistert war, wird zutreffend sein. Es fällt aber auf, daß er auch selbst sich als völligen Autodidakten hinstellt[17] und selbst Anregungen von Seiten anderer nahezu ausschließt. Fraglos ist es seine Absicht gewesen, dabei sein eigenes Wirken und die Erfolge seiner Arbeit besonders hervorzuheben. Ob er wirklich vom Nullpunkt begonnen hat und alles der eigenen Kraft verdankt, ist freilich zu bezweifeln. Sein eigenes Verhalten spricht dagegen. Um seine Selbständigkeit noch stärker zu unterstreichen, fügt Erasmus hinzu, daß er auch keine ebenbürtigen Gegner gehabt habe, mit denen er sich geistig hätte messen können. Auch diese Förderung habe ihm gefehlt. Was aber unerklärlich bleibt, ist die Mitteilung, daß ihm seine Lehrer auf dem Wege zur Bildung hinderlich gewesen seien[18]. Es könnte sein, daß er mit den interminantes magistri die Erzieher im Fraterhause meinte, die ihn schlafen hießen, statt sich des nachts den Büchern zu widmen. Trotzdem konnte er nicht umhin anzuerkennen, daß er in Deventer Lehrer gehabt habe, die ihn erheblich gefördert haben. Im Catalogus schreibt Erasmus, daß die Menschen meist sich ein bestimmtes Ziel setzen und ein Thema bearbeiten, das ihnen liegt[19]. Auf diese Weise erreichen sie das meiste. Aber bei ihm sei es anders gewesen. Er habe wahllos nach Büchern gegriffen. Sein Wissensdurst ließ ihn alles aufnehmen, was ihm nur in die Hände fiel. Erasmus betont hier mit Nachdruck, daß er alles, was er könne und wisse, der Buchlektüre verdanke. Sein Weg und seine Arbeit seien mehr oder weniger planlos

---

[17] Allen 1,2: Occulta vis naturae, Allen 1,565: ad literas tantum repiebatur animus und LB 10, 1691 C: naturae sensus ad musarum sacra rapiebat.
[18] Allen 1,2 und 3,3.
[19] Allen 1,73 vgl. Mestwerdt S. 183 und E. H. Waterbolk. „Een hond in het bad. Eenige aspecten van de verhouding tussen Erasmus en Agricola." Groningen 1966, S. 8. Einige Forscher meinen, daß Erasmus ohne fremde Anregung, zum mindesten ohne persönliche Anleitung durch Ältere, allein durch Lektüre italienischer Humanisten, deren Werke Paffraet in Deventer nachgedruckt hatte, zum Humanisten geworden ist. Abgesehen davon, daß Erasmus damals erst 14 Jahre alt war und nur langsam Fortschritte machte, ist die Anregung von außen bei ihm keinesfalls auszuschließen. Seine Jugendentwicklung hält sich in den Grenzen seiner Umwelt. Erasmus war kein Wunderknabe. Wie er haben auch andere Schüler Horaz und Terenz auswendig gelernt. Wie andere verlegte er sich auf die Lektüre weiterer antiker Dichter wie Vergil und Ovid. Außerdem bemühte er sich schon um Cicero. Die Berührung mit Laurentius Valla führte ihn über seine Umwelt hinaus. Beschäftigte ihn bis dahin nur die Dichtung, so weitete sich nun sein Blick.

verlaufen. Da ihn keine bestimmte Absicht leitete, konnte er sagen, er sei in seinen Gegenstand „gestürzt". Welcher Art die Bücher waren, mit denen er sich während seiner Schulzeit beschäftigte, wissen wir nicht. In erster Linie werden es klassische Autoren gewesen sein. Nicht umsonst wird von ihm berichtet, daß er schon als Knabe den ganzen Terenz und den ganzen Horaz auswendig gelernt hätte.

Wie die Kindheitsjahre sind auch die Schuljahre des Erasmus von Dunkel umgeben. Wir wissen nicht genau, wann er nach Deventer gekommen ist, seit wann er im Hause der Brüder gewohnt hat und in welcher Weise diese auf seine Erziehung eingewirkt haben. In diesem Zusammenhang muß von der Schule und von den Lehrern des Erasmus einiges gesagt werden. Der erste Lehrer des Erasmus, später auch eine Zeitlang sein Vormund, war der Kaplan Peter Winckel in Gouda. Erasmus hat ihm später kein gutes Zeugnis ausgestellt. Ohne seinen Namen zu nennen, sagte er ihm nach, daß er – oder die anderen Tutoren mit ihm – sein Erbe durchgebracht hätten. Es ist darauf hingewiesen worden, daß das Charakterbild dieses Mannes bei Erasmus offensichtlich verzeichnet ist. Der Grund dafür wird der gewesen sein, daß Erasmus in ihm den Schuldigen sah, der ihn ins Kloster gebracht hätte. In Wirklichkeit hat Peter Winckel, der ein Mann mit geistigen Interessen war, nur getan, was er tun mußte.

Beatus Rhenanus berichtet, daß Erasmus von Gouda zuerst nach Utrecht als Chorknabe gekommen sei. Dies kann aber nur eine kurze Episode gewesen sein. Vielfach ist die Frage aufgeworfen worden, aus welchem Grunde er bald wieder aus dem Domchor ausgeschieden sei. Eine genaue Antwort gibt es auf diese Frage nicht. Am nächsten liegt die Annahme, daß er keine Fortschritte in der Kirchenmusik machte. Sein Verhältnis zur Musik ist auch später kein enges[20].

Von Utrecht kam Erasmus auf die St. Lebuinschule nach Deventer. Da ihm anscheinend zuerst das Lernen schwer fiel, müssen seine Erfolge in der Anfangszeit auch hier mäßig gewesen sein[21]. Wie er selbst sagt, hat er für seine Arbeit erheblich mehr Zeit gebraucht als andere.

Die Kapitelschule in Deventer wurde bis zur Ankunft des M. Alexander Hegius, der vorher in Emmerich gewirkt hatte, vom Rektor des Fraterhauses Egbert ter Beek geleitet. Dieser soll in pädagogischer Hinsicht nicht sonderlich begabt gewesen sein. Im allgemeinen be-

---

[20] Allen 1,56 vgl. J. C. Margolin. Erasme et la musique. Paris 1965.
[21] Vgl. Mestwerdt S. 202 f.

teiligten sich Brüder nicht am Unterricht. Nach Aussagen des Erasmus waren es fromme, weichherzige Menschen, denen es aber an Bildung meist fehlte[22]. Eine Ausnahme muß Johannes aus Zynten gewesen sein[23]. Beatus Rhenanus erzählt in seiner Vita Erasmi, Zynthius sei es gewesen, der Erasmus für seine Fortschritte gelobt und ihm eine große Zukunft vorausgesagt hätte. Zynthius hat später zusammen mit Alexander Hegius das Doctrinale kommentiert herausgegeben. Als auf Veranlassung von Hegius der ihm befreundete Kölner Drucker Paffraet nach Deventer übersiedelte, war das Doctrinale das erste im Jahre 1478 dort gedruckte Buch.

Alexander Hegius war eine starke Persönlichkeit. Nach Ansicht des Erasmus begann mit ihm in Deventer eine neue Epoche[24]. Die Schule, an die er nach den einen 1477, nach anderen erst 1483, gekommen ist, nahm unter ihm einen großen Aufschwung. Der Schulleiter übte auf seine älteren Schüler einen starken Einfluß aus. Ob Erasmus mit ihm viele Berührungen in seinem letzten Schuljahr gehabt hat, bleibt fraglich. Daher sind auch die Urteile des Erasmus über Hegius so sehr verschieden. Alexander Hegius, Meester Sander genannt, stammte aus der Bauerschaft Heek bei Horstmar in Westfalen. Über seinen Bildungsweg ist wenig bekannt. In Münster hat er Rudolf von Langen nahegestanden[25]. Dann wurde er Lehrer in Emmerich. Wie alle frühen Humanisten unterhielt auch Hegius einen regen Briefwechsel[26]. Als Lehrer muß er anregend und sehr angesehen gewesen sein[27]. In Deventer hat Alexander Hegius bis zu seinem Tode 1498 gewirkt. Nach Butz-

[22] Mestwerdt S. 131 und 187. Vgl. E. W. Kohls. Zur Frage der Schulträgerschaft der Brüder vom gemeinsamen Leben. (Jb. f. westf. Kirchengeschichte 61, 1968, S. 36.)

[23] Allen 1,57 und 580, Anm. 21. Melanchthon erzählt dieselbe Geschichte von Agricola (CR 12,266).

[24] Vgl. A. Bömer. Alexander Hegius in „Westfälische Lebensbilder" 3, Münster 1934, S. 345 ff.; NDB 1,104.

[25] A. Bömer. Rudolph von Langen in „Westfälische Lebensbilder" 1, Münster 1930, S. 344 ff.

[26] Vgl. W. Crecelius. „Mitteilungen über A. Hegius und seine Schüler." (Zeitschr. d. Bergischen Geschichtsvereins 7, 1871, S. 213–288), C. Krafft und W. Crecelius. „Beitr. z. Geschichte des Humanismus in Rheinland und Westfalen." Ebd. 11, 1876, S. 1 ff. und D. Reichling. „Beiträge zur Charakteristik des Hegius." (Monatsschrift für rheinisch-westfälische Geschichtsforschung 3, 1877, S. 286.)

[27] Hermannus Buschius. Panegyricon ad magistrum Alexandrum Hegium. Deventer 1503.

bachs Angaben zählte die Schule unter seiner Leitung 2200 Schüler[28].
Ob Erasmus dem neuen Schulleiter unter der großen Zahl der Schüler
gleich aufgefallen ist, bleibt eine offene Frage. Hegius hatte bei seinem
Freunde Rudolph Agricola Griechisch gelernt und machte als erster den
Versuch, die griechische Sprache in den Schulunterricht einzuführen[29].
Erasmus bezeugt diese Tatsache. Hegius war keineswegs auf seinen
Ruhm bedacht, als er diese Pionierarbeit leistete. Er muß zu den Pädagogen gerechnet werden, die für die Jugend um ihrer Zukunft willen
eine Anreicherung des Bildungsstoffes erstrebten. Hielt er sich zunächst
an die Überlieferung, so schloß er sich andererseits an Agricola an. Ob
er, ohne es zu merken, zwei verschiedene Motive aufnahm, wird aus
seinen Briefen an Agricola nicht erschlossen werden können.

Wenn Hegius etwas schrieb, dann tat er es mehr zur Kurzweil als um
des Ernstes der Sache willen[30], meinte Erasmus. Doch dieses Urteil ist
übertrieben. Trotz seiner Kritik hält Erasmus seine Schriften für
wertvoll. In welchem Maße Hegius das Griechische beherrschte, bleibt
eine offene Frage. Beatus Rhenanus sagt von ihm, daß er nur ein wenig
des Griechischen mächtig war[31]. Aus diesen Angaben folgern andere,
der Unterricht im Griechischen habe in Deventer noch in den Kinder-
schuhen gesteckt[32].

Da Erasmus bereits 1484, im Alter von etwa 14 Jahren Deventer
verließ, kann er nur kurze Zeit unter Hegius gelernt haben. Trotzdem
nennt er ihn seinen Lehrer[33]. Einiges aus seinem Unterricht hatte
Erasmus im Gedächtnis behalten, wie z. B. jenen Spruch, den er in den
Adagia verwendet: Was hat der Hund mit dem Bade gemein[34]? Wenn
Erasmus einen Hegius seinen Lehrer nennt, dann kann er dies nicht nur
im äußerlichen Sinne verstanden haben, sondern deutet schon darauf
hin, daß ihm Hegius auch sachlich manches vermittelt und die Ausrichtung gegeben hat. Mestwerdt hat darauf aufmerksam gemacht, daß
Erasmus noch von dem Kloster Steyn aus ihm seine ersten dichterischen
Versuche zur Begutachtung zuschickte und in dieser Hinsicht ihn wohl

---

[28] J. Butzbach. Hodoeporicon. Chronica eines fahrenden Schülers. Ed. J. Bek-
    ker. Leipzig 1912.
[29] Allen 1,23.
[30] LB 2,167.
[31] Allen 1,57.
[32] P. N. M. Bot. Humanisme en onderwijs in Nederland. Utrecht 1955, S. 184.
[33] Allen 1,105 und 118.
[34] LB 2,167 und Waterbolk S. 8.

als Autorität anerkannte[35]. Seine Jugendgedichte zeigen auch eine enge
Berührung, sogar eine Verwandtschaft mit den Dichtungen des Hegius
selbst. Daneben gibt es freilich auch andere Äußerungen des Erasmus
über seinen Lehrer. Seine Bemühungen werden darin als begrenzt und
unvollkommen bezeichnet. Ob diese spätere Beurteilung zutreffend ist,
wird man freilich in Zweifel ziehen können. Bei dem Mangel an Quellen
liegt die Gefahr der Überinterpretation nahe. So scheint uns E. Garin zu
weit zu gehen, wenn er meint, Erasmus sei durch Hegius in Deventer
schon unter den Einfluß des italienischen Humanismus geraten[36]. Als
Rudolph Agricola 1484, ein Jahr vor seinem in Heidelberg erfolgten
Tode, Deventer besuchte, hatte Erasmus das Glück, den großen
Gelehrten, der soeben aus Italien zurückgekehrt war, zu sehen und zu
hören[37]. Dieser muß auf ihn einen großen Eindruck gemacht haben. Ob
Erasmus damals schon die Schriften Agricolas De inventione dialectica
von 1479 oder De formando studio von 1484 gelesen hat, bleibt
ungewiß. Noch am Ende seines Lebens erinnert sich Erasmus an Agricola, den Inbegriff aller friesischen Gelehrten[38], und rühmt seinen
lateinischen Stil. Als erster in unserem Jahrhundert, so meint er, schrieb
Agricola ein glänzendes Latein. Erasmus ist stolz auf die Beziehung zu
ihm, denn er sieht sich im Sohnesverhältnis zu Hegius, daher als Enkel
Agricolas an[39]. Die Betonung dieser Beziehung erscheint übertrieben.
Anregungen hatte Erasmus aus der Lektüre der Schriften Agricolas ge-
schöpft, auch die Notwendigkeit erkannt, sich stärker mit der
klassischen Latinität zu befassen und das Griechische besser zu erlernen.
Durch diese Lehre war sein Gesichtskreis erweitert und waren die
Aufgaben deutlich geworden, denen er sich gern verschreiben wollte.
    Als Erasmus in seinen Adagia Hegius und Rudolph Agricola ver-
ewigte[40], führte allerdings eine andere Stimmung seine Feder. Er konnte
sagen, daß er beiden nur wenig verdanke. Die literarische Leistung
Agricolas wollte er ohne Neid anerkennen als die höchste Ausprägung
des Humanismus diesseits der Alpen. Er rühmt ihn als einen universal
gebildeten Mann, der bald wie Vergil bald wie Politian schreiben
konnte; in der Eloquenz war er ebenso hervorragend wie in der

---

35 Allen 1,118 vgl. Mestwerdt S. 214.
36 Mestwerdt S. 151 ff.
37 Allen 1,2.
38 LB 1,1014 AB.
39 LB 5,920.
40 LB 2,166 f.

Philosophie[41]. Erasmus trauert, daß dieser hochberühmte Gelehrte noch nicht 40-jährig hatte sterben müssen. Sein Nachlaß sei nicht groß: Erasmus kennt seine Briefe, seine Übersetzungen aus dem Griechischen und einige Reden, die er an der Universität in Ferrara gehalten hat. Von seiner Dialektik behauptet Erasmus, daß sie nur verstümmelt veröffentlicht sei.

Über seine Lehrer oder über die Brüder vom gemeinsamen Leben, so hat man gemeint, hätte Erasmus auch Beziehungen zu Wessel Gansfort gehabt. Das ist aber eine Vermutung, die nicht belegt werden kann. Die Möglichkeit soll nicht bestritten werden, daß im Fraterhause in Deventer auch Handschriften Wessels zu finden waren, aber Spuren des Einwirkens dieses späten Augustinismus auf den jungen Erasmus, der für die weltliche Bildung aufgeschlossener war als für die Frömmigkeit, können wir nicht finden. Es kann zwar damit gerechnet werden, daß die Brüder vom gemeinsamen Leben den jungen Erasmus für ihre religiöse Welt zu gewinnen versucht haben – Andeutungen dieser Art macht er des öfteren – aber ihre Wirkung war eine entgegengesetzte. Die Erziehung im Fraterhause war nicht darauf angelegt, den Weg zur Lektüre der Kirchenväter zu eröffnen. Sie hat auch Augustin nicht in das Gesichtsfeld des Erasmus gebracht, noch weniger ihn zur Lektüre der Schriften des großen Afrikaners angeregt.

Für das Problem der Frühentwicklung bieten die Andeutungen aus der Schulzeit des Erasmus in Deventer nur wenig. Der Weg muß daher noch weiter verfolgt werden, obwohl er anfangs undeutlich ist. Mit dem Verlassen Deventers verlieren sich zunächst die Spuren des Erasmus. Wohin mag der etwa 15jährige inzwischen elternlose Junge gegangen sein? Es bestehen drei Möglichkeiten: einmal nach Gouda zu Verwandten seiner Mutter. Zum anderen in eine andere Schule[41a]. Zum dritten unmittelbar ins Kloster Steyn.

Als Erasmus 1529 seine Declamatio: „Pueros ad virtutem ac litteras liberaliter instituendos" schrieb[42], da haben einige Kindheitserinnerungen bei ihm mitgesprochen. Das Erziehungsziel stand für ihn damals

[41] Von R. Agricola. De formando studio. 1484 übernahm Erasmus den Begriff philosophia christiana. Vgl. R. Pfeiffer. Ausgew. Schriften. München 1960, S. 211.
[41a] Im Nachruf auf Berta van Heyen, die etwa 1490 starb (LB 8,552 E) nennt Erasmus sie seine Wohltäterin, die ihn als Waisenknaben bei sich aufnahm, ihn mit Geld unterstützte und mit ihrem Rat bestärkte.
[42] LB 1,491 ff.

fest. Welche Ansatzpunkte sah er aber, um dieses Ziel zu erreichen? Zwei Eigenschaften hebt Erasmus bei Kindern heraus: memoria und imitatio. Memoria faßt er ganz allgemein als die Fähigkeit etwas zu behalten, imitatio als Drang, einem Vorbild nachzueifern. Wo waren aber für ihn Vorbilder? In der Schrift De pronuntiatione scheint eine Erinnerung an die Brüder vom gemeinsamen Leben durchzuschimmern[43], vorausgesetzt, daß in diesem Dialog Ursus mit Erasmus identisch ist. Die Erinnerung wird ihn nicht gelockt haben, selbst Lehrer oder Erzieher zu werden. Der Vorsteher des Wohnheimes – Erasmus nennt ihn sodalitii praefectus – hat um ihn geworben, aber anscheinend keine Neigung bei Erasmus gefunden, Erzieher im Fraterhause zu werden. Etwas Genaues ist nicht mehr zu ermitteln. Zwischen 1484, dem ersten Brief des Erasmus an Winckel und seinem 1487 erfolgten Eintritt ins Augustiner-Regularenkloster Steyn bei Gouda, in dem er fünf Jahre bleiben sollte, klafft eine unausgefüllte Lücke. Von einem Aufenthalt im Fraterhaus in 's-Hertogenbosch weiß nur das Compendium Vitae etwas. Dieser Aufenthalt ist durchaus möglich. Üblicherweise meint man, Erasmus hätte sich beim Berichten über seine Jugend in Widersprüche verwickelt und hätte auf keinem anderen Wege aus dem Lügengebäude hinauskommen können, als daß er einen Aufenthalt in 's-Hertogenbosch hineindichtete. Dieses alles beruht aber auf Vermutungen, da es keine konkreten Angaben gibt.

Aus dem Jahre 1487(?) liegt ein Brief des Erasmus an seinen älteren Bruder Peter Gerard vor[44]. Nach diesem Brief zu urteilen, war das Verhältnis der Brüder zunächst ein gutes. Erst mit dem Eintritt ins Kloster hat es sich zusehends verschlechtert. Peter trat schon früher ins Augustinerkloster Zion bei Delft ein und blieb dort bis zu seinem Lebensende (1528). Trotz der Nähe dieses Klosters zum Kloster Steyn brachen die Beziehungen der Brüder zueinander bald völlig ab. Der Grund wird darin zu sehen sein, daß Erasmus seinen Bruder beschuldigte, an seinem Unglück mit schuld zu sein, d. h. ihn mitbestimmt zu haben, ins Kloster einzutreten. Doch ist dieses Argument sicher erst später von ihm geltend gemacht worden, denn Erasmus trat ungezwungen 1487 ins Kloster ein und legte ebenso freiwillig im nächsten Jahr dort die Gelübde ab.

Eigentümlicherweise äußert sich Erasmus zu diesem für ihn so bedeutsamen Ereignis kaum. Er nennt keinen der amtlichen Vertreter

---

[43] LB 1,921 C = ASD I, 4,10.
[44] Allen 1,75 f.

des Klosters, weder den Prior noch den Novizenmeister, dessen Unterweisungen für ihn maßgebend waren. Ein persönliches Verhältnis hat Erasmus demnach zu diesen Männern nie gehabt. Im Rückblick erscheint für Erasmus vieles untragbar, was er anfänglich gern getragen hat.

In seinem Absagebrief von 1514[45] an den Prior Servatius Roger betont er selbst: Einst hätte er in jugendlicher Weise manches aufgenommen, was später teils die Zeit teils der Gebrauch der Dinge korrigiert habe. Das reifere Alter hat ihn, der später viel in der Welt umhergekommen ist, vieles anders anzusehen gelehrt. Erasmus meinte später, zum Eintritt ins Kloster genötigt worden zu sein, ja, bereits damals eingesehen zu haben, daß er für das Klosterleben nicht geeignet war. Diese Erkenntnis will er durch seinen Freund Cornelius aus Woerden erlangt haben, der 1493 in Beziehungen zum Kloster Steyn gestanden hat. Da anfangs das Studium der Antike seine Freude im Kloster war, muß diese bald aufgehört haben. Es ist durchaus fraglich, ob die Erkenntnis, daß er nicht ins Kloster gehörte, damals schon vorgeherrscht und er lediglich, um nicht in größere Sünde zu fallen, sein Unglück im Kloster getragen habe[45a]. Erasmus hält sich für einen ,,Unglücksmann". Diese Tatsache habe ihn am meisten bedrückt, daß er zu einer Lebensart verurteilt sei, die ihm ihrem Wesen nach am allerfernsten gelegen habe. In diesem Brief betont Erasmus seine Freiheitsliebe und die Tatsache, daß er allem Zeremonienwesen feind sei. Hatte er aber nicht ein Probejahr als Novize durchmachen müssen, stand er damals nicht in einem Alter, in dem er die Reichweite seiner Entscheidung beurteilen konnte? Dem widerspricht Erasmus: mit 17 Jahren, meint er, hat man dieses Maß der Selbsterkenntnis noch nicht.

Die Motivation des Klostereintritts ist tatsächlich eine andere. Dieses Ereignis ist anders verlaufen als es Erasmus darstellt. Nach dem Corpus iuris canonici (I, 17, i) konnte ein Priestersohn, und dieses galt für jedes illegitime Kind, nur dann selbst Priester werden, und das hieß aus der niedrigsten sozialen Schicht in eine höhere aufsteigen, wenn er Mönch oder Regularkanoniker wurde. Rechtlich beeinträchtigt blieb er immer noch. Das kirchliche Gesetzbuch schrieb vor, daß er weder Prälat werden noch Pfründen empfangen durfte, Einschränkungen, die Erasmus später viel zu schaffen machten und die nur durch päpstliche Dispense aufgehoben werden konnten.

---

[45] Allen 1,565 ff.   [45a] Allen 1,429.

Für den Klostereintritt wurden äußere Gründe von seinen Tutoren geltend gemacht. Diese hätten ihn irritiert. Aus ihm hätte ein guter Mönch werden können, wenn er den richtigen Novizenmeister gehabt hätte, der ihn nicht an das judaistische Zeremoniell, sondern an das Wesentliche des Mönchlebens herangeführt hätte. Dann hätte er gute Früchte hervorbringen können. Diesen Satz unterstreicht Erasmus in seinem im Original erhaltenen Brief. Im Kloster hatte er guten Umgang. Da gab es innerlich fortgeschrittene Menschen. Im wesentlichen aber studierte er seine Bücher, die ihn nicht nur kenntnisreicher, sondern nach seiner Meinung auch besser machten. Trotzdem erscheint im Rückblick das Klosterleben fade, leer und kalt. Erasmus kommt zu dem vernichtenden Urteil über das Klosterdasein und stellt die rhetorische Frage: Was bleibt da an Erstrebenswertem, wenn man die Zeremonien abzieht! Dazu kommen die anstrengenden Gottesdienste und die körperliche Arbeit, der Erasmus nicht gewachsen war. Alles zusammengenommen: Er mußte das Mönchtum anders beurteilen, und er begründete seine Abweichungen damit, daß die Auffassungen der Menschen so verschieden seien wie der Gesang der Vögel. Was Erasmus in diesem Brief seinem Prior entgegenhält, ist fraglos die Erkenntnis, die ihn nach 26 Jahren erfüllte. Seine Kritik richtet sich gegen die zahlreichen Orden, die nur sich gelten lassen und andere verurteilen. Vermutlich ist es ein spätes Traumgesicht, daß er dieser Vielheit die christliche Einheit entgegenhält.

Wenn Erasmus fünf oder sechs Jahre im Kloster Steyn blieb, so wird der Aufenthalt zu verschiedenen Zeiten auch verschiedenartig gewesen sein. Was Erasmus ,,die alten Tragödien" im Kloster nennt, wird in seinem Falle nicht mehr zu ermitteln sein. Vermutlich waren es Auseinandersetzungen mit älteren Mönchen, die er eigensinnig, ungebildet und heuchlerisch nennt.

Aus den Klosterjahren des Erasmus liegen 28 Briefe vor. Sie sind freilich zum großen Teil undatiert[46]. An der Echtheit der Abschriften wird nicht zu zweifeln sein. Die Beobachtungen, die wir an diesen Briefen machen, sind folgende: Sie sind immer an dieselben Freunde des Erasmus gerichtet oder von diesen wiederum an Erasmus. Es handelt sich um einen intimen kleinen Kreis, bestehend aus Cornelius Gerard aus Gouda[47], Servatius Roger aus Rotterdam, zu denen noch einige

[46] Allen verlegt alle diese Briefe ins Jahr 1498.
[47] P. C. Molhuyzen. Cornelis Aurelius. Korte schets van zijn leven en werken. Leiden 1902 und ders. Cornelis Aurelius, Nieuwe Bescheiden (Nederl. Archief

andere gelegentlich hinzutreten[48]. Da Erasmus altersmäßig der Jüngere war, wird er wohl kaum als Mittelpunkt dieses Kreises anzusprechen sein. Vielmehr bemühte er sich um die Freundschaft der Älteren. Die Briefe vermitteln den Eindruck, daß dieser Kreis sein eigenes Leben lebt und vom übrigen Konvent nahezu isoliert ist. Es tun sich hier geradezu zwei Welten auf: Unwillkürlich stellt sich die Frage, wie es denn im Kloster Steyn möglich war, so zu leben, daß das Klosterleben an diesem Kreise nahezu vorüberging. Oder sollte man die Frage bereits so stellen, daß für diesen Kreis das Ordensleben unwichtig war? Im Kloster konnte es nicht anders sein, als daß jeder Angehörige eine bestimmte Aufgabe zu erfüllen hatte. Erasmus erwähnt körperliche Arbeit, die über seine Kräfte ging. Aber von der klösterlichen Gemeinschaft und vom gottesdienstlichen Leben ist in diesen Briefen nie die Rede[49]. Offenbar erregte sich der übrige Konvent über diesen Kreis[50], der in einer Art von Idylle lebte, klassische Autoren las und sich in eine fiktive Welt hineinsteigerte. Die anderen warfen dem Kreise vor, daß sich seine Mitglieder gegenseitig beweihräucherten. Hat Erasmus mit Absicht nur solche Jugendbriefe aufbewahrt, die seinen späteren Weg schon andeuten? Schon die Anreden in diesen Briefen zeigen die geistige Welt und die Neigungen der Briefschreiber. Unice Dilectus, Sincerissimus, Integerrimus, so nennt Erasmus seinen Freund Servatius, der ihm das Klosterleben anfangs so schön und leicht gemacht hat, ja geradezu als Erfüllung seiner Sehnsucht erscheinen ließ. Ob Erasmus allein so überschwenglich war? Servatius war zurückhaltender, aber auch Cornelius Gerard, sein eigentlicher Gesinnungsgenosse, der eine ebenso große Neigung für die Dichtung empfand und selbst dichtete, stand in derselben Gefahr. Von Erasmus wird er poeta et theologus genannt, während Erasmus von diesem anfangs nur vir doctissimus, später aber auch als poeta, orator und theologus gerühmt wird, ja als ingenium incomparabile[51] bewundert wird. Die Lektüre klassischer Autoren wird mit Passion betrieben. Die Mitteilung, daß Erasmus Sinn für die Natur

---

voor Kerkgeschiedenis 1905). Zuletzt M. E. Kronenberg. Werken van Cornelis Aurelius. (Het boek 1963, S. 69–79.)

[48] Willem Hermans war Mönch in Steyn, Franz Theodoricus in Sion ASD I, 1,1: aequalium meorum unus.

[49] Allen 1,565. Erasmus klagt darüber, daß er, wenn er zum Horengebet in der Nacht geweckt wurde, erst nach Stunden wieder einschlafen konnte.

[50] Allen 1,138. Erasmus berichtet, daß er anfangs mit Willem Hermans aufs engste verbunden war, dum licuit; offenbar sind sie später getrennt worden.

[51] Allen 1,100.

hatte, Freude an schöner Umgebung empfand und selbst gern malte[52], paßt zu den Neigungen, von denen hier die Rede ist. Sein inneres Erleben ist dadurch bestimmt, daß er genau beobachtet und dabei genießt. Diese Neigung wird durch die Lektüre antiker Autoren, wenn nicht geweckt, so doch gestärkt. Für den Renaissancemenschen ist diese Haltung typisch; bei den älteren Humanisten kam sie noch nicht voll zur Geltung, obwohl Agricola diesen Zug bei Petrarca schon kennengelernt hatte.

Befaßten sich die Freunde mit antiker Literatur und ihrer Einwirkung auf das gegenwärtige Leben, so waren sie doch in der Beurteilung der Quellen nicht immer einig. Die jungen Humanisten im Kloster Steyn standen jeder für sich ein, ohne sich durch ältere Meinungen in bestimmte Bahnen drängen zu lassen. Sie hatten keine Anleitung und bildeten sich ihre Ansichten selbst, die daher zuweilen differierten. Erasmus vertrat schon damals die Auffassung, daß verschiedene Beurteilung antiker Kunstwerke nahestehende Menschen nicht entzweien sollte. Er wenigstens wollte sich nicht zu denjenigen zählen, die mit ihrem Urteil immer Recht behalten wollten und die Freundschaft ihrem Eigensinn opferten. Diese Haltung sei keine Standpunktlosigkeit. Er wüßte durchaus, was er wollte. Er hatte sich bereits die antiken Schriftsteller ausgewählt, denen er im Stil und in der Schreibart zu folgen gedachte[53]. Er nennt sie duces, wobei zweifelhaft ist, ob er über das Formale hinauszugehen entschlossen war. Wenn seine Freunde eine andere Wahl trafen, so beschwerte ihn das nicht. Erasmus spricht hier von seinem Geschmack und sagt, welche Dichter und Schriftsteller er bevorzugte. Unmittelbar neben die alten Klassiker stellt er dabei den Kritiker der Neuzeit, Laurentius Valla.

An diesem Schriftsteller sollte sich der erste Klosterstreit entzünden[54]. Da Cornelius einen Valla nicht gelten ließ, meinte Erasmus, er habe ihn gar nicht gelesen. Diese Vermutung lehnt Cornelius ab. Erasmus meint, wenn er Valla für ehrgeizig halte, so könnte Ehrgeiz oder eine andere negative Charaktereigenschaft zu Tugenden Anreiz geben. Aber er ist der Meinung, daß verschiedene Beurteilung Vallas sie nicht trennen sollte. Erasmus verweist dabei auf das Verhältnis von Augustin und Hieronymus, die sich nur aus Briefen kannten und trotz verschiedener Auffassungen Hochachtung füreinander empfanden.

---

[52] Allen 1,91.
[53] Allen 1,99.
[54] Allen 1,120.

Wie ist aber Erasmus zu der Überzeugung gekommen, daß Valla eine hohe Bedeutung zukommt? Auf diese Frage gibt er selbst die Antwort: es sind seine Bildung und seine Formgewandtheit[55]. An ihm lernt Erasmus, daß Humanismus nicht allein in der Beherrschung bestimmter Formen bestehe, nicht nur in der Fähigkeit, sich gewandt auszudrücken, sondern daß er letzten Endes eine Lehre (doctrina) sei. Daher betont er, daß man in Valla nicht nur den Wiedererwecker der schönen und echten Latinität zu sehen habe, sondern ihn trotz aller Anstöße und Ärgernisse, die er weckte, als Kämpfer für die Wahrheit anzuerkennen habe[56]. Der Humanist steht auf einsamer Höhe über der Menschenmenge, er setzt sich auch über Autoritäten hinweg, die er als solche nicht anerkennen kann.

Tournoy spricht die Vermutung aus[57], daß der italienische Humanist Raymondo de Marliano, der 1461 nach Löwen kam, die Valla-Kenntnis dorthin vermittelt habe. Jedenfalls wurden die ,,Elegantiae'' dort schon 1476 und die drei Schriften ,,De vero bono'', ,,Dialogus de libero arbitrio'' und ,,Apologia contra Pogium'' 1483 gedruckt. Alexander Hegius hatte diese Ausgabe gleich bekommen und gelesen[58]. Möglicherweise habe er das Buch an Erasmus weitergegeben, da Spuren der Kenntnis von De vero bono in seiner 1488 verfaßten Schrift ,,De contemptu mundi'' zu finden seien. Tournoy rechnet aber auch mit der anderen Möglichkeit, daß Hegius diese Schrift zusammen mit den ,,Elegantiae'' nach dem Kloster Steyn geschickt habe.

In den Briefen des Erasmus taucht der Name des Laurentius Valla zuerst am 15. 5. 1489 auf. Da rühmt er Willem Hermans gegenüber die Geistesschärfe und das enorme Gedächtnis Vallas. In dieser Beziehung sei er unvergleichbar. Darüber ist es zwischen den Freunden zu einer Auseinandersetzung gekommen, die sich über längere Zeit hinzog[59]. Cornelius Aurelius, der Vetter Willem Hermans, spielte Poggio gegen Valla aus und meinte, jemand, der die ganze Welt gegen sich habe, brauche nicht gelesen zu werden. Erasmus dagegen hält diese Fama für

---

[55] Allen 1,119.
[56] Allen 1,113.
[57] Vgl. H. Tournoy. Valla en Erasmus. (Onze Alma Mater, Leuven 23, 1969, S. 137ff.)
[58] Hegius schreibt an Rudolph Agricola, Vallas De vero bono habe ihn zum Epikuräer gemacht: Persuasit enim mihi eatenus bonum aliquid esse, quatenus voluptatem afferat.
[59] Allen 1,110.113.

trügerisch. Es müsse geprüft werden, wem Valla nicht gefalle. Erasmus hält Poggio für wortreich und eitel; bei Valla muß er freilich auch zugeben, daß er bisweilen bissig sei. Er habe aber viel geleistet und auf vielerlei Weise Nutzen gebracht, daß ihm dieser Fehler verziehen werden solle. Als Cornelius bei einem Besuch nicht nachließ, Valla zu schelten, wurde dieses für Erasmus der Grund, ganz energisch für Valla einzutreten. Nun spricht er aus: ,,Verletzt du Valla, so verletzt du alle Gebildeten."[60] Erasmus erklärt, er habe sich vorgenommen, Vallas Lehren zu vertreten; offenbar war er durch Cornelius und seine Angriffe sehr verletzt worden, so daß er sich in seinem Antwortschreiben sehr scharf äußerte. Dieser Kampf um Valla führte ihn dazu, sich stärker für Valla einzusetzen, als er es sonst wahrscheinlich getan hätte.

Bainton sagt, daß Erasmus, von dem er annimmt, er sei vorher der Devotio moderna ganz ergeben gewesen, durch Valla in die Welt Epikurs geführt worden sei[61]. Renaudet meint dagegen, Erasmus sei der Welt Geert Grotes und des Thomas a Kempis völlig fremd geblieben[62]. Er interessierte sich nur für die Antike. Nach Renaudets Meinung ist den Klosterbriefen noch nichts von einer inneren Entwicklung anzumerken, weder eine Desillusion noch eine religiöse Unruhe, aber auch keine Sorge um mönchische Vollkommenheit. In dieser Hinsicht bestehe zwischen Erasmus und den Mönchen von Windesheim ein großer Unterschied.

In beiden Fällen wird die Entwicklung des jungen Erasmus zu einseitig betrachtet. Weder hat sich Erasmus der Welt der Devotio moderna jemals verschrieben, noch hat er Epikur anders als die stoischen Philosophen angesehen. Die voluptas Epikurs ist für ihn nicht weit entfernt von Augustins fruitio Dei.

Erasmus kannte anfänglich nur die sechs Bücher der Elegantiae. Ihn zogen zwar auch grammatische Fragen an, aber das Schwergewicht verlegte er auf die von Valla zu jedem Buche verfaßte Vorrede. Die Frage nach dem Verhältnis von Christentum und Humanismus, die von Erasmus behandelt wird[63], kann von der Vorrede zum 4. Buch bestimmt sein, obgleich sie auch durch die Umwelt gestellt war. Wenn Erasmus anfänglich auch nur – oder in vorherrschender Weise – von der

---

[60] Allen 1,120: omnes laesisti literatos, cum unum laederes Laurentium.
[61] R. H. Bainton. Erasmus of Christendom. New York 1969, S. 25; deutsche Übersetzung, Göttingen 1972, S. 33.
[62] A. Renaudet. Préréforme S. 254f., 264.
[63] Allen 1,123.

Poesie angetan war, so mußte allmählich auch bei ihm die philosophische Fragestellung in den Vordergrund treten. Eine scharfe Trennung zwischen beiden Gebieten ist nicht zu beobachten, denn in der Poesie sieht er auch Bildungselemente, vor allem moralische Anregungen und tieferweisende Gedanken, die sonst nur der Philosophie eigen sind.

Im Vorwort zu seinem Auszug aus Vallas Elegantiae berichtet Erasmus[64], ein Schulmeister habe ihn, als er erst 18 Jahre alt war, um eine solche Anleitung für seine Schüler gebeten. Er hätte sie damals in jugendlichem Eifer gemacht, mehr flüchtig als gründlich, und hätte sie seinem Auftraggeber übergeben, ohne sich um das weitere Schicksal des Schriftchens zu kümmern. Erst nach Jahrzehnten machte er die Feststellung, daß seine Jugendschrift im Druck erschienen war. Daher habe er, um jener wilden Ausgabe entgegenzutreten, eine autorisierte Ausgabe veranlaßt. Wenn Erasmus die Jugendschrift im Alter herausgab, so doch nicht nur, um dem Drucker der ersten Ausgabe das Geschäft zu verderben und vielleicht einige Korrekturen oder Ergänzungen anzubringen. Vor allem brachte er damit zum Ausdruck, daß er sich nach wie vor zu Valla bekannte und seine Anregungen zur Verbesserung des lateinischen Stils weiterhin guthieß.

Bei diesem Lobe des Laurentius Valla beschränkte sich Erasmus freilich auf die Philologie. Seine theologischen Ansichten konnte er später keineswegs mehr teilen. Wenn er auch im Antwortschreiben an Martin Dorpius betont, er habe als erster Vallas Annotationes zum Neuen Testament herausgegeben, so konnte er im Jahre 1515 nicht umhin, hinzuzufügen, Valla sei doch mehr Rhetoriker als Theologe[65]. Und doch ist Valla auch auf dem Gebiet der Textkritik sein Vorgänger und sein Lehrer. Die Gemeinsamkeit bestand im Streben nach Klarheit, nach Korrektheit und nach ursprünglicher Reinheit.

Auf die arbeitsreichen Jahre im Kloster Steyn, in denen Erasmus zuerst ein zufriedenes Leben führte, folgten Jahre des Verdrusses. Die Freundschaft gestaltete sich nicht so, wie er es gehofft hatte. Im Catalogus spricht Erasmus aus, er habe es erlebt, daß die besten Freunde zu scharfen Gegnern werden[66]. Das Freundschaftsverhältnis im Kloster änderte sich bald. Der Streit um Valla ist ein kleines Zerwürfnis;

---

[64] LB 1,1069 = ASD I, 4,187.
[65] Allen 2,112.835.
[66] Allen 1,17.

zwischen den Freunden löste er aber eine Entfremdung aus. Erasmus pflegte auch nahestehenden Menschen gegenüber verschlossen zu sein. Diese Eigenart weist bereits auf die Grenzen der Vertrautheit hin. Trotz des längeren Zusammenseins mit Cornelius wußte dieser offenbar gar nicht, woher Erasmus kam und wie seine innere Entwicklung verlaufen war. Es beeindruckte Cornelius, als Erasmus den Schleier ein wenig lüftete und ihm seine ,,Geheimnisse" mitteilte[67]. Ob zu den Geheimnissen auch seine Herkunft gehörte oder ob sie sich nur auf seine Lehrer bezogen, bleibt verborgen. Zu Servatius Roger hatte Erasmus kein so nahes Verhältnis. Die verschiedene Bewertung des Humanismus und der humanistischen Studien drohte, ihn wieder einsam zu machen.

Das vorhandene Briefmaterial reicht nicht aus, um daraus zu entnehmen, ob Erasmus so etwas wie ,,Klosterkämpfe" durchgemacht hat. Anscheinend ist es bei seinem Temperament nicht möglich gewesen, in Verzweiflung über sein Dasein und über seinen Mönchsberuf zu geraten. In dieser Beziehung ist Erasmus ein anderer Mann als Luther. Es ist daher nicht am Platz, bei ihm nach einer ,,Bekehrung" zu fragen. Seine Beschäftigung mit der Bibel führt zu keinem ,,Turmerlebnis". Auch wenn Erasmus nach 6 Jahren des Klosterdaseins satt war und aus dem Kloster hinausstrebte, in dem er anfangs die Freiheit für sein Gelehrtendasein meinte gefunden zu haben, so handelte es sich bei ihm nicht so sehr um ein theologisches Problem, um sein Verhältnis zu Gott, sondern um den modus vivendi[68].

Cornelius nannte ihn zwar nicht nur vir doctissimus, sondern auch poeta, orator und theologus. Von seinen dichterischen Versuchen wissen wir genug; ob er als orator in Erscheinung trat, läßt sich nicht mit Bestimmtheit sagen, ebensowenig von seinem theologischen Anliegen, ob dieses schon im Kloster zum Durchbruch kam. Theologische Probleme müssen immerhin eine gewisse Rolle gespielt haben. Denn nicht umsonst wird er theologus genannt. Der Weg zur Theologie muß sich bereits angekündigt haben.

Für die innere Entwicklung, die Erasmus in seiner Frühzeit genommen hat, ist sein Schriftenkatalog eine wichtige Quelle. Für Erasmus sind Leben und Wirken eins. Sein Katalog ist kein dürres Schriftenverzeichnis. In unserem Zusammenhang interessieren vor allem

---

[67] Allen 1,111.
[68] Bainton S. 17 spricht von einer ,,inneren Krise", die Erasmus im Kloster infolge seiner Schüchternheit (Pusillanimitas) erfuhr. Depressionen sind aber noch nicht Ursache innerer Krisen. Vgl. auch ARG 37, 1940, S. 188.

die Bemerkungen über sein Werden und über die Entstehung seiner
Arbeiten. Die historischen Angaben sind nie genau; oftmals irrt er sich.
Diesen Mangel kennt er selbst und fügt daher, besonders bei Zeit-
angaben, hinzu: ni fallor[69]. Trotz des phänomenalen Gedächtnisses, das
Beatus Rhenanus an ihm rühmt, hat er für geschichtliche Zusammenhänge keinen Sinn. Oft widerspricht er sich, indem er aus späterer Sicht
seine ursprüngliche Auffassung korrigiert.

Erasmus spricht davon, daß er seine ersten, in den Klosternächten
verfaßten Aufsätze lange Zeit liegen ließ. Zum mindesten gilt diese
Feststellung von der Schrift ,,De contemptu mundi'' und vielen anderen,
vielleicht sogar vom ersten Entwurf zum Enchiridion. Wenn er seine
ersten Schriften zurückhielt, so doch nicht nur, um sie noch einmal zu
überdenken. Vielmehr berichtet er, daß damals die bonae litterae zu den
Theologen noch nicht gedrungen waren[70]. Man hätte meinen können,
sie wären damit zufrieden gewesen, daß Erasmus ein Neuland gefunden
hatte, aber nach seiner Auffassung war das Gegenteil der Fall.

Die Schrift ,,De contemptu mundi'' hat Erasmus als 20jähriger
geschrieben[71]. Wenn er hier im Plural redet, so will er wohl sagen, daß
es die gemeinsame Überzeugung seines Freundeskreises war. Der Titel
des Buches war nicht neu. Vielleicht sollte er auch absichtlich nicht neu
wirken. In ihm wird die volle Übereinstimmung mit dem Mönchsberuf
zum Ausdruck gebracht. Zur Entstehung dieser Schrift sagt Erasmus,
daß ein alter Mönch, vielleicht ein Klostergenosse, ihn um diesen Brief
an seinen Neffen gebeten hätte. Die Schrift hätte er nachlässig, ohne sich
viel Mühe zu geben, geschrieben, mit allgemeinen Begriffen spielend.
Die Enttäuschungen, die Erasmus später veranlaßten, ganz anders über
das Mönchtum zu denken, waren noch nicht eingetreten. Das Manuskript ist über 30 Jahre handschriftlich im Umlauf gewesen. Erst 1521
hat Erasmus diese Tatsache festgestellt und hat die Schrift mit einem
abschwächenden Zusatz drucken lassen.

Beim Lesen dieser Schrift kann man sich des Eindrucks nicht erwehren, daß Erasmus, der mit seinen Freunden gemeinsam diese Schrift
verfaßte, auch seine Überzeugung darin zum Ausdruck brachte[72]. Dann
erscheint aber die Auffassung, daß er gezwungen ins Kloster gegangen
sei, als eine Legende. Erasmus selbst hatte sich in diese Haltung später

[69] Allen 1,6.16.
[70] Allen 1,15.
[71] Allen 1,18; LB 5,1239.1262.
[72] LB 5,1318.

verstiegen. In seiner Jugend aber sah er das Klosterleben als einsam und ruhig an. Im Schoß des Klosters sei das Leben sicher. Erasmus scheint es für ein glückliches Ereignis gehalten zu haben, wenn ein Mensch zu diesem Entschluß kam, ins Kloster einzutreten. Den Eintritt ins Kloster vergleicht er mit der Einfahrt des Schiffes bei günstigem Winde in den Hafen. Wer aber in der Welt bleibt, setzt sich allen Gefahren aus, wie ein Schiff auf offener See, bis zum Schiffbruch hin. Soll dieser Vergleich gebraucht werden? Erasmus hält ihn für angebracht. Mit Berufung auf die Schrift (scriptura teste) kann er auch sagen, daß dieses Bild zutreffend ist, weil viele Menschen in der Welt umkommen. Mit Jesus Sirach 3,27 warnt er, Gefahren zu suchen. Werden aber nur die Mönche sich bewahren? Was treibt andererseits die Menschen in die Welt? Die Schrift sagt: die Begierde, die Wurzel alles Übels. Die Menschen trachten nach Reichtum und vergänglichen Dingen. Dem gebildeten Christen sollte es möglich sein, zu einer Haltung zu gelangen, die heidnische Philosophen einzunehmen vermochten. Dasselbe gilt vom Genuß wie von der Ehe. Den Zölibat preist Erasmus als besser und unendlich glücklicher denn die Ehe[73]. Das ist sein Bekenntnis. Ehren sind vergänglich, und das Leben kann plötzlich abreißen.

Erasmus mahnt an das Wort Lucas 12, 20. Da fällt ihm ein Vers des Rudolph Agricola ein, den er Agricola noster nennt, der auf das eine Ziel hinweist und die guten Werke als das Bleibende rühmt. Die Welt aber liegt im Argen (1. Joh. 5, 19). Worin besteht demgegenüber das wahre Glück? Erasmus verweist auf das Jesuswort: „Nehmt mein Joch auf euch!" (tolite jugum meum super vos! Matth. 11,28). Das ist die höchste Freiheit. Ist es die Freiheit, von der Cicero sagt, sie sei die Möglichkeit zu leben, wie man wolle? (Cic. Typ. 5: libertas est potestas vivendi, ut vultis). Nein! Es gibt nur eine wahre Freiheit, nämlich Gott zu dienen. Nach Erasmus trägt das einsame Leben die höchste Freude in sich. Aus dieser Feststellung zieht er die Folgerung: Der Sinn unseres Lebens ist ein epikureischer[74]. Mit Nachdruck wiederholt er diesen Satz, den er von Laurentius Valla gelernt habe, Epikur ist anders einzuschätzen, als es üblicherweise geschieht. Auch der Mönch braucht auf Freude nicht zu verzichten, ja er hat den höchsten geistlichen Genuß. In diesem Zusammenhang kann Erasmus auch geradezu von mystischer Erfahrung reden, nämlich von der Süßigkeit, wenn der Heilige Geist

---

[73] LB 5,1245 C.
[74] LB 5,1257 C: tota vitae nostrae ratio epicurea est.

den Menschen erfüllt[75]. Diesen Vorgang beschreibt er im Bilde des
Hohenliedes. Paradiesischen Genuß bringe die Lektüre der Heiligen
Schrift, ihrer Interpreten, der Philosophen und Poeten. Die Beschäftigung mit ihnen nennt er studia sacra. Erasmus fährt fort: Tota vita
nostra epicurea est. Darin ist nicht, wie Renaudet schließt, eine anti-
monastische Tendenz enthalten, sondern die volle Übereinstimmung mit
Valla ausgedrückt. Bei ihm hatte er es gelernt, daß das Klosterleben sich
mit einer freien Haltung vertrage.

Als sich die Spannungen und Gegensätze im Kloster mehrten, – etwa
um 1490 – entwarf Erasmus im Vollgefühl, die lichte Welt der Antike
gegen Finsternis und Unverstand verteidigen zu müssen, eine Schrift,
der er den Titel ,,Antibarbari" gab. Die Freude am ungestörten Klosterdasein war allmählich erloschen, denn Erasmus sah sich immer mehr
von Bildungsfeinden umgeben. Es ist möglich, daß die Grundkonzep-
tion dieser Schrift auf Gespräche mit Cornelius Gerard zurückgehe, ja
daß sie gemeinsam – vielleicht schon im Mai 1489 – die ersten Gedanken
dieser Kampfschrift zu Papier brachten. In ihren Briefen finden sich
nämlich Wendungen, die teilweise wörtlich an die Antibarbari erinnern.

Diese Schrift, die Meissinger ein ,,erstaunliches Frühwerk"[76] nennt,
hatte allerdings ein seltsames Schicksal. Erasmus selbst berichtet darüber
im Widmungsbrief an Joh. Sapidus in Schlettstadt, den er dem ersten
Druck des 1. Buches 1520 vorausschickte. Entstanden war die Schrift in
drei Etappen. Die erste Niederschrift stammte aus seiner Frühzeit
(paene puer coeperat). Zweimal hat er sie dann umgearbeitet. Zuerst
1497 während einer Ruhepause auf dem Lande. Damals hatte er das
Argumentum geändert und aus der ursprünglichen oratio einen Dialog
gemacht. Erasmus selbst hatte damals dieses Werk für so wichtig
gehalten, daß er es als sein Renommierstück überallhin mitnahm. Es hat
in Paris Robert Gaguin vorgelegen, in London John Colet, und in
Ferrara ist es zu Grunde gegangen. Aber auch in Flandern muß es bei
seinen Freunden umgelaufen sein, denn als ihm der Verlust des ganzen
Werkes bekannt wurde, hat er dort wenigstens mehrere Abschriften
festgestellt. Eine von diesen, die das erste Buch enthält, hat P. S. Allen
in Gouda aufgespürt. Beim Vergleich dieser Fassung mit der späteren
Druckausgabe meint Pfeiffer[77], die Änderungen seien bei den Bearbei-

---

[75] LB 5,1258 D.

[76] H. Meissinger. Erasmus von Rotterdam. Berlin ²1948, S. 29.

[77] R. Pfeiffer. Die Wandlungen der ,,Antibarbari" in: Gedenkschrift zum 400.
Todestag des Erasmus von Rotterdam. Basel 1936, S. 50–68.

tungen nicht so groß gewesen. In der Battus-Rede meinte er noch ein Stück der Ur-Antibarbari erkennen zu können. Während des Winters in Bologna hatte Erasmus sich diese Schrift noch einmal vorgenommen und sie erweitert. Zwei Abschriften hatte er, als er nach Rom ging, bei Richard Pace hinterlegt. Durch die Schuld anderer – Erasmus nennt sie Drohnen – ging sein Manuskript verloren. Böse Absicht ist dabei nicht ausgeschlossen. Erasmus selbst ist aber auch nicht schuldlos, denn er hat sich erst nach vielen Jahren nach seiner Schrift erkundigt. Der Verlust ging ihm nahe. Am wenigsten beklagte er den Verlust des 1. Buches, das durch seine Schärfe noch zu sehr das ingenium puerile zeigte. Die weiteren drei Bücher hätte er gern erhalten gesehen.

Die jetzigen Forscher schätzen das allein bekannte 1. Buch anders als Erasmus ein. Sie sind, wie wir es an Pfeiffer und Meissinger sahen, von den kühnen und tapferen Gedanken, die schon zur Urfassung gehörten, stark beeindruckt.

Was ist wahre Bildung und was ist ihr gegenüber Barbarei? Wer ist gebildet und wer verfährt barbarisch? Es hängt mit den Erfahrungen des Erasmus im Kloster zusammen, daß er die Feinde der Bildung in seinen Klosterbrüdern, in den religiosi sah. Er wollte sich nicht der Gleichmacherei schuldig machen. Wenn er sich diejenigen ansah, die der Bildung nach antiker Weise fern standen, so stellte er unter ihnen große Unterschiede fest. Da gab es solche, die völlig unwissend waren. Diese konnten noch am günstigsten beurteilt werden, denn ehrliche Unwissenheit bietet noch Möglichkeiten der Änderung. Da waren auch solche, die Erasmus als begrenzt unwissend bezeichnet und die zu einem gewissen Verständnis geführt werden konnten. Als dritte Gruppe nennt er diejenigen, die sich einbilden, Wissende zu sein, ohne das Geringste zu wissen. Mit diesen ist der Umgang schwer.

Erasmus sah sich vor der Aufgabe, in der Kirche das Recht auf Bildung zu behaupten und zu verteidigen. Diese Haltung nahm er tatsächlich bereits in jungen Jahren ein. Sie ist nicht erst das Ergebnis seiner Studien oder gar des Aufenthaltes im Ausland. Den jungen Erasmus sehen wir schon im Kloster als Apologeten der Bildung und als begeisterten Verfechter ihres Rechtes gegenüber den illiterati oder den viri obscuri. Nach den ersten Einwendungen, die er von Colet und anderen hörte, hemmt er jedoch seinen Lauf. Daß er die Antibarbari erst nach dreißig Jahren und dann auch nur als Fragment herausgab, ist nicht allein situationsbedingt, sondern zeigt zugleich die Anlage des Erasmus und geradezu seinen Charakter.

Erasmus merkte schon bei diesem Vorpreschen mit seinem ersten Werk, daß er sich an keine leichte Aufgabe begeben hatte. Hier wurde er vor Probleme gestellt, die ihn sein ganzes Leben lang begleiten sollten. Der Ausgleich zwischen Antike und Christentum, Bildung und Glaube, Vernunft und Offenbarung wurde durch ihn zum Programm seiner ganzen Welt. Erasmus konnte sich nicht zurückhalten; schließlich mußte er mehr sagen, als was Hermann Buschius in seinem Vallum humanitatis gesagt hatte[78]. Auf ihn waren mehr Augen gerichtet und wurden größere Erwartungen gesetzt.

---

[78] Vgl. ASD I, 1, S. 1–138, L. Geiger. Renaissance und Humanismus in Italien und Deutschland. Berlin o. J. S. 426 nennt Hermann Buschius den ,,Klassiker des deutschen Humanismus". Sein ,,Vallum humanitatis" erschien 1518.

Kapitel II
Humanismus, Scholastik und neue Ansätze

Im Laufe des Jahres 1493 erhielt Erasmus die Möglichkeit, das Kloster zu verlassen. Der Bischof von Cambrai, Heinrich von Bergen, der angesehenste Kirchenfürst des burgundischen Landes, dem auch die Herrschaft Bergen op Zoom gehörte, brauchte einen Sekretär, der ihn auf der geplanten Rom-Reise begleiten sollte[1]. Als solcher wurde ihm Erasmus vorgeschlagen, der kurz zuvor, am 25. April 1492 in Utrecht die Priesterweihe erhalten hatte[2]. Die Verbindung war durch Jacobus Batt, den Ratsschreiber von Bergen und guten Bekannten des Erasmus zustande gekommen[3]. Erasmus blieb zunächst beim Bischof, begleitete ihn auf kleinen Reisen, kam auf diese Weise nach Brüssel, nach Cambrai und Bergen op Zoom.

Die Beziehungen zu den alten Freunden konnte er noch aufrecht erhalten. Immerhin müssen sie selten genug gewesen sein, da sein Freund Willem Hermans sich erkundigte, wie es ihm am bischöflichen Hofe gehe, was er schreibe, lese und treibe. Erasmus versichert seinerseits die alten Klostergenossen seiner bleibenden Freundschaft, entschuldigt sich, daß seine Briefe seltener wurden und erklärte diesen Mangel durch die starke Inanspruchnahme in seinem Dienst. Als die Aussichten auf das Kardinalat für den Bischof dahinschwanden und damit auch die Rom-Reise hinfällig wurde, erhielt Erasmus keine Aufträge mehr. Es waren keine lateinischen Briefe mehr zu schreiben. Neue Aufgaben hatte aber der Bischof für Erasmus offenbar nicht. Möglicherweise hatte der

---

[1] Allen 1,160 f.

[2] Vgl. I. B. J. Zilverberg. David van Bourgondie. Groningen 1951, S. 110 f. Über seine Priesterweihe verliert Erasmus kein Wort. Nur einmal erinnert er sich daran, daß der Bischof vor der Ordination eine Prüfung mit den Kandidaten vornahm LB 5,808 B. Die Meinung von R. Bainton. Erasmus S. 34, Erasmus sei von den Brüdern in Steyn zum Priester geweiht worden, ist unmöglich.

[3] Vgl. C. J. F. Slotmans. Erasmus en zijn vrienden uit Bergen op Zoom. (Taxandria, Tijdschrift voor Noordbrabantse geschiedenis en volkskunde 35, 1928, S. 116.)

Bischof seine Enttäuschung auch auf Erasmus übertragen und in ihm die Ursache des Mißlingens seiner Hoffnungen gesehen.

Um so mehr erwachte in Erasmus der langgehegte Wunsch, in Paris Theologie zu studieren[4] und dort den Doktorgrad zu erwerben, um allen, die in ihm nur den Grammatiker sahen und seine theologischen Ansichten nicht ernst nahmen, den Mund stopfen zu können. Flehentlich beschwor Erasmus seinen Freund, Jacob Batt, für sein Herzensanliegen, die Erlaubnis zum Studium in Paris, zu wirken. Tatsächlich erlangte Batt die Genehmigung des Bischofs, so daß Erasmus im Herbst 1495 nach Paris gehen konnte. Der Bischof versprach ihm ein Stipendium und empfahl ihn an den einflußreichen Jean Standonck[5].

Erasmus nahm in Paris Wohnung im Collège Montaigu, das von Jean Standonck, einem besonders strengen Theologen der Sorbonne und Kanoniker von Notre Dame geleitet wurde[6]. Standonck kam aus der Schule von Gouda, kannte die Devotio moderna, wurde aber nicht von dem innigen, mystischen Geist der Brüder vom gemeinsamen Leben, sondern mehr vom asketischen, gesetzlichen Geist geleitet. In Paris, wo er selbst seit 1469 die Artes, seit 1475 Theologie studiert hatte, war er Rektor der Universität und versah seit 1483 zugleich das Amt eines Regens im Collège Montaigu. Standonck muß ein guter Organisator gewesen sein; durch eine Stiftung dazu in Stand gesetzt, baute er hinter dem eigentlichen Collegium ein Studentenheim für arme, fleißige Studierende. Was er von reichen Studenten als Kostgeld bekam, verwendete er für die armen, die dort freie Wohnung, Heizung, Licht und täglich ein Weißbrot bekamen. Morgens und abends nahmen die Studenten am gemeinsamen Gebet teil, eine mönchische Gemeinschaft eigener Art.

Standoncks Streben richtete sich auf die Reform des Klerus; erst mit einem reformierten Klerus konnte nach seiner Auffassung die Reform der Kirche durchgeführt werden. Diese Tätigkeit hinderte ihn nicht, den Unterricht im Collège Montaigu fortzusetzen. Zur Unterstützung seiner Bestrebungen rief Standonck die Windesheimer nach Frankreich, deren

---

[4] Zum Studium nach Paris zu gehen war für Erasmus eine res, quae mihi magnopere cordi est (Allen 1,145).

[5] Bischof Heinrich von Bergen und Jean Standonck waren nicht nur Landsleute, sondern auch Studiengenossen in Paris gewesen.

[6] Vgl. M. Godet. La congregation de Montaigu. Paris 1912. A. Renaudet, Préréforme et humanisme a Paris. Paris 2. ed. 1953. M. Reulos. Paris au temps d'Erasme. (Coll. Eras. Turon. I) S. 79.

Gedanken einigen Pariser Professoren und Klerikern geläufig geworden waren[7]. 1496 reiste Standonck selbst nach Windesheim, um die Beziehungen zu festigen und die Mission der Windesheimer in Paris in die Wege zu leiten. Die Klöster Sion bei Delft und Steyn bei Gouda gehörten nicht mehr zur Windesheimer Kongregation. Sie bildeten eine neue observante Gemeinschaft. Unmittelbar kam daher Erasmus mit den Bemühungen Standoncks und der Windesheimer in keine Berührung. Er war wohl auch nicht mehr in Paris, als sein einstiger Freund Cornelius Gerard als einer der Windesheimer Missionare in der Abtei St. Victor Einzug hielt[8]. Erasmus erlebte die Beziehungen zu Standonck im Collège Montaigu nicht lange. Er ging fort. Sein Urteil über Standonck hat er später in seinen Colloquia niedergelegt[9]. Es ist ein hartes Urteil, das er da ausspricht, mehr eine Anklage als eine Beurteilung. Standonck war ein Mann von ungewöhnlicher Härte, der im Collège Montaigu es an allem fehlen ließ, so daß nach der Darstellung des Erasmus manche der armen Schüler infolge des Mangels an Nahrung und Sauberkeit ihr Leben lassen mußten. Bei seiner schwachen Gesundheit hielt es Erasmus dort nicht lange aus und erkrankte. Als seine Gesundheit in der Heimat wiederhergestellt war, eilte er bald wieder nach Paris, aber diesmal in eine frei gewählte Wohnung.

Was trieb Erasmus in Paris? Als regulierter Kanoniker brauchte er nach den Statuten der Sorbonne die Artes nicht zu studieren. Er konnte gleich in der höheren Fakultät beginnen und hörte Vorlesungen über die Sentenzen des Lombarden. Standonck muß von dem ernsten Mönch angetan gewesen sein, da er ihm im Kolleg biblische Auslegungen übertrug[10]. Gelegentlich predigte Erasmus auch bei den Augustinerinnen in St. Genevieve. Im Catalogus bedauerte er es, daß jene Predigten verloren gingen[11]. Die theologische Frühentwicklung des noch nicht 30jährigen wäre auf Grund dieser Zeugnisse doch eher nachzuzeichnen.

Noch lag das Schwergewicht auf den humanistischen Studien, und wenn die Beschäftigung mit der Bibel hinzuzutreten begann, so lagen die Studien noch am Rande. Es ist daher nicht zu verwundern, daß

---

[7] Renaudet, Préréforme S. 213.
[8] Die Klöster Sion bei Delft und Emmaus in Steyn bei Gouda bildeten seit 1444 eine Observanz.
[9] Vgl. LB 1,806 und 426.
[10] Allen 1,37.
[11] Allen 1,37.

Erasmus den Umgang mit Robert Gaguin und Fausto Andrelini pflegte, dagegen Lefèvre mied, der in derselben Weise als christlicher Humanist zur Schrift hinstrebte. Die erste Publikation des Erasmus ist auch ein humanistisches Gedicht, in dem er die Verdienste Gaguins preist[12]. In dieser Zeit gab Erasmus auch die Gedichte seines Freundes Willem Hermans heraus, die Gaguin begutachtet hatte. Erasmus gesteht den freundschaftlichen Diebstahl ein – denn offenbar tat er das ohne Genehmigung des Verfassers. Selbst konnte er, wie das Widmungsschreiben sagt, nicht viel beisteuern. Das Bändchen erregte Aufsehen und wurde viel gekauft und gelesen[13].
Eine Seuche vertrieb Erasmus aus Paris. Er ging in seine Heimat, seine Freunde Willem Hermans und Jacobus Batt eilten zu ihm, wieder wie in alten Tagen wurde bis in die Nacht diskutiert. Erasmus erzählt von diesen glücklichen Tagen in der Einleitung der ,,Antibarbari``, die keineswegs einen Angriff von der stolzen Höhe der humanistischen Bildung herab auf die Ungebildeten, sondern einen Klärungsprozeß für ihn selbst bedeuteten[14].
In den ,,Antibarbari`` spiegeln sich nicht nur Klostererfahrungen, sondern auch Erlebnisse und Begegnungen, die Erasmus im ersten Jahr in Paris hatte. Kannte er vorher nur selbstsichere und unduldsame Mönche, so traten ihm in Paris die noch selbstgerechteren scholastischen Theologen entgegen. Während er im Dialog mit Batt diesen ihre Enge und ihre unlebendige Lehrweise vorhält, hat er selbst keineswegs vor, die Theologen nur an die Antike heranzuführen, sondern ihren Blick zu weiten. Wie die ,,Antibarbari`` zeigen, hat Erasmus in Paris nicht wenig zugelernt. Seine christliche Position ist fester geworden, seine Bibelkenntnis allein schon aus dem täglichen Umgang mit der Bibel vertieft. Daher ist es nicht zu verwundern, daß sein humanistischer Enthusiasmus zur gleichen Zeit nachließ[15].
Erasmus hat während seines Aufenthalts in Paris nicht nur mit dem Bischof von Cambrai, sondern auch mit dem Prior seines Klosters, Nicolaus Werner, Briefe gewechselt, die geradezu Tätigkeitsberichte darstellen. Während die Briefe an den Bischof meist kurz und formell sind und sich nur in allgemeinen Ausdrücken über seine Arbeit auslassen, wie: theologiae studiis occupatus, berichtet er dem frommen

---

[12] Allen 1,147.
[13] Allen 1,161 ff.
[14] Renaudet, Préréforme S. 215.
[15] Allen 1,161.

Pater Nicolaus viel ausführlicher. Im Kloster war schon bald die Frage aufgetaucht, was denn Erasmus eigentlich in Paris triebe. Man war im Unklaren, was er meinte, wenn er von Sacrae litterae schrieb, mit denen er sich beschäftigte. Meinte er damit klassische Literatur, oder war hier von der Theologie die Rede? Auf diese Frage antwortete Erasmus, um jedem Gerede entgegenzuwirken. Er sei, so schreibt er, auf Wunsch seiner Oberen – wobei ebenso der Bischof wie die Ordensoberen gemeint sein können – nach Paris gegangen, um sich dort den sancta studia zu widmen und von dort den Doktorgrad mitzubringen. Ihm lag es keineswegs daran, sich mit kleinen Lehraufträgen abzugeben und die Studienzeit auf diese Weise zu verlängern. Wenn er noch nicht so weit gekommen sei, daß er das Ziel vor sich sehe, so lag es daran, daß er des öfteren krank war. Es mutet bei Erasmus sonderbar an, in einem Brief an seinen Prior Nicolaus Werner zu lesen, er sei durch keinen Arzt von seiner Krankheit geheilt worden, sondern durch die Heilige Genoveva[16]. Erasmus schreibt dieses nicht nur einmal, um dem naiv-frommen Pater im Kloster Steyn zu gefallen, er schreibt des öfteren der Heiligen in St. Geneviève die Wunderkraft zu. Zugleich berichtet er von der großen Prozession bei der Translation der Reliquien der Heiligen von der Augustiner-Kirche zur Marienkirche, um mit dem Satz zu schließen: Nunc nihil est celo serenius[17].

Trotz dieser Berichte bleibt die Frage bestehen, ob Erasmus seine Zeit für die Theologie in Paris gut angewandt hat. Wenn er den Doktorgrad an der Sorbonne erwerben wollte, mußte er vor allem in der nominalistischen Theologie gut beschlagen sein. Er scheint jedoch nicht sehr eifrig im Studieren gewesen zu sein[18]. Man wird ihm die Schuld dafür nicht zuschreiben dürfen. Das bischöfliche Stipendium blieb aus, die Gönnerin Anna van Veere auf Schloß Tournehem versagte sich ganz und unterstützte lieber bigotte Mönche. Erasmus blieb auf sich gestellt und mußte seinen Lebensunterhalt selbst verdienen. Seine ersten Schüler waren die beiden Kaufmannssöhne aus Lübeck, Christian und Heinrich Northoff, dann übernahm er die Erziehung vornehmer, junger Engländer. Erasmus wollte nicht Pädagoge sein. Seine Aufgabe sah er

---

[16] Die Verehrung der Hl. Genoveva behielt Erasmus sein Leben lang bei, vgl. sein Carmen votivum (1532) bei Reedijk, Poems S. 351.

[17] Allen 1,29. Vgl. Vita Genovevae virginis Parisiensis. (MGH, Scrip. Merov. 3,204–238.)

[18] Allen 1,4.

lediglich darin, Inspektor zu sein, der den jungen Zöglingen nur den Studienweg zeigte[19].

Bei seinem Eintreffen in Paris hatte Erasmus Beziehungen anzuknüpfen gesucht zu dem bereits im 60. Lebensjahr stehenden Theologen der Sorbonne Robert Gaguin (1433–1501), von dem er Unterstützung erwartete. Die wohl reichlich schmeichelnde Einführungsepistel des Erasmus gefiel dem Empfänger nicht. Nach seinem Brief, der nicht erhalten geblieben ist, und seinen beigelegten Gedichten gewann Gaguin den Eindruck, daß es sich immerhin um einen gebildeten Mann handele. Daher war er bereit, mit ihm in Verbindung zu treten. Die gleiche Interessenrichtung verband sie schon[20]. Kamen zu dem Eifer Humanität und reichliche Kenntnisse hinzu, dann standen wie seinen anderen Freunden auch Erasmus die Türen seines Hauses offen. Erasmus sollte nur kommen, aber allen Wortreichtum und alle Schmeichelei beiseite lassen.

Dieser Brief enthielt Anerkennungen des erfahrenen Diplomaten, Humanisten und Kirchenrechtslehrers, wenn er auch mit aller Deutlichkeit aussprach, was Gaguin nicht wünschte. Er lobte den Stil des Erasmus, warnte ihn aber vor Übersteigerung und mahnte ihn, bei seinen Studien solche Schriftsteller zu bevorzugen, die sowohl seinen Geist als auch seine Lebensart anregten. Gaguin wurde sein Berater, der ihn mahnte und warnte. Vor allem sollte er sich nicht in Polemiken einlassen, wohl aber seine Fähigkeiten voll zur Entfaltung bringen.

Gaguin sprach es deutlich aus, er habe von Erasmus den Eindruck, daß er bestrebt sei, mores cum religione conjungere. Zur Erklärung seines vorhergehenden Briefes sagte er noch, daß er nichts auf der Welt so sehr haßte wie Schmeichelei.

Seinem Brief hatte Erasmus ein Gedicht De casa natalicia Jesu ac paupere puerperio divae virginis Maria beigelegt[21]. Ob er damit dem General der Maturiner gefallen wollte, der seit Jahren besonders für die immaculata conceptio eintrat? Das Gedicht ist vermutlich in Paris entstanden. Gaguin hatte einige Jahre zuvor ebenso ein lateinisches Gedicht auf die Unbefleckte Empfängnis veröffentlicht[22]. Sein Alterswerk, in das er seine letzte Kraft steckte, war das Compendium historiae Francorum, dem Erasmus ein Gedicht in Gestalt eines empfehlenden

[19] Allen 1,158ff.
[20] Allen 1,147.
[21] Reedijk, Poems s. 224ff.
[22] Renaudet, Préréforme S. 114.

Briefes beifügen durfte[23]. Mit Gaguin war Erasmus der Meinung, kirchliche Gegenstände mit weltlichen Mitteln wirksam machen zu können. Sein Vorbild darin war Baptista Mantuanus († 1518), den er einen christlichen Vergil nannte, nicht nur wegen der gemeinsamen Heimat, sondern wegen der gemeinsamen Kunst.

Über seine theologischen Studien an der Sorbonne, zu denen er nach Paris gegangen war, wissen wir sehr wenig. Sicherlich hat er die nominalistische Theologie, die damals an der Sorbonne vorherrschte, kennengelernt. Erasmus äußert sich aber in dieser Zeit nicht näher über seine Studien. Offensichtlich hat er zur damaligen wissenschaftlichen Methode und der Art der Behandlung theologischer Fragen kein rechtes Verhältnis bekommen, auch wenn er sich inhaltlich zu ihr nicht kritisch verhält[24]. Auch auf seine Pariser Lehrer geht er in seinen Briefen nicht näher ein.

Es gibt zwar einen Brief von ihm an Thomas Grey[25], auf den schon P. Mestwerdt hingewiesen hat[26]. Diesem Brief aus dem Jahre 1497 kommt große Bedeutung zu, da er die einzige Quelle ist, die einiges über sein Studium aussagt.

Auffallend ist, daß er sich als vetus theologus bezeichnet, während er doch um die theologische Anerkennung sich bemüht. Sodann klingt es durchaus merkwürdig, wenn Erasmus von seinen Lehrern, bei denen er Vorlesungen hört, schreibt, daß sie eigentlich schlafen und einige von ihnen auch wohl niemals aufwachen werden. Der Lauf der Welt ginge an ihnen vorbei. In ironischer Weise heißt es weiter: neulich habe ich begonnen, Skotist zu sein, d. h. auch zu schlafen. Bemerkenswert ist vor allem die Gegenüberstellung: auf der einen Seite die Theologen der Sorbonne, auf der anderen ihnen gegenüber, gleichsam ein David gegenüber dem Goliath, Erasmus allein, bereit zum Kampf und Siegesgewinn. Im Blick auf die Zukunft spricht er: es bestehe die Hoffnung, daß sie alle einstmals den Erasmus anerkennen werden. Dieser Brief zeigt die Verärgerung des Studenten über die Magistri nostri. Erasmus war schwer enttäuscht. Die Enttäuschung, will uns scheinen, bezieht sich auf die Zurückweisung vom Baccalaureat.

---

[23] Reedijk, Poems S. 240f.
[24] Vgl. Chr. Dolfen. Die Stellung des Erasmus zur scholastischen Methode. Osnabrück 1936, S. 34.
[25] Allen 1,192.
[26] Mestwerdt S. 316.

Wenn Erasmus in Paris den Grad des baccalaureus biblicus hätte erwerben können[27], hätte ihn Paris festgehalten.

Die Frage, ob er bei allen seinen Nebenarbeiten sich nicht verzettelt und das theologische Studium den Anforderungen entsprechend betrieben hat, kann nicht mit Ja oder Nein beantwortet werden. Erasmus spricht von seiner Tätigkeit in dieser Zeit als von einer Sisyphus-Arbeit, weil sein Leben dem eines Odysseus vergleichbar sei[28]. Worin die Arbeit im einzelnen bestand, erfahren wir nicht. Vermutlich wird sie so schwer gewesen sein, weil Erasmus auf zwei Geleisen fuhr: theologische Studien und literarische Arbeiten nebst pädagogischen Leistungen. Die Theologie scheint oft zu kurz gekommen zu sein, denn Erasmus schreibt seinem alten Freund Wilhelm Hermans: Du wirst dort eher ein Theologe werden als ich hier!, und bekräftigt diese Aussage mit einem: Crede mihi, sic res habet![29]

In Zusammenhang mit seinen Arbeiten sagt er im folgenden Brief: er könne seine Tragödie gar nicht erzählen[30]. Es handelt sich vermutlich um das Baccalaureat, von dem er zurückgewiesen wurde. Einzelheiten erfahren wir nicht. In einem Brief an John Colet, in dem er ein Bild der Theologie dieser Zeit entwirft, kennzeichnet er später seine Pariser Lehrer, die ihm vor Augen standen[31]. Diese Modernen befassen sich, so schreibt er, nicht mit Fragen, die lebensbezogen sind, sondern mit Spitzfindigkeiten (argumentiae) und Sophismen (cavillationes). Sie können wohl Streithähne, aber keinen weisen Menschen erziehen. Ihre Kunst ist dürr und saftlos. Sie haben die Theologie, die Königin der Wissenschaften, ihrer Schönheit entkleidet und sind bestrebt, in der Analyse so weit zu gehen, daß sich alles auflöst. Daher ist die Theologie, die früher majestätisch dastand, heute verstummt, arm und zerlumpt.

Der Mißerfolg des Erasmus in Paris war nicht in der unzureichenden Beziehung zur Theologie begründet, sondern darin, daß er sich nicht um die rechtlichen Bedingungen rechtzeitig bekümmert hatte. Die Statuten der Sorbonne verwehrten dem unehelich Geborenen den Zugang zur Promotion. Seine Schwierigkeiten in Paris ließen in Erasmus

[27] Allen 1,29.
[28] Allen 1,214.
[29] Allen 1,213.
[30] Allen 1,218. Vgl. R. Stupperich, Zur Biographie des Erasmus. (ARG 65, 1974, S. 30 ff.)
[31] Allen 1,246.

den Wunsch aufkommen, nach Italien zu gehen und dort den Doktorgrad zu erwerben[32]. Zunächst wollte er diese Reise auf eigene Faust
unternehmen. Batt sollte den Freundesdienst leisten und ihm das Geld
für die weite Reise und den Aufenthalt in der ewigen Stadt ver-
schaffen[33]. Er verläßt sich ganz auf ihn, sein Schicksal ruht in Batts
Händen[34]. Dabei verweist Erasmus seinen Freund nicht auf sachliche
Gründe, die ihn zu diesem Wechsel seiner Pläne veranlaßten, sondern
argumentiert mit seiner Gesundheit: längerer Aufenthalt in Paris könnte
ihm schädlich sein. Selbst sein literarisches Werk wäre in Gefahr unter-
zugehen!

Auch das Studium der griechischen Sprache nahm Erasmus in Paris
wieder auf. Einige elementare Kenntnisse besaß er von Deventer her.
Als reifer Mann von etwa 30 Jahren begann er das Griechische gründlich
zu lernen. Einen Griechen fand er in Paris; aber dieser konnte ihm kein
Lehrer sein, so daß er sein eigener Lehrer wurde[35].

Diese Studien standen zunächst in keinem direkten Zusammenhang
mit seiner theologischen Arbeit, sondern eher mit der humanistischen.
Der Kreis, zu dem Erasmus gehörte, bestand aus einigen französischen
und italienischen Humanisten, die die Kenntnis des Griechischen für
notwendig hielten. Unter ihnen trat Erasmus nicht nur als spätlateini-
scher Dichter auf, sondern lieferte gelegentlich griechische Verse und
legte Übersetzungen griechischer Texte vor. Im Catalogus berichtet er
über seine Übersetzungen, die seiner Arbeit an biblischen und patristischen Texten zugute kommen sollten.

Daneben setzte Erasmus in Paris noch einige literarische Arbeiten
fort, um sie zu einem gewissen Abschluß zu bringen. Zwischen seinen
biblischen und humanistischen Studien sah er nichts Trennendes; für ihn
gingen sie teilweise ineinander über. Er vollendete die Schriften „De
conscribendis epistolis" und „De copia verborum", die er 1498 und
1499 begonnen hatte, und setzte auch die Sammlung der Sprichwörter
fort. Ehe diese Arbeit im Sommer 1500 in Druck gehen konnte, hatte
Erasmus Jahre an sie gewandt. Die Anfänge weisen auf das Kloster
zurück, und bis zum ersten Druck waren erst 800 Proverbien beisammen
(gegenüber den 5251 in der abgeschlossenen Sammlung).

---

[32] Allen 1,288 vgl. 11,183: Ut bonae literae servient pietati, scripsi Enchiridion
militis christiani.
[33] Allen 1,298 ff.   [34] Allen 1,322.
[35] Allen 1,368 vgl. H. Dibbelt, Erasmus' griechische Studien. (Gymnasium 57,
1950, S. 55.)

Möglicherweise hat die literarische Arbeit Erasmus mehr Zeit gekostet als die theologische. Auch an den Antibarbari arbeitete er weiter, denn an seinem Programm hielt er weiter fest. Gaguins Kritik hatte ihm zu denken gegeben. In der Sache gab ihm dieser recht, mahnte ihn aber zu größerer Vorsicht. Bei den Theologen seiner Zeit sah er die Inkonsequenz: die Verbindung von Antike und Christentum, die sie an den Kirchenvätern guthießen, lehnten sie für sich selbst ab[36]. Um keine weiteren Feinde zu bekommen, veröffentlichte Erasmus die Schrift nicht. In ihr finden sich Begebenheiten, die in die Pariser Zeit fallen bzw. in die Zeit seines Aufenthalts in Flandern, ein Beweis für ständige Ergänzung des Manuskriptes[37].

Als ihm sein Schüler Lord Mountjoy den Vorschlag machte, mit ihm nach Italien zu gehen, war Erasmus gleich dazu bereit. Der sehnlichste Wunsch seiner Jugend schien in Erfüllung zu gehen. Den Doktorgrad hoffte er statt in Paris dann in Rom zu erwerben. Aber dieser Plan zerschlug sich. Montjoy mußte, statt nach Italien zu reisen, nach Hause zurückkehren. Seine Einladung hielt er aufrecht, Erasmus sollte nach England kommen.

Dieser begleitete nunmehr seinen Schüler in seine Heimat. Die Reise und der Aufenthalt in England dauerten ein halbes Jahr.

In der humanistischen Welt, besonders in Paris, hatte sich schon lange die Auffassung durchgesetzt, daß Italien den gebildeten Kreisen in Frankreich, den Niederlanden und England nicht mehr überlegen sei. Was trieb einen Erasmus dann in solchem Maße nach Süden? War es noch die alte Sehnsucht seiner Jugendzeit, oder hatte sich sein Bild bereits soweit geändert, daß er dort nur noch die Möglichkeit sah, besser Griechisch zu lernen?

Als die mannigfaltigen Versuche des Erasmus, nach Italien zu kommen, sich zerschlagen hatte, war er bereit, nach England zu reisen, in der Hoffnung, dort einflußreiche, wohlhabende Freunde zu finden, die ihm in ihrer Freigebigkeit die Mittel für eine Italien-Reise gewähren würden.

Erasmus ließ seine unvollendeten Arbeiten liegen, als ihm Montjoy das Angebot machte, mit ihm nach England zu gehen. Dieser Schritt bedarf der Erklärung. War es möglicherweise seine innere Verfassung, seine Unentschlossenheit, die ihn dazu trieb, ein Angebot auf eine

---

[36] Allen 1,153.
[37] A. Hyma, The youth of Erasmus. Ann Arbor 1931, S. 304.

ungewisse Zukunft hin anzunehmen? Ihm war es nicht darum zu tun, irgendeine Stellung zu erhalten, sondern die Tätigkeit zu finden, die er sich wünschte und durch wohlwollende Mäzene doch zu seinem Ziel zu gelangen. R. W. Chambers schreibt in seiner Thomas Morus-Biographie[38], Erasmus hätte in England sich selbst, d. h. sein Lebensziel erkannt. Diese Auffassung hat Raymond Marcel erneut vertreten[39] und in seiner treffenden Art formuliert: indem Erasmus England entdeckte, entdeckte er den christlichen Platonismus der Florentiner Akademie und in ihrem Lichte sich selbst. Im Anschluß an die Aussage des Erasmus in seinem bekannten Brief an Robert Fisher kann Marcel sagen: Erasmus hat von der Reise nach England mehr gehabt als England von ihm[40].

Die Bekanntschaft mit John Colet wurde für Erasmus so wichtig[41], daß er sich schnell mit ihm verständigte; damit ist aber der Beweis noch nicht erbracht, daß Erasmus in England Theologe wurde. Erasmus wollte schon lange Theologe sein. Er schlug daher, obwohl er zuerst nicht zurückzukehren gedachte[42], die Angebote aus, in Oxford Rhetorik und Poetik zu lehren. Wer sich mit dem England-Aufenthalt des Erasmus beschäftigt, gewinnt leicht das Bild, daß Erasmus hier entscheidende Anregungen empfangen hat. In gleicher Weise wird von denjenigen Forschern, die sich mit seinem Italien-Aufenthalt (1506–1509) beschäftigen, gemeint, Italien sei doch für Erasmus das Land gewesen, in dem seine geistige Entwicklung zum Abschluß gekommen sei[43]. Aber auch dort handelt es sich mehr um formale Anregungen als um inhaltliche Bestimmungen.

Der erste Aufenthalt in England 1499/1500 bedeutete für Erasmus sicher viel. Darin sind sich alle Beurteiler einig. Seinen Briefen ist nichts anderes zu entnehmen. Gemessen an dem zwar arbeitsreichen, aber letztlich doch ziellosen Leben in Paris hat ihm das Zusammensein mit

[38] London 1935; dt. Übers. Basel 1947, S. 85.
[39] R. Marcel. Les ,,decouvertes" d'Erasme en Angleterre. BHR 14, 1952, S. 123: en decouvrant l'Angleterre il a aussi decouvert l'Italie du Quatrocento et c'est à ces lumieres, qu'il doit de s'être connu lui-même. Marcel forderte bereits eine genaue Untersuchung darüber, was Erasmus dem florentinischen Platonismus eigentlich verdankte.
[40] Ebd. S. 116.
[41] K. Bauer, Erasmus und John Colet. (ARG, Erg. – H. 5. Festschrift für Hans von Schubert 1929, S. 187.)
[42] Allen 1,5.
[43] T. de Nolhac, Erasme en Italie. Paris ²1898, S. 94.

ausgezeichneten englischen Theologen neuen Mut und neue Schaffens-
kraft vermittelt. Aber war damit auch ein neuer Standpunkt gegeben?
War der archimedische Punkt gefunden? Renaudet und mit ihm viele
andere meinen, daß Erasmus sich in England das Programm Colets
angeeignet habe, ,,ein theologisches Programm, das er den Sorbonnisten
entgegenstellen konnte"[44]. Freilich muß auch Renaudet zugeben, daß
eine Kampfsituation noch nicht gegeben war. Erasmus hatte noch keine
Gelegenheit, seine Auffassung vorzutregen und er wagte es auch nicht,
sich in Gegensatz zur geltenden Meinung zu setzen!
Erasmus erlebte in England die Wende zum neuen Jahrhundert. Mit
seinen Zeitgenossen mußte auch er sich fragen, was das neue Jahrhundert den Menschen und Völkern bringen werde. War nicht eine neue
Ausrichtung, ein neuer Auftrieb zu erhoffen? Erasmus war kein un-
beschriebenes Blatt mehr, er hatte schon gezeigt, daß er feste Grundsätze besaß und sie nicht erst von fremder Seite zu übernehmen
brauchte. Sein Blick ging bereits in eine bestimmte Richtung. Es ist
bezeichnend, daß sein erster theologischer Streit ein Streit mit dem von
ihm so hoch geachteten John Colet sein sollte, und dieser Streit zeigt
zugleich, daß seine Auffassung sich nicht unwesentlich von der des
Oxforder Kirchenmannes unterschied[45]. Erasmus suchte nicht gleich
den Kompromiß. Er wich der Auseinandersetzung nicht aus, auch als er
merkte, daß er Colets Unmut hervorrief. Hier steht er für seine Sache
ein und beteuert, nach Oxford gezogen zu sein, um täglich mit Colet zu
disputieren.
Die beiden Kontrahenten gingen an einem theologischen Zentral-
punkt auseinander, nämlich in der Auffassung von der Person Christi.
Dieses war zugleich auch eine Differenz in der Bestimmung der neuen
theologischen Richtung. Sollte das Jahrhundert der theologischen Er-
neuerung und der neuen Moral vom historischen Jesus oder von der
neuplatonischen Spekulation über ihn ausgehen? Für Erasmus war dieses
eine so wichtige Frage, daß er sich nicht scheute, es mit dem einflußreichen Dean aufzunehmen.
Die Disputation ging von den Berichten über die Kreuzigung Jesu
aus. Die Deutungen gingen weit auseinander. Erasmus betonte das
Menschsein Jesu, seine Angst und sein Zagen vor dem Kreuz, Colet
dagegen die Überwindung der inneren Not durch die göttliche Kraft.

---

[44] A. Renaudet, Préréforme S. 250.
[45] Allen 1,245–259 und LB 5,1126 ff.

Als Erasmus sah, daß sie zu keinem Abschluß kommen würden, schlug er vor, die Hauptpunkte schriftlich zu fixieren und beide Ansichten zu tolerieren. Zudem beteuerte er, aus diesem Streit lernen zu wollen. Es ist für ihn typisch, daß er, als das mündliche Gespräch festgefahren war, eine Fabel erzählte, die er aus der Genesis und aus dem Prometheus-Mythos komponierte. Huizinga liest aus dieser Tatsache eine Eigentümlichkeit des Erasmus heraus, „daß er keine heftige Krise kennt"[46]. Diese Episode ist nicht unwichtig. Sie zeigt einerseits das beiderseitige Bestreben, einer neuen Theologie die Bahn zu brechen, andererseits aber bei aller Freundschaft doch die verschiedene Mentalität, bei Erasmus auch das Bestreben, in der Theologie wenn auch keine hervorragende, so doch eine bestimmte Rolle zu spielen[47].

Als Erasmus nach der Rückkehr aus England nicht etwa an ein theologisches Werk ging, nicht die Florentiner Theologie studierte, sondern seine Sammlung der Sprichwörter für den Druck vorbereitete, mußte er für sein Tun Rechenschaft ablegen. Er berichtet[48] seinem Freunde Batt, er habe an 800 Sprichwörter gesammelt. Von Vorarbeiten erwähnt er nichts. Die Sprichwörter sollten für ihn nicht abgerissene Worte sein, sie hingen mit der Weisheit der Alten zusammen. Aber nicht in der Lektüre der antiken Schriftsteller erschöpfte er sich, er las auch Sprichwörter bei neulateinischen Schriftstellern.

In seinem Bericht nach England betont er, daß diese Sammlung der Sprichwörter auch für die Theologie Bedeutung habe[49]. Er weist darauf hin, daß die Spruchweisheit im Alten Testament eine große Rolle spiele. Er äußert sich über das Verhältnis von Proverbium und Sententia und handelt auch über die Natur des Sprichwortes.

Was hatte Erasmus in England gelernt? War es, wie häufig behauptet wird, eine neue Theologie, oder war es, wie Renaudet sagt, die präzise Methode der Gelehrten von Oxford? Das letztere wird vermutlich zutreffen. Bei John Colet lernte Erasmus eine schlichte, sachliche Interpretation kennen. Er sah für sich die Aufgabe, sich in den griechischen Text einzuarbeiten. Über eine neue Theologie spricht er noch nicht. Das tut er erst nach Jahren und dann zunächst auch nur in Vorreden.

Als Erasmus sich von Paris nach Orléans ʾzurückzog und sein künftiges Leben und seine literarischen Pläne überdachte, über die er

---

[46] Huizinga, Erasmus S. 35.
[47] Allen 1,247.
[48] Allen 1,287.
[49] Allen 1,294f.

Jacobus Batt in einer langen Epistel berichtet, da sah das Programm
noch keineswegs eindeutig und klar aus[50]. Wohl spricht er von griechischen Studien, aber keineswegs noch von der Interpretation der Bibel
vom griechischen Text her. Auch die Lektüre Platons oder die vor-
gesehenen Kommentare zu Hieronymus können höchstens als Vorarbeiten für spätere Bemühungen angesehen werden.

Über die Vorliebe für Hieronymus, die möglicherweise noch aus
Deventer stammt, über seine Beschäftigung mit den Briefen des
Kirchenvaters im Kloster Steyn, die ihm die besten Argumente dafür
bot, daß Christentum und Humanismus durchaus zu vereinigen seien,
führte der Weg weiter[51]. Nun mußte Erasmus dem Übersetzer und
Ausleger der Schrift begegnen und allmählich in seine Fußtapfen treten.
Die Beschäftigung mit den Briefen des Hieronymus, zu der er in
England aufs neue angeregt wurde, führte ihn zu jener übertriebenen
Auffassung, daß Hieronymus ein hervorragender ,,Erleuchter unserer
Religion" sei[52]. Seither stellte er Hieronymus über alle Scholastiker,
selbst über Scotus und Albert den Großen. Nicht mit Unrecht meint
Ferguson, daß, wenn Erasmus sich zu Hieronymus so hingezogen fühlte
und seine Arbeit so grenzenlos rühmte, es eine Apologia pro vita
sua sei[53].

Erasmus ist in dieser Zeit keineswegs mehr der bescheidene und
schüchterne Mann. Der beginnende Ruhm hob sein Selbstbewußtsein[54].
Schon spricht er davon, daß seine Bücher ewig bleiben und immer
gelesen werden. Er tritt der Schar der Ungelehrten entgegen. Erasmus
geht sogar so weit, daß er sagt, in vielen Jahrhunderten habe es kaum
einen wie ihn gegeben. Schon taucht in diesem Bericht vom 12. Dezember 1500 das Stichwort ,wahre Theologie' auf. In dieser Zeit finden sich
mehrere Briefe des Erasmus, die aufschlußreicher sind als andere Selbst-
zeugnisse. An den Abt Anton von Bergen schreibt er[55]. er bedaure es,
nicht früher Griechisch gelernt zu haben, sonst würde er jetzt viel weiter
sein. Aber es sei besser, spät etwas zu lernen als über das Notwendige
unwissend zu bleiben. Erasmus konnte jetzt feststellen, daß die
griechische Bildung die Grundlage der lateinischen sei. Es sei vorwitzig,

[50] Allen 1,321.
[51] Opuscula ed. Ferguson S. 126.
[52] Allen 1,332.
[53] Opuscula ed. Ferguson S. 130.
[54] Allen 1,326.
[55] Allen 1,351 ff.

meint er, ohne Kenntnis des Griechischen Theologe sein zu wollen. Erasmus stößt auch zu der Erkenntnis vor, daß die Heilige Schrift ohne das Griechische nicht zu verstehen sei. Er ist überzeugt, daß Hieronymus den richtigen Weg gegangen sei[56], und ist bestrebt, ihm darin zu folgen, um von der Kenntnis der profanen Lehre zur heiligen Lehre zu gelangen. Er spielt dabei den Kirchenvater gegen die modernen Theologen aus und ist entschlossen, sein Werk wiederherzustellen und weiterführen zu wollen. In dieser Zeit bekennt Erasmus, daß er, wenn er irgendwo griechische Texte, vor allem den Psalter oder die Evangelien, findet, sie kaufen müßte, selbst wenn er dafür hungern müßte[57]. Seine griechischen Studien betrieb er mit solchem Eifer, daß er bald sagen konnte, er sei soweit, daß er alles griechisch ausdrücken könnte, was er sagen wollte[58]. Diese Studien setzte er ununterbrochen drei Jahre lang fort[59]. Mit größtem Eifer, so schreibt er an Colet, befasse er sich mit der Heiligen Schrift. Alles andere ist ihm daneben unwichtig und sogar lästig[60].

Die Jahre nach der ersten England-Reise sind erfüllt von Unruhe und Unstetigkeit. Seitdem ihn eine Seuche aus Paris vertrieb – die zahlreichen Beerdigungen erschreckten ihn[61] – fühlte er sich gleichsam im Exil. Erasmus irrte umher und fand weder eine ihm zusagende Tätigkeit noch einen Platz, an dem er seinen Wünschen entsprechend arbeiten konnte. Seine Gönner starben dahin; neue fand er noch nicht. Freundschaften fehlten ihm auch. Viele der alten Freunde hatten ihn enttäuscht, so daß er neue Freunde nicht suchte. Jacobus Batt war in dieser Zeit der einzige, dem er traute. Mit ihm konnte er griechische Studien treiben, und dabei blieben sie allein[62]. Aber lange konnte er auch bei Batt nicht bleiben. Vom Schloß Tournehem begab er sich nach St. Omer, später nach Courtebourne.

Erasmus wäre gern wieder für ein paar Monate nach England gegangen, um mit Colet sich in den Heiligtümern der Theologie zu be-

---

[56] Allen 1,353.
[57] Allen 1,368.
[58] Allen 1,381.
[59] Allen 1,404.
[60] Allen 1,404.
[61] Allen 1,363. Schon bei der Erwähnung des Todes schrak er zusammen. (Allen 3,401.) Um dieser psychischen Verfassung entgegenzuwirken, decrevi meditandae morti . . . operam dare (Allen 1,421).
[62] Allen 1,368.

wegen[63]. Denn, wenn er sich in dieser Zeit mit griechischen Studien befaßte, so wollte er doch in erster Linie die christliche Gräzität pflegen. In Holland fand er dafür keinen Boden; als er nach Haarlem ging, um seinen alten Freund Wilhelm Hermans „zum Griechen zu machen", erlebte er eine Enttäuschung und verlor dazu noch den alten Freund[64]. Die Klosterbrüder, die er besuchte, waren von ihm enttäuscht, daß er trotz so vieler Studien äußerlich nichts erreicht hatte. Erasmus träumte auch immer noch davon, nach Italien zu kommen[65]. Aber das war eine vage Hoffnung. Ihm fehlten die Mittel. Erasmus mußte sich selbst ernähren und mußte für seinen Unterhalt arbeiten. Dazu schrieb er Vorreden für fremde Bücher oder auch Epitaphien, die ihm etwas einbrachten[66].

In St. Omer lernte Erasmus den Guardian des Minoritenklosters Jean Vitrier kennen, einen Mann, der starken Einfluß auf ihn ausübte[67]. Dieser Einfluß war nicht geringer als der Colets. Der tatkräftige Franziskaner bestärkte ihn darin, daß er für den allgemeinen Nutzen Schriften verfassen sollte. Unter diesem Einfluß begann Erasmus, als sich ein äußerer Anlaß dazu bot, sein „Enchiridion militis christiani" zu schreiben.

Es war ein Erbauungsbuch, der Gattung der mittelalterlichen Specula verwandt, im Charakter einem Katechismus nahestehend, stellenweise sogar im Predigtstil gehalten. Nicht umsonst wählte Erasmus den Titel, der für Katechismen üblich war.

In der Vorrede zur ersten Ausgabe, die erst nach 2 Jahren in Löwen erschien und dann auch nicht als selbständiges Buch, sondern in einer Sammlung kleiner Schriften, bringt Erasmus zum Ausdruck, welchem Zweck dieses Enchiridion dienen sollte. Erasmus stellt es unter das von ihm bevorzugte Zeichen des Besserwerdens. Fehlt einem Menschen der Umgang, der ihn besser macht, dann soll er sich lieber von den anderen absondern und statt mit ihnen das Gespräch mit Christus, den Propheten und Aposteln führen. Vor allem soll er sich die paulinischen Briefe zu eigen machen. Es ist für den Theologen Erasmus bezeichnend, daß er nicht bei der Bergpredigt und ihren Geboten einsetzt, sondern

---

[63] Allen 1,363.
[64] Allen 1,360: nihil omnino auctoritatis.
[65] Allen 1,364.
[66] Allen 1,393.
[67] A. Godin, Spiritualité franciscaine . . . l'Homiliaire de Jean Vitrier. BHR 116, 1971.

die paulinische Theologie als den wichtigsten Ansatzpunkt bezeichnet. Im allgemeinen ist man geneigt, hier den Einfluß Colets zu sehen.

Ist es aber richtig, Erasmus unter dem Einfluß des englischen, von der Florentiner Akademie beeinflußten Deans oder unter dem des burgundischen Franziskaners zu betrachten? Erasmus nahm wohl den Einfluß einer geschlossenen überzeugten Persönlichkeit auf, aber er beugte sich nicht bestimmten Lehrauffassungen. Diese hatte sich Erasmus nicht von anderen geben lassen. Seinen Grundsätzen entsprechend entnahm er der Schrift die Anschauung vom Sinn des menschlichen Lebens. Das altüberlieferte Bild des christlichen Streiters beeindruckte ihn so sehr, daß er dieses Thema nach allen Seiten hin entfaltete. Er vermochte dabei einen Stil zu finden, wie ihn die christlichen Humanisten weder in Paris noch in London bis dahin zu entwickeln vermochten.

Huizinga meinte[68], Jean Vitrier sei für Erasmus schon dadurch interessant geworden, daß er eine für jene Zeit freie Auffassung von christlichem Glauben und Leben vertrat und der Tradition und dem Zeremonialwesen abgeneigt war. Die Sorbonne hatte ihn verurteilt, aber er hatte sich nicht unterworfen. Sein „Homiliar" liegt seit kurzem wieder vor, so daß wir seine Geistigkeit näher kennen lernen können. Wir haben gehört, daß Vitrier auf Erasmus schon 1501 Einfluß genommen hat. Dieser hatte ihm einen kleinen Entwurf zu seinem Enchiridion gegeben, der Vitrier so gefallen hat, daß er Erasmus bestimmte, den Entwurf weiter auszuarbeiten.

Huizinga meinte[69], Erasmus hätte darin sein theologisches Programm entwickelt, und viele andere wiederholten dieses Urteil. Das Programm hätte gelautet: Zurück zur Schrift! Aber diese Devise war im Grunde alt und ist in der Devotio moderna immer wieder laut geworden: Betonung des Echten gegenüber dem Scheinbaren, Erfassen wesentlicher Aussagen gegenüber dem Zeremoniell. Auch die Kritik der öffentlichen Sittlichkeit ist nicht neu. Erasmus bespricht diese auch nur beiläufig, denn sein Grundanliegen ist ein anderes; er möchte die wahre christliche Ethik oder Frömmigkeit herausstellen. Die Absicht, die er mit dem Enchiridion verfolgte, war, wie er selbst sagt, noch eine bescheidenere als das Programm einer neuen Theologie[70]. Dieses Anliegen hat m. E. Alfons Auer richtiger erfaßt und beschrieben.

---

[68] Huizinga, Erasmus S. 54.   [69] Ebd. S. 55.
[70] Allen 1,181. Vgl. A. Auer, Die vollkommene Frömmigkeit des Christen. Düsseldorf 1954, S. 53 ff.

Huizinga hat sein Urteil einige Seiten weiter in gewisser Weise auch zurückgenommen, wenn er angesichts der von Erasmus veröffentlichten Annotationes des Laurentius Valla schreibt: „Das war aufs neue ein Programm viel ausdrücklicher und mehr aussagender als es das Enchiridion war"[71].

Erasmus selbst berichtet im Catalogus nach mehr als 20 Jahren über den casus, der ihn erstmals zur Abfassung des Enchiridion führte[72]. Dort heißt es: eine fromme Frau, die mit dem Waffenmeister am burgundischen Hof, einem Deutschen aus Nürnberg – erst unlängst ist sein Name ermittelt worden[73] – verheiratet war, hatte sich an seinen Freund Batt gewandt und ihn gebeten, er möchte Erasmus veranlassen, auf ihren leichtsinnigen Mann, der es mit der ehelichen Treue nicht genau nahm, einzuwirken und ihn zu einer Änderung seines Lebenswandels zu veranlassen. Dieser Johann Poppenruyther war in zwei Ehen kinderlos, besaß aber, wie inzwischen festgestellt worden ist, sieben uneheliche Kinder, die er in seinem Testament bedachte. Von Erasmus erfahren wir aus späteren Jahren, daß er diesen Mann genau kannte[74] – er nennt ihn sogar seinen alten Freund – und daß dieser selbst unter ernsten Anwandlungen, die ihn zuweilen überkamen, Erasmus um Rat bat, wie er sein Leben gestalten sollte.

Dieses war also der „Zufall", der Erasmus zur Abfassung des Enchiridion führte. Erasmus wählte das vom Apostel Paulus verwendete Bild des Christen als Streiters. Poppenruyters Beruf legte das Bild nahe. In wenigen Tagen schrieb er dazu eine kleine Schrift, d. h. er brachte einige grundsätzliche Gedanken zu Papier. Möglicherweise ging er schon früher damit um, ein Handbüchlein für solche, die mit Ernst Christen sein wollten, zu schreiben. Diese Möglichkeit ist nicht auszuschließen, da es ihm zum mindesten gleich deutlich war, worauf es ankam. Es sollte kein Katechismus, sondern eine Anleitung für Suchende und Fragende sein.

Wie der erste Entwurf aussah, wissen wir nicht. Bis zur Gestalt, die uns in der Erstausgabe der Lucubratiunculae von 1503 vorliegt, hat der Entwurf, den Erasmus dem Waffenmeister zukommen ließ, eine oder zwei Umarbeitungen erfahren. Direkte Nachrichten liegen darüber nicht

[71] Huizinga, Erasmus S. 62.
[72] Allen 1,19f.
[73] O. Schottenloher, Erasmus, Johann Poppenruyter und die Entstehung des Enchiridion militis christiani. ARG 45, 1954, S. 109–116.
[74] Allen 6,42.

vor. Ob Erasmus diese kleine Schrift in Druck gegeben hätte, wenn er nicht dem Franziskaner-Guardian Jean Vitrier in St. Omer begegnet wäre und dieser ihn dazu veranlaßt hätte, sie näher auszuarbeiten, ist wieder eine offene Frage. Wenn Erasmus diese Absicht gehabt hätte, würde er nicht darüber Jahre haben verstreichen lassen. Dann hat ihn Vitrier veranlaßt, seine Absicht nicht zu vertagen und sich gleich an die Bearbeitung zu machen. Die Anregung kam dem eigenen Wunsch des Erasmus entgegen. Denn mehr konnte und wollte er zu jener Zeit noch nicht geben als eine kurze Beschreibung der Waffen, die einem christlichen Streiter zu Gebote stehen, und des Dienstes, den er zu erfüllen hat.

Welche Einflüsse drückten sich aber im Enchiridion am stärksten aus? Waren es die Motive, die für ihn seit seiner frühen Jugend bestimmend waren, oder vielmehr die Eindrücke, die er während seines ersten Aufenthaltes in England in sich aufgenommen hatte? Es ist oft behauptet worden, die Devotio moderna, die Erasmus in Deventer und s'Hertogenbosch bei den Brüdern vom gemeinsamen Leben kennen lernte, sei für ihn in seiner Jugend belanglos geblieben. Beim Betrachten des Enchiridions kann davon keine Rede sein. Hier treten immer wieder Momente hervor, die ebenso in der Imitatio Christi stehen könnten. Erasmus vertritt eine biblisch geprägte Frömmigkeit, die ganz auf die Innerlichkeit ausgerichtet ist und in der Welt der Devotio moderna auch anzutreffen war.

Freilich war Erasmus nicht auf dem Standpunkt der Devotio stehen geblieben. Die von John Colet vertretene paulinische Ethik mit einem platonisierenden Unterton hatte ihn beeindruckt. Aber diese Gedanken standen in keinem Gegensatz zu den Consuetudines domesticae des Erasmus. Das Verständnis des Paulinismus, wie ihn Colet aus der Florentinischen Akademie mitbrachte, hat sich Erasmus nicht mitgeteilt. Spuren davon sind kaum zu finden. Dagegen wird die Kehrseite der Mystik, die geradezu asketische Strenge, seiner persönlichen Neigung entsprechend durchaus deutlich.

Es wird nicht mehr auszumachen sein, ob es Colets Einfluß war oder der einer nicht minder geschlossenen christlichen Persönlichkeit, nämlich des Jean Vitrier, die ihn mit ihrer anziehenden Lebensführung und ethischen Überzeugungstreue so stark beeindruckte. Letzterer war kein Erzieher wie Colet, sondern Seelsorger, Prediger und Exeget. Erasmus gesteht, daß es ihm die Allegorien angetan hatten, die Vitrier anhand biblischer Texte entwickelte. Da er bei seiner Schrifterklärung ohne

diese Hilfe nicht auskam, bemühte er sich, in der Weise der Kirchenväter die Schrift zu deuten. Diese Methode erschien auch Erasmus als
die richtige. Vitrier riet ihm, seinen ersten Entwurf des Enchiridions näher aus-
zuführen. Ob es noch im Jahre 1501 geschah, wissen wir nicht. Falls die
Umarbeitung erst kurz vor der Drucklegung (1503) erfolgte, dann ist
eine zweite Umarbeitung, wie sie A. Auer vorschlägt[75], überflüssig. Der
neu ausgearbeitete Text, den Erasmus in Druck gab, ist stehen geblieben. Bei den späteren Ausgaben hat Erasmus nichts zu bessern gefunden.
Noch am Ende seines Lebens schrieb Erasmus, daß er den Charakter
dieses ersten religiösen Büchleins nicht hat verändern wollen. Es sollte
eine praktische Anleitung für fromme Menschen sein, die wie er
Frömmigkeit und Bildung nicht scharf unterschieden und auf beiden
Wegen zur Gotteserkenntnis gelangen wollten.

Unter allen Erasmus-Schriften ist das Enchiridion eins der ganz
wenigen, an denen er später nicht geändert hat. Zu diesem Frömmig-
keitsideal wollte er sich immer bekennen. Erasmus meinte, mit diesem
Buch eine Grundlage gelegt zu haben, die ebenso für Gelehrte wie für
Ungelehrte gelten mußte. Er wollte niemand überfordern und glaubte,
mit dem biblischen Gehalt dieses Buches allen Ansprüchen entsprochen
zu haben. Was das fromme Leben anlangt, kann ein Ungelehrter
bisweilen tiefer gegründet sein als der Hochgebildete. Erasmus verfolgte
hier nicht die Absicht, theologischen Scharfsinn zu üben, sondern wollte
nur die notwendige Ausrüstung für einen gottgefälligen Lebenswandel
darbieten. Nicht umsonst prägte er seinen Lesern ein: Gott fordert von
niemand mehr als ein einfaches, reines Leben!

Wenn Erasmus dieses Buch ein artificium quoddam pietatis[76] nennt,
so bringt er damit zum Ausdruck, daß es nicht in die Kategorie der
theoretischen Bücher gehört, sondern in gewisser Weise die veraltete
Imitatio Christi erneuern und ihre Gedanken den Menschen seiner Zeit
annehmbar machen wollte. Dabei sollten sie zu vermeiden lernen, was
er immer wieder selbst bei ernsten Christen beobachtete, daß sie in eine
geradezu judaistische Gesetzlichkeit verfielen. Schon in seinen jungen
Jahren hatte Erasmus diese Feststellung gemacht. Dieser menschlichen
Neigung wollte er daher keinesfalls durch vermehrte Vorschriften

---

[75] A. Auer S. 54.
[76] Allen 1,405. Mit Stolz betont Erasmus gegenüber Budé: In Enchiridio quan-
tum ausus sum a saeculo nostro dissentire nullius autoritate deterritus! (Allen
1,254.)

Vorschub leisten. Meinte er mit artificium eine gewisse Fertigkeit und Geschicklichkeit, so sollte es doch keine Routine, sondern eine echte unmittelbare Haltung ergeben. Erasmus wollte nicht alles über einen Leisten schlagen. Wenn er im Enchiridion eine Gestalt (forma) des christlichen Lebens zeichnete, so wußte er doch zu gut, daß es verschiedene Wege zu Gott gibt und daß man Gott auf verschiedene Weise dienen kann. Die Bibel, so schreibt er, ist für alle wichtig. Jeder Mensch sollte sie kennen, erfassen und durchdenken. Denn die Gotteserkenntnis ist die stärkste Waffe im Alltagsleben. Sie hilft in allen Nöten und Anfechtungen.

Die hier angeschlagenen Töne erinnern stark an die Devotio moderna. Eine Reihe von Stichworten aus der Welt der Imitatio Christi werden hier aufgenommen und richtungweisend verwendet. Da tauchen Ausdrücke auf wie Hingabe des Herzens, Versenkung in oder Eilen zu den Geheimnissen Gottes. Besonders häufig sind sie im zweiten Teil des Buches, im Abschnitt über den inneren und äußeren Menschen. Hier begegnen wir Schilderungen, die geradezu an die Darstellung mystischer Erfahrungen heranreichen. Dabei schien es zunächst, daß Erasmus ihnen fremd gegenüberstand. Er erklärt freilich nicht, was er im einzelnen darunter versteht, wenn er schreibt, es käme darauf an, dem Mysterium des Kreuzes zu folgen, ob er damit ein gefühlsmäßiges Erleben andeutet oder einen ganz konkreten Fingerzeig geben will. Es deuten sich in diesem Zusammenhang Dimensionen an, die nicht näher zu bestimmen sind. Erasmus sagt auch ausdrücklich, daß er kein einheitliches System anbieten will. Im Grunde stellt er den Menschen vor das paulinische Problem von Gesetz und Freiheit. Die Freiheit muß über dem Gesetz stehen, um dieses nicht zum Tyrannen werden zu lassen. Erasmus setzt sich voll für die paulinische Auffassung ein: die christliche Freiheit ist die herrlichste Gabe, für die es letzten Endes keine Begründung gibt. Alle christlichen Glaubensaussagen müssen doch Paradoxa sein!

Die Dreiteilung des Buches läßt die Vermutung aufkommen, daß nicht das Ganze gleichzeitig geschrieben wurde, sondern daß die einzelnen Teile nacheinander entstanden sind und vielleicht sogar verschiedenen Perioden in der inneren Entwicklung des Denkers angehören. Die 22 regulae erwecken den Anschein, als gehörten sie einer früheren Schicht an, während der zweite Teil möglicherweise als besonderer Traktat niedergeschrieben wurde. Der erste Teil könnte zuletzt vorgeschaltet sein. Diese Annahme läßt sich nicht nachweisen. Dazu ist das gleichzeitige Vergleichsmaterial zu dürftig.

Im Catalogus schreibt Erasmus, alle seine frühen Schriften seien Vor-
übungen für sein Hauptwerk, für die Edition des griechischen Neuen
Testamentes gewesen[77]. An den Anfang der frühen Schriften stellte er
sein Enchiridion militis christiani. Obwohl die Grundgedanken dieses
Büchleins im Laufe langer Jahre entstanden waren, kann er doch sagen,
daß es durch Zufall entstanden sei. Der Zufall bezieht sich auf den
Anlaß der Abfassung. Immerhin bezeichnete Erasmus das Buch schon in
der Vorrede von 1501 als extemporalis scriptiuncula. Einen theologischen Wert maß er diesem Büchlein nicht bei. Er rechnete es unter
seine Schriften, die zur Frömmigkeit anleiten sollten[78].

Es hatte, wie die Vorrede betont, keinen anderen Zweck, als suchen-
den Menschen einen Fingerzeig zu geben, wie sie den Weg zu Christus
finden könnten[79]. Noch nach drei Jahren, als das Buch allmählich auch
in gebildeten Kreisen gefiel, die es ursprünglich übersehen hatten, hielt
Erasmus es für notwendig, seine Absicht mit dem Enchiridion John
Colet auseinanderzusetzen[80]. Er habe damit nicht glänzen oder einen
theologischen Entwurf vorlegen wollen, sondern er habe es dazu
veröffentlicht, um den vulgären Meinungen entgegenzuwirken, als
bestände die christliche Religion in der Beobachtung von Zeremonien
und als sei sie nicht mehr als judaistische Gesetzlichkeit. Diesem Irrtum
des Volkes gelte es entgegenzutreten, denn weithin bestehe die volks-
tümliche Frömmigkeit in Äußerlichkeiten, während es die echte und
wahre nicht kenne.

Erasmus bekennt, daß er im Enchiridion ein Idealbild christlicher
Frömmigkeit entworfen habe, nach Art jener Kirchenmänner, die be-
stimmte Ordnungen für die einzuhaltende Zucht aufgeschrieben haben.
Es könnte sein, daß Erasmus sich damit an die Ordensregeln oder auch
an die Hausordnungen der Brüder vom gemeinsamen Leben erinnerte.
Alles übrige habe er fast „für einen fremden Geschmack" geschrieben[81].

---

[77] Allen 1,19f.   [78] Allen 1,374.
[79] Allen 1,375: via, quae compendio ducit ad Christum.   [80] Allen 1,405.
[81] E. W. Kohls, Theologie des Erasmus I, Basel 1966, S. 69ff. gibt dem Enchiridion eine Deutung, die an der Intention des Erasmus vorbeigeht. Auch C.
Augustijn. Het problem van de Initia Erasmi. S. 391 ist der Meinung, daß
Kohls „zijn bronnen consequent ,overvraagd' heft. Daardorch rukt hij Erasmus uitlatinge uit het verband, waarin ze voorkomen en plaatst ze in een door
hem zelf geconstruerde gedachtengang." Dazu vgl. die bemerkenswerten Ausführungen von R. R. Post, Methoden bij het beschrijven van de ideen van
vroegere theologen. (Archief voor de Geschiedenis van de katholike kerk in
Nederland 10, 1968, S. 18–37.)

Kapitel III
Auf dem Wege zu festen Zielen

Adrian von Utrecht, damals Dekan und kurz zuvor Rektor der Universität Löwen, hatte Erasmus für die Universität gewinnen wollen und veranlaßte den Magistrat der Stadt, ihm ein öffentliches Lehramt anzubieten[1]. Adrian war 10 Jahre älter als Erasmus, ihm freundlich gesonnen und weitschauend genug, um seine Bedeutung zu ermessen. Erasmus lehnte das Angebot ab. Auch hier wieder müssen wir fragen, ob er damals nicht ablehnen mußte. Die Professoren waren in der theologischen Fakultät mit Pfründen ausgestattet. Erasmus durfte aber kein Beneficium annehmen. Dieses Hindernis stand ihm nicht nur hier, sondern auch später in England im Wege. Es wird zwar meist darauf hingewiesen, daß Erasmus in seiner Wirksamkeit frei bleiben und aus diesem Grunde sich keinem Lehrberuf verschreiben wollte. Vielleicht hätte aber Erasmus nach den Jahren der Unsicherheit ganz gern ein gesichertes Amt in der angesehenen Universität angenommen, wenn ihm das Kirchenrecht und die Statuten der Fakultät bei seinem Status diese Möglichkeit gelassen hätten. Er litt zwar keine Not, er konnte sich von seiner Gelegenheitsarbeit schon ernähren und brauchte sich nicht mit fremden Federn zu schmücken[2]. Aber als freier Schriftsteller hatte er ein hartes Brot zu verdienen. Seine Forschungen kosteten ihn seine Kraft. Konnte er an der Universität nicht wirken, eine andere Möglichkeit bot sich ihm in Löwen nicht. Und doch trieb es ihn, wie er in einem Brief an Colet vom Dezember 1504 schreibt, mit allen Segeln zur Heiligen Schrift hin[3]. Dieser Drang ist unbeschreiblich, so bekennt er,

---

[1] Allen 1,380. Vermutlich handelte es sich um eine schulmäßige Lehrtätigkeit, denn um an der Universität zu lehren, fehlten ihm die akademischen Grade. Erst 15 Jahre später wählte ihn die Theologische Fakultät in Löwen, vgl. Allen 3,59 und 116: cooptatus in consortium theologorum, licet in hac academia non sim insignitus titulo doctoris.

[2] Allen 1,404.

[3] Allen 1,404. Die humanistische Losung Ad fontes vertritt Erasmus der Sache nach im Enchiridion. Mit allem Nachdruck spricht er diesen Grundsatz im Nachwort zu L. Vallas Annotationes (1505) aus: Quidve utilius, quam divinas scripturas e fontibus haurire et ad eos, siquid dessiliant, rivos ipsos redigere.

und er möchte nur noch diese Hauptaufgabe seines Lebens anerkennen. War das ein Notruf, ihm zu helfen? Übertrieb Erasmus absichtlich? Woher stammte dieser Trieb? Die Neigung des Erasmus, sich mit der biblischen Welt zu befassen, ist ihm wohl seit seiner Kindheit eigen. Es wird nicht anzunehmen sein, daß der Aufenthalt bei den Brüdern vom gemeinsamen Leben und im Kloster Steyn sich nur negativ auswirkte und ihn einer anderen Geisteswelt zuführte. Freilich kommen wir hier über Annahmen nicht hinaus: es fehlen die Quellen, um die innere Entwicklung des jungen Erasmus genau nachzuzeichnen. Erasmus stellte selbst fest, daß ihn seine scheue Natur zurückgehalten habe, selbst seinen Freunden gegenüber auszusprechen, was ihn im Innersten bewegte, andererseits wird er vieles, was er in seinen Briefen geschrieben hatte, nicht für wichtig genug gehalten haben, es der Nachwelt zu überliefern. Für die Jahre um die Jahrhundertwende tappen wir nach wie vor im Dunkeln.

Als Mönch und als Priester muß Erasmus mit der Vulgata umgegangen sein. Nach der Tradition der Fraterhäuser wird er auch schon früher mit der Bibel bekannt geworden sein. In Paris hielt er Predigten in St. Geneviève und biblische Vorlesungen, die gegründete Bibelkenntnisse voraussetzten. Während des Pariser Aufenthaltes bewegte sich Erasmus nicht allein in humanistischen Kreisen. Neben humanistischen Studien stehen auch die biblisch-theologischen. Wenn Renaudet meinte, daß in diesen Jahren bei ihm kein Verhältnis zur Bibel festzustellen sei, so übersah er die zahlreichen Zitate in De contemptu mundi, die eine eigene Bibellektüre über das Brevier hinaus voraussetzen, bzw. er rechnet diese der späteren Überarbeitung von 1520 zu. Während seines theologischen Studiums waren bei Erasmus doch auch Rückgriffe auf die Bibel notwendig.

Ob Erasmus bei seinen Studien der griechischen Sprache auch schon die Vulgata mit dem griechischen Bibeltext verglich, sagt er nicht. Erst im Jahre 1501 spricht er von griechischen Evangelien und Psalmen. Die handschriftliche Überlieferung des Vulgatatextes hatte diesen verwildern lassen. Die Augustiner-Chorherren von Windesheim waren bereits in ihren Häusern daran gegangen, einen möglichst gesicherten lateinischen Text herzustellen und bei sich einzuführen. Diesen Text nannte man die

Seitdem vertritt Erasmus dieses Prinzip praktisch. Auch in seinen Briefen findet sich wiederholt die Meinung, er wollte die Scholastik nicht vernichten, sondern ad fontes revocare (Allen 4,319; 5,3).

Bibel von Windesheim[4]. Ob Erasmus diesen Text in die Hand bekam und auf die Vulgata-Probleme durch ihn aufmerksam wurde, ist jedoch nicht bekannt.

In Löwen arbeitete Erasmus anscheinend nicht in der Bibliothek der Universität. Es kann nicht nur ein gelegentlicher Spaziergang gewesen sein, der ihn im Sommer 1504 in das vor den Toren der Stadt liegende Prämonstratenser-Kloster Parc zu Heverlee führte. Dort wird er sich in der Bibliothek genau umgetan haben, denn schnell findet man sonst keine unbekannte Handschrift. Erasmus wird auch längere Zeit daran gearbeitet haben, diese Handschrift von Laurentius Vallas ,,Annotationes in Novum Testamentum'' abzuschreiben[5]. Der Inhalt dieses Fundes hat ihn offensichtlich ergriffen. Erasmus kannte bisher Valla nur als philosophischen Schriftsteller und humanistischen Literaten. Nun begegnete er ihm von einer anderen Seite; was er bisher weder bei Hieronymus noch sonst bei einem Schriftsteller fand, was aber seinen eigenen Neigungen und Vorsätzen entgegenkam, das fand er hier offen und deutlich ausgesprochen. Dieses erschien ihm als der Weg, auf dem er selbst weitergehen sollte.

Erasmus eilte mit seinem Funde nach Paris. Er zeigte dort die Abschrift seinem früheren Hausgenossen Christopher Fisher. Auch dieser begeisterte sich gleich ihm für Valla. Beide waren sie darin einig, daß die Schrift veröffentlicht werden mußte. Erasmus hatte dabei Fisher zum Patron der Druckausgabe ausersehen, denn dieser war ein kirchlich distinguierter Mann, der alle Angriffe auffangen konnte. Im übrigen rechneten sie damit, daß Valla nicht nur für sie beide viel bedeutete, sondern daß alle Gebildeten ihm verpflichtet seien. Freilich, sagte Erasmus später im Vorwort, gebe es auch solche unter ihnen, die von Valla nur gelernt hätten bissig zu sein[6].

Bereits am 13. März 1505 wurde das Buch bei Badius in Paris veröffentlicht. Eugenio Garin meint: ,,Diese Publikation ist eine Art Manifest.'' Auch Huizinga spricht es ebenso aus, daß diese Veröffentlichung ,,ein viel ausdrücklicheres Programm war als das Enchiridion''[7]. War es nur ein Zufall, daß Valla für Erasmus zum Geleitsmann auf das Feld der kritischen Theologie wurde, wie er es vordem

---

[4] Vgl. N. Greitmann, De Windesheimse Vulgatarevisie in de 15e eeuw. Hilversum 1937.
[5] Allen 1,409.
[6] Allen 1,404.
[7] Huizinga, Erasmus S. 62.

schon für die klassische Latinität geworden war? Die Entdeckung der Valla-Handschrift war der äußere Anlaß, in einer bestimmten Richtung vorzustoßen. Vorbereitet war diese Absicht gewiß schon lange. Sonst hätte ihn auch der Fund dieser Handschrift wohl kaum zu ihrer Veröffentlichung getrieben.

Dieses Buch bestand aus nicht allzu zahlreichen kritischen Bemerkungen zu den Schriften des Neuen Testamentes. Diese waren grundsätzlich so ungewöhnlich und teilweise scharf, daß Erasmus auf den Gegensatz der Theologen rechnen mußte. Trotzdem hielt er es für seine Pflicht, dieses Buch zu edieren, weil es die Wissenschaft weiterbrachte.

Valla trat für eine neue Methode ein, die sich auf anderen Gebieten bereits durchgesetzt hatte. Seine Position ist bestimmt von der Auffassung, daß das Griechische für die Erkenntnis des Neuen Testaments grundlegend sei. Erasmus schickte der Ausgabe der Annotationes ein ausführliches Vorwort in Gestalt eines Briefes an Christopher Fisher voraus, in dem er seine Bestätigung für die neue Methode ausspricht. Ihm ist es gewiß, daß die griechischen Zeugen den Text verbesserten, und es sei weniger schlimm – wie die Gegner behaupten – den Text der Vulgata zu verbessern, als alte Fehler gedankenlos weiterzutragen. Diese Auffassung war eine Kampfansage an die bisherige Wissenschaft, die als solche sogar in Frage gestellt wurde.

Es ist mit Recht festgestellt worden, daß Erasmus mit dieser Veröffentlichung als theologischer Schriftsteller zu wirken begann. Während sein Enchiridion nur eine Anleitung zur Frömmigkeit darstellte[8], legte er mit Vallas Schrift ein Buch vor, das sich als gelehrte theologische Arbeit präsentierte. Im Besitz der Annotationes hatte Erasmus jenen Brief an Colet geschrieben[9], in dem er persönliche Folgerungen aus der durch Valla vermittelten Erkenntnis zog. Nun wollte er sich der Schriftbehandlung widmen, wie sie ihm vorschwebte und wie sie Valla wenigstens in einigen Bemerkungen vorsah. Erasmus begab sich nach Paris, um alle fremden, ihn abhaltenden Aufgaben zu erledigen und sich dann „mit ganzem Herzen" den Heiligen Schriften zuzuwenden. War Erasmus bisher gelehrter Sammler oder Erzieher zum frommen Leben, so trat er nunmehr auf eine andere Bahn. Mit der Arbeit, die er in der Nachfolge Vallas auf sich nahm, sollte er ein euro-

---

[8] Allen 1,405.
[9] Allen 1,404.

päischer Gelehrter werden, der für die abendländische Christenheit und insbesondere für die in den nächsten Jahrzehnten auftretenden theologischen Bewegungen eine bedeutsame Grundlage schuf. Erasmus war überzeugt, daß das Buch Vallas den Lesern großen Nutzen bringen würde[10]. Dafür müßten alle Valla Dank sagen. Valla hatte eine schwere Arbeit auf sich genommen, um die Wissenschaft wiederherzustellen. Er wußte um die Schwere seines Vorhabens, und wie ein Arzt mit ernsten Eingriffen der Krankheit begegnet, so hat Valla als scharfdenkender Mann dieselbe Methode angewandt. Erasmus meint, Valla hätte auch gewußt, daß die Menschen die Wahrheit ungern hören[11]. Er fügt hinzu, daß die Wahrheit oft Haß wecken kann. Es ist Valla als Vergehen angerechnet worden, daß er Worte der Schrift abwog, als wenn das nicht antike Schriftsteller immer getan hätten. Der Kritiker nützt mehr als der Lobredner. Er schärft den Sinn, macht vorsichtig, weckt auf, macht aufmerksam. Die Aufgabe des Kritikers besteht schließlich darin, dem Esel das Löwenfell herunterzureißen, ein Spruch, von Erasmus wiederholt verwendet.

Die Wissenschaften brauchen strenge Zensoren. Die Bissigkeit des Laurentius nützt bisweilen mehr als die „läppische Lauterkeit" derer, die alles bewundern und sich gegenseitig Beifall spenden. Erasmus rühmt Valla, der immer jede Zweideutigkeit vermieden hat und hundertmal mehr als Gelehrter geleistet hat denn seine Zeitgenossen.

Aber nun zum Wesentlichen! Viele, vor allem die Theologen, werden schon beim Lesen der ersten Zeilen die Hände über dem Kopf zusammenschlagen. Sie werden es für unerträglich halten, daß ein grammaticus sich an die Heiligen Schriften wagte. Nicolaus von Lyra durfte es tun wie der Kirchenvater Hieronymus und die alten Zeugen. Und Valla sollte es versagt sein? Sein Prinzip ist klar: die griechischen Handschriften sind älter, ursprünglicher als die Vulgata; von ihnen ist auszugehen, um die Fehler zu beseitigen, die sich später beim Abschreiben eingeschlichen haben. Da hat der grammaticus Valla dasselbe Recht wie der Theologe Nicolaus von Lyra. Ja, die Heiligen Schriften zu übersetzen, steht zuerst dem Philologen zu. Die Theologie muß dankbar sein, wenn ihr dieser Dienst von der Philologie abgenommen wird. Der alleinige Auslegungsanspruch des Theologen besteht nach Erasmus nicht zurecht. Erasmus wußte wie Valla, daß die Vulgata voller

---

[10] Allen 1,407.
[11] Allen 1,407ff.

Fehler war. Dafür wollte er nicht den Kirchenvater, wohl aber die Kopisten verantwortlich machen. Hieronymus verbesserte den überlieferten Text mehr, als daß er ihn übersetzte[12]. Er tat es maßvoll, bisweilen ließ er, wie er selbst zugibt, Worte fort. Angenommen, die Übersetzer haben gut übersetzt, so ist ihre Arbeit im Laufe der Jahrhunderte wieder verdorben worden. Daher muß der Text noch einmal verbessert werden. Diesen Dienst wollte Erasmus nun tun. Er wollte sogar weitergehen, um auf den ursprünglichen Text zu kommen, und das leisten, was Hieronymus nicht hatte tun können.

Bei aller Achtung vor Hieronymus hielt Erasmus seine Übersetzung an manchen Stellen für unverständlich. Er war daher entschlossen, eine neue eigene Übersetzung zu schaffen und dabei den Fehler der Unverständlichkeit zu vermeiden. Nach Art des Hieronymus nahm er später zwei Codices und übersetzte nach ihnen das ganze Neue Testament. Seine Übersetzung ging vom griechischen Text aus und versprach zuverlässig zu werden. Bei dieser Aufgabe galt nicht der humanistische Grundsatz, daß die Übersetzung in erster Linie kunstvoll und elegant sein müßte, vielmehr stand hier als oberstes Ziel die Verständlichkeit voran. Die Übersetzung mußte jedem zugänglich sein.

Zur Rechtfertigung seines Unterfangens konnte sich Erasmus nicht nur auf Hieronymus, sondern auch auf Augustin berufen. Sein Drucker Jose Badius in Paris wies ihn darauf hin, daß schon Augustin in seinem Werk De doctrina Christiana sagt: was in einer Sprache dunkel und verschlossen ist, kann durch den Vergleich mit einer anderen erhellt und geöffnet werden[13]. Vor allem waren für Erasmus in dieser Hinsicht die Bestimmungen des Kirchenrechts wesentlich. Im Anschluß an das Konzil von Vienne 1311–1312 hatte Papst Clemens V. bestimmt[14]: Ut veterum librorum fides de hebraeis voluminibus examinanda est, ita novorum graeci sermonis normam desiderant. Damit war das Prinzip seines Verfahrens sichergestellt. Erasmus konnte sich darauf berufen, daß die Kirche dieses Vorgehen seit 2 Jahrhunderten für das richtige hielt.

Erasmus scheint es selbst klar geworden zu sein, daß zuerst ein gesicherter Text vorliegen müßte, bevor die weitere Auslegung der Schrift erfolgen konnte. Er selbst berichtet, daß er schon 1501 einen

---

[12] Allen 1,410.
[13] Vgl. Augustin, De doctrina christiana II, 11.
[14] Decr. Grat. I, dist. 9 c. 6.

Römerbrief-Kommentar zu schreiben begonnen hatte und daß 4 Bände bereits fertig vorlagen. Aber dieses große Werk hat Erasmus nicht fortgesetzt, und von seinem weiteren Schicksal erfahren wir nichts. Wohl hatte Erasmus 1506 das Gelübde getan, dieses Werk zu vollenden, wenn er von der Pest verschont würde[15]. Aber anscheinend hat er dieses Gelübde nicht eingelöst, wenn man nicht annehmen soll, daß diese Arbeit in seine Paraphrasen eingegangen und dort verwertet worden ist. Auffallenderweise hat Erasmus trotz aller Beteuerungen sich in dieser Zeit nicht auf die Arbeit an der Heiligen Schrift konzentriert. Vermutlich fühlte er sich dazu auch innerlich noch nicht fertig. In England, wohin er 1505 von Paris aus gereist war, in der Atmosphäre des frommen humanistischen Lebens von Colet, Thomas Morus und anderen drei oder vier englischen Gelehrten, fühlte Erasmus sich wohl. Er meinte, er werde solch einen Kreis nicht einmal in Italien finden. Die paulinische Theologie, wie sie Colet verstand, bestimmte hier das Zusammenleben. Der Paulinismus war freilich im neuplatonisch-mystischen Sinne der Florentiner verstanden und übte seine Anziehungskraft auch auf Erasmus aus. Hier wurde ihm der Sinn des Christentums klar, wie einst Augustin in Mailand. Auch der Vorsatz, sein späteres Leben in diesem Sinne zu gestalten, klingt nach Augustin[16].

Als Erasmus in England unermüdlich arbeitete und noch kein Ende für den Abschluß seiner Arbeiten absah – ihm kam es vor, als finge er jeden Tag von neuem erst mit der Arbeit an – eröffnete sich ihm plötzlich die Aussicht, nun doch nach Italien zu kommen. Was hatte es jetzt, im Jahre 1506, für ihn für einen Sinn, diese Reise zu machen, nach der er sich seit einem Jahrzehnt sehnte? In einem Bericht an den Prior des Klosters Steyn aus dem Lande seiner Sehnsucht schreibt Erasmus, er sei nur um des Griechischen willen nach Italien gegangen[17]. Anderes brauchte er dort nicht zu lernen. Ja, Erasmus meinte, daß die humanistischen Studien dort zu erkalten begännen, während sie anderwärts zur Blüte trieben[18].

In Cambridge war Erasmus schon 1506 ein Lektorat in der Theologischen Fakultät angeboten worden. Dafür war aber die Promotion

---

[15] Allen 2,6. [16] Allen 1,414.
[17] Allen 1,433 und 3,267. Für seine Reisen, meint Erasmus, lag immer ein zwingender Grund vor. Nur nach Italien sei er sua sponte gegangen, um die heiligen Orte zu sehen, die Bibliotheken zu benutzen und Verbindung mit italienischen Gelehrten aufzunehmen.
[18] Allen 1,433.

Voraussetzung. Erasmus interessierte sich dafür, denn das akademische
Amt lockte ihn damals noch, und er hätte auch gern in Cambridge Fuß
gefaßt. P. S. Allen hat nun im University-Grace-Book in Cambridge
folgende Eintragung aus dem Jahr 1505 gefunden: Conceditur Desiderio
Erasmo, ut unicum vel duo responsa . . . sufficiebant sibi ad in-
cipiendum in theologia, sic quod primo admittatur baccalaureus in
eadem[19].
Was war da geschehen? Erasmus muß eine Anfrage an die Universität
gerichtet haben, unter welchen Bedingungen er zum Doktorat in
Cambridge zugelassen werden würde. Die Bedingungen wurden für ihn
offensichtlich ermäßigt: Conceditur . . . Das geschah vielleicht mit
Rücksicht auf seine Gesundheit. Von den Promotionskosten ist keine
Rede; darüber gab es feste Regeln. Aber das Baccalaureat mußte
Erasmus noch erlangen.
Es hat den Anschein, daß Erasmus über die Statuten der alten eng-
lischen Universitäten nicht unterrichtet war. Da Cambridge ebenso wie
Oxford sich nach den Statuten der Sorbonne richteten, konnte Erasmus
auf das ihm gemachte günstige Angebot nicht eingehen. Einige Biographen meinen, Erasmus hätte nicht genug Zeit gehabt, sich auf die
Prüfung vorzubereiten. Davon kann aber gar keine Rede sein. Wenn
Erasmus zur Promotion hier hätte kommen können, hätte er sich dafür
auch die Zeit genommen. Zum Verzicht zwangen ihn hier wie in Paris
die Fakultätsstatuten. Erasmus verließ England am 12. April 1506. Die
Promotionspläne gab er noch nicht auf. Die letzte Hoffnung waren für
ihn die italienischen Universitäten. Wenn er auf theologischem Gebiet
wirksam werden wollte, mußte er durch den Dr.-Grad ausgewiesen
sein. Dieses galt nicht nur für eine evtl. Lehrtätigkeit, sondern auch für
die Publikation theologischer Werke. Renaudet hat darauf aufmerksam
gemacht, daß Erasmus dazu eigentlich noch nicht qualifiziert war, als er
sein Enchiridion und Vallas Annotationes herausgab. Vielleicht hatte er
die Folgen an seinen ersten Veröffentlichungen schon selbst gemerkt.
Erst recht haben es seine Freunde ihm klar gemacht, daß dieses bei der
Reise nach Italien sein eigentliches Reiseziel sein müßte[20].
Auf der Reise von England nach Italien war Paris die erste längere
Station. Da mußte Erasmus zwei Monate bleiben, teils krankheitshalber,

[19] Allen 1,591 vgl. R. Stupperich, Zur Biographie des Erasmus. ARG 65, 1974,
   S. 30ff.
[20] Allen 1,432.

teils um bei J. Badius die laufenden Arbeiten zu erledigen; es wurde dort die dritte Ausgabe der Adagia fertig und die in lateinische Metren gebrachten Übersetzungen aus Euripides, die dem Erzbischof von Canterbury gewidmet werden sollten.

Von Paris ging die Reise über Orléans und Lyon auf die Mont Cenis-Pässe zu. Auf dieser Reise dichtete er das ,,Carmen equestre sive alpestre'', nach Meissinger ,,die merkwürdigste und tiefsinnigste Dichtung'', die wir von Erasmus besitzen. Erasmus selbst hält dieses Gedicht als einziges für erwähnenswert, vielleicht weil seine Entstehung mit einer aufregenden Begebenheit verbunden war, von der er an derselben Stelle ausführlich berichtet[21]. Die Reisebegleiter waren aneinander geraten, nur mit Mühe konnte ein Blutvergießen vermieden werden. In dieser Lage schrieb Erasmus sein Gedicht zu Ende. Möglicherweise war es dieses Erlebnis, das ihn an den Tod denken ließ. Wie jeder mittelalterliche Mensch ist Erasmus nüchtern genug, um über das Lebensende länger nachzudenken. Es war bei ihm nicht das erste Mal, daß er Todesgedanken zu Papier brachte. Ein derartiger Anlaß bot sich ihm schon in jungen Jahren beim Tode seiner Patronin Bertha van Heyen. Jetzt nimmt er in Siena dieses Thema erneut auf.

Im Grunde ist dieses Gedicht ein Selbstgespräch. Erasmus vergleicht das Menschenleben mit dem Werden, Wachsen und Vergehen in der Natur. Der Unterschied besteht nur darin, daß im Menschenleben nichts wiederkehrt. Da ist der Tod wirklich das größte Übel. Aber dem Menschen fehlt vielfach diese Einsicht. Wie spät erwacht er von seinem Leichtsinn! Wie spät merkt er es, daß sein Acker statt guten Weizens nur Unkraut getragen hat! Läßt sich das Versäumte nachholen? Nein! Eine Warnung soll ihn aber dazu führen, das Steuer seines Lebensschiffleins fest in die Hand zu nehmen und mit doppeltem Ernst Gott zu dienen. Diesen Entschluß bekräftigt er mit den Versen:

> Dessen walte, du Schöpfer des Lebens,
> als Lebens Erhalter, aller Gelübde
> Erfüller allein im wankenden Sturze der Zeiten.

Erasmus war als Begleiter der Söhne des königlichen Leibarztes auf die Reise gegangen. Er übernahm diesen Auftrag unter der Bedingung, daß er nicht als Erzieher, sondern als Instruktor wirken sollte. Die

---

[21] Vgl. Meissinger S. 114ff und J. C. Margolin. Le chant alpestre d'Erasme. BHR 27, 1965, S. 58ff.

beiden jungen Leute hatten Bedienstete mit und sollten in Bologna ihr
Studium beginnen. Dort wollte auch Erasmus sich ein Jahr lang auf-
halten. Nach seiner Meinung konnte sein alter Wunsch, den Dr.-Grad
zu erlangen, dort in Erfüllung gehen. Seine Freunde hatten ihn überzeugt, daß er diesen Grad besitzen müßte, wenn er in der theologischen
Welt etwas gelten und Einfluß ausüben wollte. Es stellte sich aber
heraus, daß, wie Erasmus in Paris und Cambridge als Priestersohn nicht
promoviert werden konnte, ihn die Universitätsstatuten aus demselben
Grunde auch in Bologna von der Promotion ausschließen würden. Vermutlich auf einen entsprechenden Wink hin wich die Reisegesellschaft
von der Hauptstraße ab und begab sich nach Turin. Diese kleine und
unbedeutende Universität sollte dem inzwischen weltberühmt gewordenen Gelehrten den Doktorhut verleihen. Sie tat es, um Allens
Worte zu gebrauchen, ,,mit Wonne"[22]. Der feierliche Promotionsakt
wurde in Turin am 4. September 1506 vollzogen[23]. Erasmus berichtete
seinen Freunden von dieser Tatsache, ohne auf den Vorgang selbst auch
nur mit einem Wort einzugehen. Dennoch erfüllte ihn dieses Geschehen
mit einem gewissen Stolz. Im Vollgefühl der neuen Würde schreibt er,
daß er nunmehr dem Ordo theologorum voll angehöre[24]. Das erhalten
gebliebene Diplom vermittelt keine volle Klarheit über den Vorgang
selbst. Im Eingang des Dokumentes wird mit Nachdruck hervorgehoben, daß jede Leistung eine gerechte Einschätzung erfahren müsse. Es
wäre möglich, daß sich dieser Satz gegen die Bestimmung der alten
Fakultäten richtete und die Leistung vor die Abstammung stellte. Weiter
wird im Diplom ausgesprochen, daß die Kenntnisse des Erasmus der
Fakultät genügten, ihn als baccalaureus benemeritus anzusehen und ihm
daraufhin den Dr.-Grad zu verleihen. Nach mittelalterlichem Sprachgebrauch braucht baccalaureus keinen akademischen Grad zu bedeuten,
sondern kann lediglich einen unverheirateten Mann (= caelebs) bezeichnen. Den akademischen Grad hätte Erasmus zuvor in Turin
während seines dreitägigen Aufenthaltes erwerben müssen. Wenn dieser
Fall nicht eingetreten ist, bleibt nur die Möglichkeit übrig, daß Erasmus

[22] P. S. Allen. Age of Erasmus. Oxford 1934, S. 105.
[23] Allen 9,244: Taurini commorati sumus aliquantisper. Vgl. L. E. Halkin.
Erasme docteur. (Melanges André Latreille.) Lyon 1972, S. 45f. Das Original des Doctor-Diploms ist in Basel erhalten. Den Text gab schon E.
Vischer. Erasmiana. Basel 1876, S. 20 wieder. Eine farbige Reproduktion bietet
L. Firpo. Il lamento della pace. Turin 1968, S. 17.
[24] Allen 1,438.

auf Empfehlung der Kurie (per bullam) oder auf Grund einer besonderen Entscheidung der Fakultät (per saltum) promoviert worden ist. Volle Klärung darüber ist bisher noch nicht erfolgt. Von Turin ging der Weg nach Bologna und im folgenden Jahr nach Venedig. Wenn sich ihm dort auch einige Möglichkeiten boten, so hielt er doch die Zeit, die er in Italien zubrachte, für die unglücklichste und unfruchtbarste seines Lebens. Dieser Äußerung stehen freilich andere gegenüber, in denen er seine Sehnsucht nach Italien und besonders nach Rom immer wieder ausspricht[25].

Von Venedig war Erasmus nach Rom gegangen, um sich mit Bibelhandschriften in den reichen römischen Bibliotheken zu befassen. Hier hatte er die beste Gelegenheit, sein Editionsvorhaben erheblich voranzutreiben. Wie Erasmus mitteilt, bot ihm Kardinal Grimani an, ganz in Rom zu bleiben[26]. Die äußeren Bedingungen dafür sollten geschaffen werden. Auch andere Kardinäle wie Rioario und Medici, nach deren Umgang er sich später bisweilen sehnte, öffneten ihm die Türen. Sollte er um dieser gelehrten und wohlwollenden Männer willen in Rom bleiben?

Erasmus hatte in Rom auch ungünstige Eindrücke empfangen, die ihn veranlaßten, neue literarische Werke zu planen, mit denen er etwas zur Besserung der Kirche beitragen wollte. Ob er schon damals den Entschluß faßte, den ihm widerwärtigen Papst Julius II. in einer Satire zu verunglimpfen, ist nicht zu erweisen. Erst nach dem Tode dieses Papstes 1513 schrieb er sein Pamphlet ,,Julius exclusus coelo" nieder[27]. Aber auch den Plan zu seinem berühmtesten Buch ,,Laus stultitiae" wird er möglicherweise schon in Rom, sicher aber auf der Rückreise von Italien konzipiert haben. Den Entwurf ging er in London mit seinem Freunde Thomas Morus durch, ehe er die Schrift 1511 in Paris bei Badius drucken ließ. Für viele, die Erasmus kannten, war es ein unvorstellbarer Gedanke, daß der Doktor der Theologie Verfasser der ,,Laus stultitiae" war. Diese Schrift, in der er seinem Ärger Luft machte, bereitete ihm später nicht geringe Unannehmlichkeiten.

Inzwischen war in England der Thronwechsel erfolgt. Lord Mountjoy rief Erasmus nach England zurück. Von dem gebildeten neuen König Heinrich VIII. wurde ein goldenes Zeitalter erwartet. Der Erzbischof

---

[25] Allen 11,177: aegre et invitus reliqui Italiam.
[26] Allen 9,206 f.
[27] Opuscula ed. Ferguson S. 65–124.

von Canterbury versprach Erasmus eine Pfründe und schickte ihm fünf Pfund als Reisegeld[28]. Erasmus sah darin einen Wink von oben. Wie er in seinen Briefen vom fatum spricht und den antiken Begriff anstandslos gebraucht, so verstand er unter fatum göttliche Bestimmungen (divina decreta) im christlichen Sinn, das ihm auferlegte Geschick[29]. Als Erasmus zum ersten Mal über die Alpen zog, dichtete er sein Carmen alpestre. Damals war er fast 40 Jahre alt, aber er fühlte sich schon alt. Nicht jugendlich beschwingt, wie die meisten Humanisten vor ihm, hatte er seine Italienreise angetreten, sondern beschwert mit der Lebenserfahrung, dazu erfüllt von dem Bewußtsein, den italienischen Humanisten nicht nachzustehen. Erasmus brauchte nicht, wie einst Reuchlin in Florenz, erst zu beweisen, daß die Deutschen auch etwas von der Eloquentia verstünden. Er besaß schon einen Namen und kam nicht als Schüler, sondern als Gelehrter. Er suchte nicht Unterweisung, sondern Austausch, vor allem aber Quellen, die sein Wissen erweiterten. War es da nicht verständlich, daß er auf dem Boden Italiens die senectus verspürte?

Erasmus überschrieb sein Alpengedicht „De senectutis incommodis" und widmete es seinem Freunde Wilhelm Cop, der ihn gerade in Paris vor der Abreise gesund gepflegt hatte. Die Anstrengungen der Reise müssen für den Rekonvaleszenten nicht unerheblich gewesen sein, denn er klagt über das schnelle Vergehen der Jugendkraft. Der Höhepunkt ist überschritten, das Leben fällt ab (vita cadens!). Der Gelehrte steht unter dem Eindruck, daß nun der Winter des Lebens für ihn anbricht. Der Anblick der Schneegipfel bringt ihn auf den Gedanken des Todes, des einzigen wirklichen Themas der Philosophie. Was sind angesichts des Todes alle seine gelehrten und literarischen Arbeiten wert? Was hat es für einen Sinn, Profanes mit dem Heiligen, Lateinisches mit dem Griechischen zu verbinden? Sero incipimus sapere, klagt der Altgewordene. Nun ist es Zeit, Träumereien zu vertreiben und sich mit aller Kraft auf das einzig wahre Ziel zu richten, sonst läuft die Zeit davon. Was ihm das Schicksal auch bringen wird, letzten Endes soll alles nur Christus gelten.

---

[28] Allen 1,215. Nach Jahren klagte Erasmus (Allen 11,177), die Engländer hätten ihm 1509 goldene Berge vesprochen, aber von ihren Versprechungen nichts gehalten. Hätte er das gewußt, so wäre er in Rom geblieben.

[29] 1526 gab Erasmus sechs Predigten des Johannes Chrysostomus De fato et providentia heraus (Allen 6,252).

Wie anders ist die Stimmung des Erasmus, als er 1509 Italien wieder verließ! Hatte der dreijährige Aufenthalt im Lande der humanistischen Studien ihn eines anderen belehrt? War seine Haltung angesichts der Erfahrungen, die er in den wissenschaftlichen Zentren Bologna, Venedig und Rom hatte machen müssen, ernüchtert worden? Erasmus hatte in diesen Jahren schwer gearbeitet. Er hatte in Venedig nicht nur seine Adagia auf einen anderen Stand gebracht, er hatte in dieser Zeit noch andere große Materialsammlungen angelegt. Trotzdem und gerade deshalb erhebt sich hier die Frage, wie Erasmus auf den Gedanken gekommen ist, beim Verlassen Italiens das Leben, das er dort kennen gelernt hatte, scheinbar auf den einen Nenner der moria zu bringen.

Hatte ihn wieder die Stimmung ergriffen, die im Carmen alpestre zum Ausdruck kam, nur daß sie sich in einer anderen Form präsentierte? Wer den Selbstbetrug der Menschen bis in die höchsten Kreise der Christenheit hinein mit soviel Humor betrachten konnte, hatte sein positives Verhältnis zur christlichen Wahrheit nicht zerbrechen lassen. Der Schaden lag bei denen, die der Moria um ihrer selbst willen huldigten. Es können keine Augenblicksanwandlungen gewesen sein, die Erasmus auf der Rückreise befielen oder ihm durch die Mitreisenden nahegebracht wurden, die sich in Eitelkeit und Geldgewinn erschöpften. Wir wissen nichts Näheres von dieser Reise. Was trug Erasmus letzten Endes aus der Ewigen Stadt fort? Waren ihm dort viele Illusionen genommen, sah er nun Kirche und Welt so, wie sie waren? Wir tappen im Dunkeln. Briefe, die die damalige Situation und innere Haltung des Gelehrten deuten oder erhellen könnten, fehlen völlig. Im Widmungsbrief an Thomas Morus sagt Erasmus, daß er eine neue Form gewählt habe, um den Zeitgenossen bittere Wahrheiten zu sagen[30]. Geschieht es mit einer Dosis Sarkasmus, so vermag ihn niemand so leicht zu belangen. Der Weise, der alles durchschaut hat, gibt nicht allem die Absage, wird nicht zum völligen Skeptiker. Er hält sich, wenn auch voller Schwermut, an die letzte Wahrheit und blickt zu denen hinüber, denen die tiefere Erkenntnis noch fehlt und denen die verschiedenen Schichten bei der Wesensschau noch nicht deutlich geworden sind.

Ob Holbein, der mit Enthusiasmus die Ausgabe der Moria von 1516 illustrierte, ihren Sinn in ursprünglicher Weise erfaßte?

Meissinger spricht vom „originellsten Einfall der Weltliteratur"[31], die Torheit, wie es ihrem Wesen entspricht, überall aufzuzeigen und zu

---

[30] Allen 1,460.   [31] Meissinger S. 128.

loben. Hatte Erasmus die Hohlheit des genuinen Humanismus erkannt, hatte er eine Art von „Bekehrung" erlebt und ein „Bekenntnis" ablegen wollen? Die Moria versteht das Wesen der Dinge nicht und lobt sie aus Unverstand. Erasmus kann nicht direkt sagen, was er sagen will. In Rom hatte er es erfaßt, daß auch hinter der humanistischen Wissenschaft oft die Geldgier steht. Alle Ideale werden durch die Begierde markiert. Auch Krieg und Frieden und alle großen Ereignisse der Weltgeschichte sind Auswirkungen der Gier. Das neue Kunstmittel, das Erasmus so meisterlich gebraucht, ist der Doppelsinn. Schon die Zeitgenossen haben gefragt, ob dieses Mittel recht sei. Haben nicht die Sophisten im Grunde dasselbe getan?

Die Moria ist nicht leichtsinnig und frivol. Sonst hätte wohl Thomas Morus, in dessen Garten Erasmus zusammen mit dem Hausherrn die Schrift noch einmal durchging, ehe er sie zum Druck schickte, sie nicht gutgeheißen und Freude an ihr gehabt. Erasmus erweist sich hier als Psychologe, der sich und andere fein zu beobachten gelernt hat. Die Schrift zeigt, daß der einsame Gelehrte Einblick in viele Verhältnisse hatte[32], auch in solche, denen er selbst zu entfliehen trachtete. Über viele Lebensbeziehungen wie Freundschaft, Ehe und andere vermag er Vortreffliches auszusagen. Die Torheit erreicht viel Gutes, was es ohne sie nicht gäbe.

Die Auffassung, diese Schrift sei in wenigen Tagen in London niedergeschrieben worden, beruht auf einem Mißverständnis. Eine Schrift dieser Art läßt sich nicht aus dem Ärmel schütteln. Erasmus wird sich unterwegs sehr intensiv nicht nur mit dem Plan, sondern auch mit der Ausführung dieses Buches beschäftigt haben. Wahrscheinlich brachte er nach London schon einen fertigen Entwurf mit. Auf der Rückreise, so heißt es im Widmungsbrief an Thomas Morus, hätte er sich seine Zukunft in England vorzustellen gesucht. Wozu ließ ihn der neue König rufen, was erwarteten seine englischen Freunde von ihm, die diese Berufung vermittelten? Vier Jahre waren seit seiner Abreise aus Cambridge vergangen. Nun kam er mit dem Doktorgrad wieder, den er in Cambridge nicht erlangen konnte, aber ohne die Absicht, im akademischen Leben des Landes eine Rolle zu spielen. Vor seinem geistigen Auge erschien Thomas Morus, und Erasmus gesteht, sein an das Wort Moria anklingender Name hätte ihn dazu gebracht, über das Wesen der

---

[32] LB 4,405 ff.

Torheit und ihren Einfluß auf die Menschen nachzudenken und die Bedeutung der Torheit für das Schicksal der Welt abzuwägen. War es aber wirklich nur die Alliteration von More und Moria, die den Gedanken des neuen Buches Erasmus eingab? Waren es nicht vielmehr Eindrücke, die er in den letzten Jahren gehabt hatte? Eigene Äußerungen des Erasmus darüber fehlen. Wenn die These zutrifft, dann wird Erasmus klug genug gewesen sein, darüber nicht zu sprechen. Beobachtungen, die er in Italien gemacht hat, waren anscheinend so häufig dieselben, daß er sie auf die ganze Menschheit meinte ausdehnen zu können. Überall in der Welt sah er das Nebeneinander von Erhabenem und Lächerlichem, Tiefem und Seichtem, Weisheit und Torheit. Aber die Torheit war beherrschend. Während seiner italienischen Reise hat sich Erasmus zu den Problemen, die ihn beschäftigten, nicht geäußert. In der Moria entlud sich, was er angesammelt hatte. Im einzelnen sind wir über die Gedanken, die ihn in Rom beschäftigten, nicht unterrichtet. Er hatte wichtige Beziehungen geknüpft und einflußreiche Bekannte erworben, aber von seinen Eindrücken und Empfindungen während des Aufenthaltes in der Ewigen Stadt erfahren wir nichts. Wenn er 1516 an Kardinal Grimani schreibt, daß er Sehnsucht nach Rom verspüre, dann heißt es nicht, daß ihn die Menschen und die Heiligtümer anzogen, sondern die Bibliotheken. Erasmus hat auch später nichts von seinen Erinnerungen an Rom preisgegeben oder bekannt machen wollen. Die erhaltenen Briefe aus späteren Jahren gewähren keine Einblicke in sein Inneres. Erasmus war nicht so einseitig mit seiner Arbeit beschäftigt, daß er keine allgemeineren Wahrnehmungen und Beobachtungen gemacht hätte. Ob er ähnliche Feststellungen getroffen hat wie ein Jahr nach ihm Luther, wissen wir nicht. Es wird aber nicht anzunehmen sein, daß er an den kirchlichen Zuständen in Rom vorübergegangen ist.

Immerhin ist es charakteristisch und bezeichnend, daß das erste, was Erasmus beim Verlassen Italiens zu Papier brachte, eben die Moria war. Sollten sich in ihr die Erinnerungen an die Italienreise spiegeln?

Die Laus stultitiae sollte eine declamatio, ein Lobpreis auf die Torheit sein. Denn sähe man sie nicht als das an, was sie ist, dann wäre das Leben unerträglich. Es ist kein Zufall, daß nicht der Verfasser oder eine andere Person diese laudatio hält, sondern die Torheit selbst.

Wozu schrieb Erasmus dieses Buch? Sollte die Welt nur über sich selbst lachen? Oder bezweckte er etwas anderes? Erasmus kannte natürlich die großartige Dialektik von Weisheit und Torheit, die der

Apostel Paulus in 1. Kor. 1,18–23 und 2,14 durchführt. Aber daran erinnert er nicht. Umgekehrt ist auch in seinen Paraphrasen zu diesem Texte die Laus stultitiae nicht genannt. Erasmus war vorsichtig geworden. Der Kampf um sein Buch hatte ihn sich zurückhalten lassen. Als diese Kämpfe einsetzten, schrieb er allerdings, er habe mit dieser Schrift nichts anderes sagen wollen als mit dem Enchiridion[33]. Seine Absicht bestand demnach darin, den Menschen mit diesem Buch nicht nur einen Spiegel vorzuhalten, sondern mit der Enthüllung der von ihnen geliebten menschlichen Weisheit, die im Grunde Torheit sei, auf die ewige Weisheit hinzuweisen und damit ihnen etwas Entscheidendes für ihr Leben mitzugeben. Wir werden es ihm glauben müssen, daß dieses Buch nicht nur Ausdruck seines Humors war, sondern, so paradox es klingt, Theologie.

Theologie in fremdem Gewande, oder besser gesagt – in der Umkehrung. Vielleicht hatte Erasmus noch in Italien überlegt, wie er Theologie und Kirche seiner Zeit zum Aufhorchen bringen könnte. Eine Erstausgabe des griechischen Neuen Testamentes, die er sich vorgenommen hatte, konnte erst nach Jahren kommen und auch noch nur einem kleinen Kreise von Menschen zugänglich sein. Würde sein Ziel nicht durch eine entgegengesetzt wirkende Schrift viel eher erreicht sein? Menschen, die etwas von Humor verstehen, müßten doch beim Erscheinen seiner Torheits-Schrift gleich merken, daß es ihm mit seiner Beleuchtung der unhaltbaren und unglaublichen kirchlichen Zustände ernst wäre. Und sollte nicht die Torheit eine viel größere Zahl von Menschen als nur den kleinen Kreis der Theologen und Kirchenmänner ansprechen und ihnen deutlich machen, was sie eigentlich für einen Widersinn trieben? Durch ihr drastisches Auftreten und Reden müßte die Torheit eine viel stärkere Wirkung erzielen als eine strenge wissenschaftliche Arbeit. Offenbar nach Beratung mit dem Staatsmann Thomas Morus entschloß sich Erasmus zu dieser einmaligen Veröffentlichung.

Tatsächlich hat diese Schrift eine ungewöhnliche Verbreitung gefunden. Die Menschen gerieten außer Fassung, und ihr Lachen wollte kein Ende nehmen. Aber, ob Lachen ob Ärger, denn auch dieser blieb nicht aus, – erreichte Erasmus das Ziel, das er erstrebte? Wurde denn der eigentliche Sinn seiner Schrift verstanden? Blieb die Wirkung vordergründig, dann war das Ziel verfehlt.

---

[33] Allen 2,93: Nec aliud agitur in Moria sub specie lusus quam actum est in Enchiridio.

Als Erasmus einsah, daß seine Absicht weithin nicht erkannt und verstanden wurde, kam ihm der Versuch seines Schülers, des Rektors Gerhard Listrius in Deventer durchaus gelegen. Dieser wollte nämlich einen Kommentar zur Moria 1515 veröffentlichen. Schon Zeitgenossen meinten, der Kommentar stammte nicht von Listrius, sondern ging ganz oder wenigstens teilweise auf Erasmus selbst zurück. Wilhelm Vischer berichtet[34], daß in dem ihm gehörenden Exemplar, einem Druck aus dem Jahre 1521, ein anonymer Zeitgenosse die Eintragung gemacht habe: Scholiae hae non Lystrii, sed Erasmi sunt, quod ille ipse fassus est coram Gabriele (Meyer) Bernano, iuvene in litteris cultissimo. Erasmus bestätigte, daß Listrius mit der Aufgabe nicht fertig wurde und daß er selbst in die Bresche springen mußte. Durch diesen Kommentar wurde die Moria für viele erst verständlich[35].

Das Wort moria = stultitia ist vieldeutig. In welchem Sinne wollte Erasmus es verstehen, wenn er ihm einen theologischen Sinn und eine wesentliche Bedeutung abgewinnen wollte? Er, der Meister der lateinischen Sprache, wußte von feinen Abstufungen. Da er die Kunst des Humors und der Satire beherrschte, wollte er gegen die Schwächen der Menschen und gegen die Nichtigkeiten in ihrem Leben angehen. Wie ernst nehmen sich doch die Menschen! Efahrungen eines in verschiedenen Sphären heimischen Gelehrten spiegeln sich hier wider. Hat er die Torheit der Welt gekennzeichnet, dann kann er nicht auf die Torheit im Leben der Christen verzichten. Im zweiten Teil des Buches nimmt er die falschen Christen vor, die von Einbildung und Irrtum erfüllt sind. Mit großem Freimut äußert sich Erasmus über das kirchliche Gebahren.

Die Torheit findet Erasmus insbesondere bei mönchischen Predigern. Was hat sie ihnen nicht alles eingegeben! Ihr Verhalten gleicht dem der Marktschreier. Dieses Gebiet verläßt jedoch der Kritiker bald, um sich dem Einfluß der Torheit an den Fürstenhöfen zuzuwenden. Vor allem findet er sie bei den Königen selbst. Wenn ein König seine Verantwortung bedächte, könnte er keinen Augenblick ruhig sein. Daher begibt er sich auf den Weg der Torheit. Alle Sorgen wälzt er auf Gott ab und läßt sich indessen wohl sein. Die meisten Könige meinen, mit dem Repräsentieren ihre Pflicht zu erfüllen. Vergleichen sie den Aufwand, den sie treiben, mit dem Ertrag ihres Wirkens, dann müßten sie

---

[34] Vischer S. 36.
[35] Allen 9,449 vgl. S. Dresden. Sagesse et folie d'Erasme. (Colloquia Erasmiana Turonensia I.) 1972, S. 285ff.

sich schämen. Die geistlichen Fürsten tun es den weltlichen nach, ja fast treiben sie es noch schlimmer. Wenn sie die Symbole an ihrer Tracht mit Verständnis betrachteten, müßten sie unruhig werden. Ja, dann wollten sie nicht mehr Nachfolger der Apostel und Kardinäle werden. Nun aber lassen sie es sich gut gehen, überlassen ihre Herde den Vikaren und passen nicht einmal auf sie auf, wie es sich gebühre. Erwähnt wird auch der Papst, um den Widerspruch aufzuweisen, in dem er zu Christus und seinem Dienst steht. Dank meiner, sagt die Torheit, lebt niemand auf Erden sorgloser und angenehmer als der Papst.

Doch hier hält Erasmus inne. Hat die christliche Religion als solche nicht viel mit der Torheit gemein? Wird nicht sogar in der Bibel diese Meinung hervorgehoben, und zwar nicht nur in der alttestamentlichen Weisheitsliteratur, sondern auch im Neuen Testament? Indem er die menschliche Natur annahm, ist doch Christus selbst ein Tor geworden. Und das Kreuz ist doch, wie Paulus sagt, die größte Torheit. Die Frömmsten unter den Christen sind zu allen Zeiten selbst ein Beweis für diese These.

Wieviel Schönes fände ein Ende, heißt es am Schluß, ,,wenn einmal die Weisheit über die Päpste käme!" – dann wäre es um vieles geschehen, um Macht und Ehre, um Rechte und Dispense, um Steuern und Ablässe! Die Torheit belegt ihre Reden mit zahllosen Beispielen aus der Antike und aus der Bibel. Sie ruft, indem sie von der Bühne fortgeht, den Zuhörern zu: ,Spendet Beifall.' Dieses geistvolle, satirische Werk voller Kritik ist nicht umsonst mit schallendem Gelächter in der ganzen gebildeten Welt aufgenommen worden.

Für Erasmus, der soviel Sinn für Humor bewies, war diese Schrift nichts Ungewöhnliches. Andere sahen in ihr einen schweren Angriff und deuteten sie, je mehr sie über sie nachdachten, um so falscher aus. Dorpius und viele andere machten Erasmus noch nach Jahren Vorwürfe wegen dieses Buches. Erasmus antwortete, es reute ihn beinahe, dieses Buch, das ihn berühmt und berüchtigt gemacht hat, herausgegeben zu haben[36]. Bis zur Gegenwart gehen die Deutungen noch weit auseinander. Louis Bouyer meint, dieses Buch sei eine Satire auf Personen, nicht auf Einrichtungen. Einzelne aus dem Rahmen fallende Gestalten

---

[36] Allen 2,92. Nach dem Angriff des Martin van Dorp wurde Erasmus vorsichtiger; in gewisser Weise rückte er von der Moria sogar ab. Er widerrief sie zwar nicht, aber er sprach sein Bedauern aus, sie veröffentlicht zu haben. Obwohl er sich 1511 selbst in Paris aufhielt, bezeichnete er (Allen 2,94) den Pariser Druck als fehlerhaft und verstümmelt (mendosus et mutilus).

hätte Erasmus dem Spott preisgegeben. Das Buch, in Mußestunden zur Erholung geschrieben, sei nichts anderes als ein unterhaltendes Buch, in vielem mit der Utopia des Thomas Morus verwandt[37]. Ob Bouyer mit dieser Auffassung Recht hat, ist zu bezweifeln. Enthält es nicht auch grundsätzliche Kritik? Richtet es sich nicht gegen Einrichtungen, die von der Kirche gutgeheißen und geheiligt waren? Wenn Erasmus sagt, daß die Moria im Grundansatz nichts anderes sei als sein Enchiridion, so will er doch zum Ausdruck bringen, daß er hier wie dort gegen ein falsches Verständnis des Christentums angehe. Die Veräußerlichung der Religion, ihr Aufgehen im Zeremonialwesen und in theologisch anfechtbaren Auffassungen, wie sie dem Kirchenrecht und dem Ablaßwesen zugrunde lagen, hatte ihn in Rom, an geheiligter Stätte, besonders erbittert. Indem er die Verwechslung von Heiligem und Unheiligem, Echtem und Unechtem zum Gegenstand des Spottes machte, führte er doch einen grundsätzlichen Angriff auf sanktionierte Institutionen und bemühte sich, die positive Seite der philosophia christiana durch Kontraste deutlicher herauszuarbeiten.

---

[37] L. Bouyer. Autour d'Erasme. Paris 1955, S. 91.

Kapitel IV
Im Bereich der Bildung und Erziehung

Es gehört zu den Eigenheiten des großen niederländischen Humanisten, daß er in jungen Jahren oft reformerische Gedanken hinsichtlich der Erziehung zu Papier brachte, aber seine Aufzeichnungen, häufig Entwürfe ausführlicher Schriften, dann liegen ließ. Manche dieser Entwürfe gingen später verloren, andere nahm er aus bestimmtem Anlaß nach Jahrzehnten wieder vor, um sie dann umgearbeitet zu veröffentlichen. Schon während seines ersten Aufenthaltes in Paris läßt sich diese Tatsache feststellen. Erfüllt von jugendlichem Elan und Reformeifer wandte sich Erasmus Erziehungsfragen zu und entwarf pädagogische Schriften, die teilweise später ein eigentümliches Schicksal hatten.

Erasmus war mehr Theoretiker als praktischer Erzieher. Wenn er auch in Paris, um seinen Lebensunterhalt zu verdienen, Unterricht gab, so waren es nur wenige deutsche und englische Studenten, die sich rühmen konnten, seine persönlichen Schüler gewesen zu sein. Erasmus unterhielt sich lieber über den Unterricht, statt ihn zu erteilen. In Paris entstand damals der Entwurf seiner Schrift: „De ratione studii"[1], der es deutlich macht, daß Erasmus im Grunde kein grammaticus war, daß ihn philologische Fragen nicht so sehr beschäftigten wie die Dichtung und Philosophie der Alten. Um dieser willen empfahl er die humanistische Orientierung so angelegentlich. Im Enchiridion sprach er seine Erfahrung aus, daß schon der kindliche Geist (puerile ingenium) durch sie belebt wird[2]. Die Bildungswelt bereite auch für theologische Studien in erstaunlichem Maße vor.

Was Erasmus bei sich selbst als notwendig feststellte, das verallgemeinerte er. Nach seiner Überzeugung war die Kenntnis des Griechischen nicht nur für jeden gebildeten Menschen, sondern im besonderen für den Theologen unumgänglich notwendig[3]. Er bedauerte es tief, daß er so spät damit begonnen hatte, Griechisch zu lernen. In den Jahren

---

[1] ASD I, 2.
[2] Holborn S. 32.
[3] H. Dibbelt, Erasmus' griechischen Studien. (Gymnasium 57, 1950, S. 61 f.)

zwischen seinen beiden ersten Englandreisen mußte er manche wichtige Arbeit deswegen abbrechen, weil er das Griechische noch zu unvollkommen beherrschte. Seine Grundforderung bestand daher darin, im Jugendunterricht die lateinische und griechische Grammatik zu verbinden. Waren elementare Kenntnisse erreicht, dann sollte gleich mit der Lektüre begonnen werden, um an ihr grammatische Regeln näher zu erläutern[4]. Der dritte Schritt sollte dann eigene Ausarbeitungen umfassen bzw. Übersetzungen aus dem Griechischen ins Lateinische.

Diese Gedanken hatte Erasmus schon 1497 niedergeschrieben und in Gestalt von Ratschlägen seinen Schülern Christian Northoff und Thomas Grey brieflich mitgeteilt[5].

Erasmus hatte sich ein Bild gemacht vom idealen Lehrer und ebenso vom Schüler, wie er ihn sich wünschte. Im Brief an Christian Northoff sind beide deutlich abgebildet. Damals meinte Erasmus, seine pädagogischen Ansichten nicht anders vertreten zu können als dadurch, daß er die Wege beschrieb, die er selbst gegangen war. Mit diesem Rückgriff ersetzte er die noch fehlende Erfahrung.

Voraussetzungen guten Unterrichts sind, so führt er hier aus, einerseits Sorge und Sorgfalt des Lehrers und andererseits das Eingehen des Schülers auf die Gedanken und Anregungen des Lehrers. Im Effekt bleibt es bei dem Lehrer-Schüler-Verhältnis, nur daß es menschlicher, persönlicher, freundschaftlicher wird. Bei Erasmus sind in diesem Verfahren die letzten ethischen Bindungen zum Sprechen gebracht. Es bedarf keiner leeren Ermahnungen, weil der Schüler bewußt und überlegt das tut, was der Lehrer ihm nahelegt, in der Überzeugung, daß der Lehrer sein Bestes will. Im Grunde ist es schon ein Vater-Sohn-Verhältnis, wenn auch nicht im physischen, sondern im ethischen Sinne. Der junge Mensch hat dem gegenüber, der ihm den Sinn des Lebens klarlegt (ratio vivendi), dieselben Affekte wie gegenüber denen, von denen er abstammt (vivendi initia habet)[6]. Unter diesen Voraussetzungen sollte kein Gegensatz oder Kampf zwischen Lehrer und Schülern aufkommen. Das gegenseitige Wohlwollen (mutua benevolentia) ist die Vorbedingung des Lehr- und Lernerfolges. Als Freund hat der Lehrer schon alles gewonnen. Gleichsam als Dank bietet ihm der Schüler Aufmerksamkeit und Fleiß an. Besonders durch Fleiß kann der mittel-

---

[4] ASD I, 2, S. 79.
[5] Allen 1,172, vgl. 1,393.
[6] Allen 1,174.

mäßig begabte Schüler vieles ausgleichen. Vor allem kann er durch Fleiß die Menge des Lehrstoffes bewältigen und verstehend verarbeiten. Der fleißige Schüler kennt kein Gefühl des Gesättigtseins oder der vorzeitigen Müdigkeit. Für den geliebten Lehrer tut er alles. Der Lehrer seinerseits hat dafür zu sorgen, daß sein Unterricht die Schüler nicht überfordert. Für die Arbeit müssen die Schüler aufgelockert werden durch das Spiel, freilich ein Spiel, das dem Lerngegenstand entspricht. Auf diese Weise kommt bei den Schülern das Gefühl der Freude am Lernen auf, der Befriedigung oder sogar des Genusses (voluptas).

Erasmus hält es für notwendig, daß Lehrer und Schüler bei der Auswahl des Lernstoffes zusammenwirken. Diesen modernen Gedanken begründet er damit, daß es ein Unsinn sei, Schülern Dinge vorzusetzen, die bei ihnen in irgendeiner Beziehung Schaden verursachen können. Ein verständiger Schüler wird dieses selbst ermessen und sich davor hüten. Diese Grenze gilt nicht nur für die Qualität des Stoffes, sondern auch für die Quantität. Der Schüler soll sich nicht übernehmen. Es kommt nicht darauf an, möglichst viel, sondern möglichst Gutes zu lernen.

Damit ist Erasmus schon bei der Methode angelangt. Das Lernen soll dem Schüler erleichtert werden; das geschieht durch gute Einteilung. Freilich muß der Schüler den Erklärungen des Lehrers genau folgen, um mit ihm Schritt zu halten, ja zuweilen ihm sogar vorauszueilen. Das Wichtigste aufzuschreiben, sich einzuprägen und mit anderen zu besprechen – sollte eine Sebstverständlichkeit sein. Bei Augustin hatte Erasmus gelesen, daß er einen bestimmten Teil des Tages dem stillen Nachdenken vorbehielt. Dieses Verfahren hielt Erasmus für wichtig und riet es seinen Schülern auch an.

Geistige Arbeit und geistige Kämpfe erfordern Nervenkraft, die es zu mehren gilt. Im Unterricht soll sich niemand schämen, etwas zu erfragen, was er nicht verstanden hat und was ihm zweifelhaft ist. Ebenso soll sich niemand zurückhalten, seine erkannten Fehler zu überwinden.

Die richtige Zeiteinteilung ist auch nicht nebensächlich. Vor Nachtarbeit warnt Erasmus und erinnert an das Sprichwort: Aurora Musis amica (vgl. C. Wegmann, Arch. f. lat. Lexik. 13, 1904, S. 254). Vor allem muß aber darauf geachtet werden, daß die Zeit richtig genützt wird. Für geistige Arbeit ist es wichtig, daß man beim Essen maßvoll ist, nach dem Essen spielt oder spazieren geht und abends sich bei einem guten Buch erholt. Der Inhalt des Buches muß behaltenswert sein

(memoria dignum). Bei allen diesen Einschränkungen hat Erasmus auch
für den Plinius-Spruch Verständnis: Die Zeit ist verloren, die nicht dem
Studium gewidmet wird[7]. Seinen pädagogischen Brief an den Schüler-
Freund schließt der Lehrer Erasmus mit dem Hinweis, daß nichts
flüchtiger sei als die Jugend, die nie wiederkehrt, wenn sie einmal ent-
flohen sei. Daher gelte es, das Carpe diem (Hor. Od. 1, 11, 8) nicht zu
vergessen. Freilich nicht im Sinne des leichtlebigen Horaz. Erasmus ist
selbst ein Mann von ungewöhnlichem Fleiß. Diesem hat er im wesentlichen seine großen Erfolge zu verdanken. Zum Fleiß gehört aber auch
die Sachlichkeit. Erasmus ist nicht so sehr reich an Einfällen als an
Erfahrungen. In wenigen Sätzen faßt er oft zusammen, was ihm in
seinen Studien über ein geistiges Schaffen während langer Jahre zu-
gefallen ist.

Allen hat als erster festgestellt, daß die Gedanken dieser Briefe mit
der Schrift De ratione studii teilweise wörtlich übereinstimmen[8]. Diese
Linie hat J. C. Margolin aufgenommen[9] und gemeint, mit größter
Wahrscheinlichkeit die Entwicklung von der ersten zur zweiten Version
nachzeichnen zu können. Dazwischen liegt allerdings eine dunkle
Begebenheit. Als Erasmus bei seiner Abreise aus Ferrara nach Rom seine
Manuskripte Richard Pace übergab[10], vertraute dieser sie einem dunklen
Ehrenmann William Thale an, der sie meist verkaufte, die Schrift De
ratione studii aber in Paris ohne Wissen des Verfassers zum Druck
brachte, so daß Erasmus ihr mit einer autorisierten Ausgabe begegnen
mußte[11]. Daß diese kleine Schrift stark von Quintilian bestimmt ist, war
schon länger bekannt.

Erasmus arbeitete indessen in Venedig bei Aldo Manitius. Hier hatte
er Gelegenheit, Gespräche zu führen über die zu bevorzugende Aussprache der lateinischen und griechischen Sprache. Obwohl das Thema
aktuell war und Erasmus sich mit Nachdruck gegen die von Johann
Reuchlin empfohlene neugriechische Aussprache durchsetzte, ließ er die
Schrift De recta latini graecique sermonis pronuntiatione[12], die vermut-

---

[7] Plin. Epistolae 3,5.16.
[8] Allen 1,188.
[9] ASD I, 2, S. 83 ff.
[10] Über erasmische Manuskripte s. Allen 1,121 n.
[11] Allen 1,193 (Einl.).
[12] ASD I, 4, S. 1–103 = LB 1,913–972. Diese ist zwar die ausführlichste, aber
nicht die bedeutendste seiner pädagogischen Schriften.

lich in jener Zeit schon entstand, zunächst auch wieder liegen, um sie erst 1521 erscheinen zu lassen. Eigentümlicherweise hat sich Erasmus in Rom gerade mit pädagogischen Gedanken sehr viel beschäftigt. Offenbar wollte er das Ergebnis seiner Beschäftigung mit klassischer Literatur nicht zurückstellen. In den Monaten Februar bis Juli 1509 wird er im Anschluß an antike Autoren seine Erziehungslehre De pueris instituendis niedergeschrieben haben[13]. Da er der Ansicht war, selbst eine völlig falsche Erziehung erfahren zu haben, in seinem späteren Leben aber bessere Ansätze, besonders in England, aber auch anderwärts gesehen hatte, wollte er unter Auswertung der antiken Überlieferung eine praktische Erziehungslehre aufbauen. Wenn er auch selbst des öfteren ein Amt übernehmen mußte, das ihn mit der Erziehung Jugendlicher in Verbindung brachte, so war es ihm doch lieber, die Aufsicht zu führen statt praktisch anzuleiten.

Erasmus beginnt mit elementaren Feststellungen[14]. Er beschreibt die geistige Aufnahmefähigkeit der Jugend, ihr gutes Gedächtnis wie die allgemeine Anlage des Menschen, der zum Denken und Erkennen geschaffen sei. Die Jugend erfaßt vieles schneller und leichter als das vorgerückte Alter. Wenn junge Menschen gute Sitten lernen sollen, dann können sie ebenso auch mit den Wissenschaften bekannt werden. Sollen sie sich lieber Nichtigkeiten hingeben und erst im späteren Alter zum Lernen gebracht werden, so ist dieser Weg sicher falsch. Das frühe Lernen hat auch sittliche Vorzüge. Die Studien nehmen junge Menschen so sehr innerlich ein, daß sie für niedrige Dinge und Laster nichts mehr übrig haben. Daß ihnen die Studien wertvoll werden, kann nicht durch Strenge, sondern nur durch Güte erreicht werden. Das Lernen soll der Jugend mehr Freude und Spiel als Arbeit sein.

Wem die Kürze und der Wert des Lebens immer gegenwärtig sind, der spricht der Erziehung die rechte Bedeutung zu[15]. Er ist auch bereit, für die Erziehung der Kinder alles aufzubieten, damit sie ihr Leben voll ausschöpfen können. Jeder verantwortliche Vater denkt an die beste Erziehung seines Sohnes. Es muß vieles dabei bedacht werden: der rechte Zeitpunkte für den Beginn des Lernens und vor allem, wer der geeignete Lehrer sein soll. Erasmus warnt die Väter vor der falschen

---

[13] ASD I, 2, S. 4–78 = LB 1,489ff.
[14] LB 1,489.
[15] LB 1,490.

Meinung, das Lernen sei für zarte Kinder zu hart und zu schwer. Mitleid ist hier nicht am Platz. Erziehung ist die Hauptaufgabe des Vaters, vor allem wenn er nur einen Sohn hat. Es ist sein natürliches Anliegen, sein eigenes Leben gleichsam auf den Sohn zu übertragen. Er will für seinen Sohn mehr einsetzen, als ihm nur ein Erbe zu vermachen. Äußere Güter gelten nichts, wenn nicht an Erziehung und Bildung gedacht ist. Der Vater soll letzten Endes immer selbst diese Aufgabe in der Hand behalten und sie nicht ungeeigneten Frauen und untergebenen Dienern überlassen. Eigentlich sollten dieses loci communes sein, die allen selbstverständlich sind.

Erasmus sieht es als notwendig an, das officium parentis [16] in diesem Zusammenhang weiter auszumalen. Vater im Vollsinn ist für ihn nur derjenige, der alle Sorgen für seine Kinder auf sich nimmt. Diese Aufgabe ist gewaltig groß und kommt geradezu an göttliches Wirken heran. Es ist das Geringfügigste, dabei an die äußere Haltung und an Erfüllung ärztlicher Vorschriften zu denken. Erasmus will sie nicht übergehen; auch sie sind wichtig, und er beruft sich immer wieder auf Galen. Wie dieser weist er die Mütter darauf hin, daß sie vor der Geburt der Kinder vorsichtig seien. Die Sorge soll aber niemals auf das Körperliche beschränkt bleiben. Es soll auch an die immortalitas der Kinder gedacht werden. Die Natur selbst bietet Beispiele: ein Baum kann auch krumm wachsen, wenn menschlicher Fleiß nicht für ihn sorgt. Rechte Unterrichtung und gute Erziehung sind Quellen der Tugend und führen zur Weisheit. Erasmus kann sich nicht genug tun, sie als Höhepunkte menschlichen Glückes zu preisen.

Huizinga meint[17], Erasmus habe sich in dieser Beziehung so sehr der Antike angeglichen, daß er geradezu das 18. Jh. vorwegnimmt und in seiner Überschwänglichkeit von der sancta educatio spricht. Dabei führt er immer neue Vergleiche an. So weist er darauf hin, daß die Natur nur den Menschen nackt und wehrlos geschaffen, daß sie ihn aber auch allein mit dem Verstande ausgerüstet habe. Was das Tier instinktiv tut, das muß der Mensch lernen. Tut er es nicht, so ist er einem nutzlosen Tier vergleichbar. Die institutio steht daher für Erasmus höher als jede natürliche Gegebenheit[18]. Die Menschen tun aber in dieser Hinsicht zu wenig. Sie arbeiten und wirken in allen Bereichen, aber für ihre Kinder

---

[16] LB 1,491.
[17] Huizinga S. 115.
[18] LB 1,492 B: Efficax res est natura, sed hanc vincit efficacior institutio.

sorgen sie immer noch viel zu wenig. Wenn sie schon etwas tun, dann beschränken sie sich auf die äußere Geschicklichkeit und die Fähigkeit zum Gütererwerb. Erasmus meint, daß die innere Erziehung in jedem Falle zu kurz kommt. Freilich kann niemand seinen Kindern das Allerhöchste (omnium praestantissimum) mitteilen. Er kann sie aber anleiten, das Beste zu ergreifen. Im Grunde sind daher die Menschen zu bemitleiden, die sich um ihre Haustiere, Hunde und Pferde mehr bekümmern als um ihre Kinder. Manche Eltern meinen genug für sie zu tun, wenn sie den Astrologen bemühen oder für die Kinder die Stellung besorgen, die sie einst einnehmen sollen. Andere wieder betrachten die Kinder nur als Spielzeug für ihren Müßiggang. Das ist nicht nur bei Fürsten, das ist auch in anderen Ständen anzutreffen. Wo bleibt die Erziehung? Erasmus fühlt sich berufen zu unterstreichen: homines non nascuntur, sed finguntur[19]!

Geboren wird der Mensch, sagt Erasmus, als rudis massa. Es ist Sache des Vaters, ihn zur besten Haltung (in optimum habitum) zu bringen. Diese Pflicht hat er vor Gott wie vor der Natur. Denn der Mensch wird nicht für sich geboren, sondern für Gott und für die natürliche Gemeinschaft. Die entscheidenden Gedanken wiederholt Erasmus, um sie seinen Lesern einzuhämmern. Er spricht dabei eine deutliche Sprache und scheut sich nicht, drastische Bilder zu wählen. Kinder in Unwissenheit zu lassen, heißt ihren Geist töten. Dann darf es niemand wundern, wenn die Kinder selbstgefällig, verlangend, unbescheiden, ja schamlos werden. Für Besseres werden sie nicht ansprechbar (ad virtutem indociles)[20]. Das unbeschwerte Gemüt des Kindes nimmt leicht häßliche Dinge auf, und schlechte Sitten werden leicht zur Gewohnheit. Kommt es so weit, dann kann der beste formator aus verzogenen Kindern keine brauchbaren Menschen mehr machen. Es muß jedem einsichtig sein, daß seelische Schäden schlimmer sind als körperliche.

Menschen sollten die Natur besser beobachten, denn sie lehrt viel Nützliches. Wie der Vogel zum Fliegen bestimmt ist, so der Mensch ad philosophiam et ad honestas actiones. Und er sollte nicht wissen, was er seinen Kindern schuldig ist?

Das Wie? ist in der Erziehung so wichtig. Anzuleiten ist das Kind durch Gebote und Ermahnungen, dann wird es sich auch selbst üben.

[19] LB 1,493 B.   [20] LB 1,495 A.

Erasmus legte auf die praecepta philosophiae den größten Wert[21]. Durch sie kann man in einem Jahr mehr lernen als durch die Erfahrung in dreißig Jahren. Erasmus ist nicht so primitiv, daß er die natürliche Anlage als eine Konstante ansehe. Er weiß auch, daß sie nicht in unserer Hand ist (natura nemini sua in manu est!)[22]. Gerade deshalb legt er auf das Amt des Lehrers einen so großen Wert. Und er beschwert sich wie jeder Lehrer, daß dieses Amt des Instruktors so gering geachtet und so gering entlohnt wird. Für andere Zwecke gibt die Familie ungleich mehr aus als für die Kindererziehung.

Erasmus bezieht sich nicht nur auf Erfahrungen, die er beim Unterrichten in Paris gemacht oder von anderen kennengelernt hat. Er stellt hier grundsätzliche Thesen auf. Nach seiner Meinung müssen Erziehung und Unterricht möglichst früh einsetzen. Erasmus spricht vom Alter, in dem die Kinder sprechen lernen. Er verlangt, daß bewußte Erziehung nach Möglichkeit schon bei Dreijährigen einsetze. Zugleich opponiert er in vielem gegen die Zeitanschauungen. Obwohl er bekanntlich vom kirchlichen Zeremonialwesen nicht viel wissen will, hält er religiöse Bräuche wie Händefalten, Knien, sich in der Kirche zu benehmen wissen u. a. für kleine Kinder für wichtig[23]. Im späteren Alter sehen sie schon ein, daß diese Bräuche unwesentlich seien. Das Kind ist nach seiner Auffassung schon im zartesten Alter habilis ad institutionem litterarum. Erasmus geht dabei hinter die von den Alten angesetzte Altersgrenze zurück, die meist das Alter von 7 Jahren als angemessen ansahen. Nach seiner Meinung jedoch müßte es heißen: so früh wie möglich, denn Kinder eignen sich im frühesten Alter alles spielend an[24].

Der Unterricht sollte mit den Sprachen begonnen werden, denn Kinder lernen auch fremde Sprachen, zumal wenn sie Spielgefährten aus fremden Nationen haben, sehr schnell. Fähigkeiten, die man dazu braucht, sind Gedächtnis und Nachahmungstrieb (memoria et imitatio), sie sind bei Kindern am stärksten ausgebildet. Bei der imitatio stellt Erasmus die grundsätzliche Frage, warum die Kinder sich Schlechtes schneller aneignen als Gutes. Einmal weist er in seiner Antwort auf die Schöpfungsgeschichte hin, ohne sie jedoch näher auszuwerten, zum anderen geht er auf die Umwelt ein und sucht nach Gründen in der Erfahrungswelt. Nach seiner Meinung ist die schlechte Gesellschaft

[21] LB 1,497 A.
[22] LB 1,500 A.
[23] LB 1,500 D.
[24] LB 1,501 A.

meist daran schuld, bisweilen aber auch die falsche Erziehung, daß das
Böse dominiert. Auch auf eine andere Frage geht Erasmus ein, die ihm
vermutlich als Einwand gegen seine Position gestellt worden ist: Reicht
denn die zur Verfügung stehende Zeit aus, um alles zu lernen, was seine
neue Pädagogik verlangt? Die Lebenszeit ist kurz, dennoch reicht sie zu
den erforderlichen Leistungen (sufficit ad omnia munia tempus)[25], wenn
man sie nur recht anwendet. Lediglich dann ist der Tag zu kurz, wenn
er größtenteils vergeudet wird und die wertvolle Zeit verloren geht.

Um auf die Praxis zu kommen, stellt sich Erasmus eine Szene vor
Augen, wie sie auf dem bekannten Holbein-Bild der Familie des
Thomas Morus zu sehen ist[26]. Trotz seines hohen Amtes und seiner
Inanspruchnahme hatte Morus genug Zeit für seine Kinder. Erasmus
verallgemeinert, was er in diesem vornehmen Hause gesehen und erlebt
hat. Die Erziehung der Kinder ist ein heiliges Gebot Gottes. An ihr
dürfen die Eltern nicht sündigen.

Derselbe Gedanke, der im Enchiridion zu lesen ist, wird auch hier
eingebracht, wo Erasmus auf die konkrete Pädagogik zu sprechen
kommt. Die Kinder, die wir erziehen, sollen nicht zu Athleten (pugiles),
sondern vielmehr zu Philosophen und Staatsmännern herangebildet
werden. Daher muß von Anfang an das rechte Verhältnis zwischen
körperlicher und geistiger Erziehung gefunden werden. Offenbar
wendet sich Erasmus, der selbst ein schwächlicher Mensch war und
immer über sein corpusculum klagte, gegen das griechische Ideal, das
nach seiner Meinung den körperlichen Übungen einen zu großen Raum
zugestand. Andererseits wendet er sich gegen die Überbetonung der
körperlichen Pflege in seiner Gegenwart. Ohne zu sagen, wo er solche
Bilder gesehen hat, ob in Paris, London oder Rom, geißelt er folgende
Zustände: Eltern und Erzieher gewöhnen die Kinder an unmäßiges
Essen, nötigen ihnen eine viel zu schwere Kleidung auf, die den Kindern
gar nicht entspricht, und verweichlichen sie in jeder Beziehung. Erasmus
sagt nicht, ob sich seine Feststellungen nur auf die höchsten Stände
bezogen oder ob sie auch bei einfacheren Bürgern anzutreffen waren.
Kulturgeschichtliche Beobachtungen, die er in seine Erziehungslehre
einstreut, sind leider oft ungenau oder auch überspitzt, sie gehören aber
doch zu einem Hintergrund, auf dem sich die Darstellung der Erziehungslage abheben soll.

[25] LB 1,502 E.
[26] LB 1,503 A.

Für Erasmus wie für seine Zeit bilden Erziehung und Unterricht eine Einheit. Daher geht er in seiner Erziehungslehre auch auf die Unterrichtsmethoden ein. Auch hier orientiert er sich an der Antike, die ihm wesentliche Gedanken vermittelt. In diesem Abschnitt ist die Rede vom Lehrer als dem hauptsächlichen, aktiven Faktor und vom Schüler als dem leidenden Teil. Für Erasmus maßgebend ist die Tatsache, daß beide ein positives Verhältnis zueinander finden. Als wichtigste Voraussetzung für ein fruchtbares Ergebnis des Unterrichts nennt er die Tatsache, daß es dem Lehrer gelingt, den Schüler ganz für sich zu gewinnen (primus discendi gradus est praeceptoris amor)[27]. Dann ist auch die Brücke zum Lehrgegenstand geschlagen. Wenn Isocrates den Lerneifer des Schülers als notwendige Bedingung für den Erfolg des Unterrichts nennt, so will Erasmus dahintergreifen und das Motiv des Lerneifers zunächst erfassen. Nach seiner Überzeugung bzw. Erfahrung ist es die Liebe, Achtung und Verehrung des Schülers für den Lehrer. Diese Motive bedeuten mehr als die Furcht (plus habent ponderis quam metus).

Kommt Erasmus auf dieses Thema zu sprechen, dann drängen sich seine eigenen Erinnerungen auf. Dann vergißt er, daß er die Grundlinien einer neuen Erziehungslehre ausziehen wollte, und erzählt, was er in seiner Schulzeit entweder selbst erlebt oder von anderen gehört hat. Geschüttelt vom Grauen führt er sadistische Lehrer vor, pedantische Frauen in Schreibschulen, ungeeignete Erzieher in Fraterhäusern. Man könnte sagen, diese Bilder, die doch nur Einzelfälle sein konnten, entwerten die allgemeine Bedeutung der Schrift. Erasmus will aber diese Bilder und Beispiele keineswegs eingeschränkt wissen und betont geradezu, daß auch in christlicher Zeit und in zeitgenössischen Anstalten solche Fälle vorkämen, die man nur bei wilden Völkern für möglich hielte. Selbst Theologen seien von den geschilderten Ausschreitungen nicht ausgenommen.

Die kritischen Einwände gegen die Erziehungslage in der Christenheit richten sich auch gegen die Bibel. Die in den Proverbien (Kap. 13 u. ö.) häufige Aufforderung zur Züchtigung des Sohnes[28] läßt Erasmus nicht gelten und mahnt, solche Aussagen schonender auszulegen (civilius interpretari)[29]. Nach seiner Auffassung ist es nur die Art unwissender und schlechter Lehrer, gleich zum Stock oder zur Rute zu

---

[27] LB 1,503 E.
[28] LB 1,507 F.
[29] LB 1,507 E.

greifen. Solche ,,Erzieher" rechnet Erasmus zur niedrigsten Schicht, zum vulgus paedagogorum. Der rechte Erzieher muß andere Mittel als Schläge kennen und anwenden. Kommt es ihm darauf an, daß seine Arbeit Erfolg haben soll, dann soll er atavistische Mittel wie das Schlagen gänzlich beiseite lassen. Es gibt bessere Mittel, um zum Erfolg zu gelangen. Damit kommt Erasmus zu seinem eigentlichen Gegenstand zurück. Der Sinn seiner pädagogischen Schrift ist die Darstellung der optima ratio instituendi. Erasmus ist überzeugt, eine solche vermitteln zu können. Freilich kann auch er keine Garantie auf Erfolg geben. Für die Durchführung seiner Erziehungsmethode braucht er vor allem die besten Lehrer. Nach seiner Meinung sind die meisten Männer und Frauen zu dieser Tätigkeit unfähig. Aber es gibt geborene Pädagogen, die mit der Jugend umzugehen verstehen. Diese brauchen ihren Schülern nicht erst die Furcht vor Strafe einzujagen. Sie wissen, daß sie weiter kommen, wenn sie sie nötigenfalls beschämen oder loben. Jeder Lehrer soll sich in die Lage des Schülers versetzen können und sich daran erinnern, daß er selbst auch jung war.

Was den Unterricht anlangt, so soll dieser interessant und anziehend sein. Der Lehrer muß sich daher Gedanken machen, wie er seinen Unterricht gestalten und welchen Inhalt er auswählen soll. Langeweile und auf dem Unterricht lastender Druck verschwinden, wenn im Vordergrund Stoffe stehen, an denen die Jugend sogleich Anteil gewinnt. Erasmus nennt als solche aus der antiken Literatur Fabeln und Dichtungen. Selbst schwere philosophische Gedankengänge werden spielend aufgenommen, wenn die Schüler ein Interesse an ihnen gefaßt haben. Freilich muß der Lehrer auch immer bedenken, daß die Begabungen der Kinder verschieden sind, daß nicht jeder alles in gleicher Weise aufnehmen und verarbeiten kann. Vielen sind da Grenzen gesetzt. Daher bedarf es auch verschiedener Anregungen. Erasmus wirkt insofern modern, als er bereit ist, Bilder und Vergleiche zu bringen und damit den Schülern zu helfen, die Anschaulichkeit zu gewinnen.

Sosehr Erasmus auf Grund seiner Erinnerungen die alten Schulmeister kritisierte und die vulgaris institutio verurteilte, wollte er den Beruf des Lehrers um so höher stellen. Er nennt ihn einen gottgefälligen Beruf (nihil potest esse Deo gratius!)[30]. Einen höheren Beruf gibt es nicht: er ist schöpferisch und erfordert hohe Kunst. Ein gottbegnadeter

---

[30] Lb 1,511 C.

Pädagoge, der aus seinen Schülern Menschen zu bilden vermag, die den höchsten Anforderungen des Menschseins gerecht werden, steht in seinen Augen sehr hoch. Freilich darf man auch von ihm nicht erwarten, daß die Früchte gleich zu Beginn seiner Tätigkeit sichtbar werden. Erziehung ist eine Entwicklung, die im Grunde niemals aufhört (nunquam satis mature incipitur, quod nunquam absolvitur)[31].

Erasmus unterstreicht durch Aufzählung berühmter Beispiele, daß die meisten Menschen den ersten Teil ihres Lebens für den besten halten. Die guten Ansätze kommen oft in der Jugend zum Vorschein. Später werden sie durch auftretende Schwierigkeiten oder durch die Routine verdrängt. Wie oft werden Menschen auch erst am Ende ihres Lebens gewahr, was sie eigentlich hätten tun sollen.

Am Ende seiner pädagogischen Hauptschrift bringt Erasmus auch einige seiner theologischen Reformideen mit den humanistischen in Verbindung. Was er schon früher ausgesprochen hat, muß er auch hier sagen: die übliche theologische Ausbildung ist verkehrt. Die Studierenden werden gezwungen, jahrelang Dinge zu betreiben, die sie vom Wesentlichen abführen. Erst am Ende ihres Studiums (post omnes titulos) kommen sie zu dem, was am Anfang hätte stehen sollen, nämlich zum Studium der Bücher, die auch für die Jugend bestimmt sind. Der Gegensatz gegen die Scholastik ist also auch hier ausgesprochen. Damit ist aber keineswegs gesagt, daß die neue humanistische Erziehungslehre im Gegensatz zur christlichen Ethik stehen sollte. Davon kann bei Erasmus keine Rede sein. Im Grunde überbietet Erasmus die üblichen christlichen Erziehungsziele dadurch, daß er einen besseren Weg zeigt, der nach seiner Auffassung der christlichen Religion würdiger ist. Trotzdem ist es nicht von ungefähr, daß er diese Schrift 1512 herausgab, als er wieder einmal kritische Vorbehalte gegenüber der ihn umgebenden Welt hatte und seine Überzeugung auf einen allgemeinen Nenner bringen wollte. Es sollte kein Widerspruch oder Gegensatz zwischen humanistischer und christlicher Ethik bestehen. Erasmus will beides verbinden. Erscheinen in seiner Erziehungslehre die christlichen Gedanken nur als letzte Hinweise, so soll darum die Verwirklichung der christlichen Motive erst recht geltend gemacht werden.

Erasmus hat diese Position festgehalten und sie in späteren Ausgaben von ,,De pueris'' nur durch einige Bemerkungen verschärft. Die

---

[31] LB 1,513 E.

humanistische Erziehungslehre darf trotzdem nicht im Gegensatz zur
Hauptaufgabe seines Lebenswerkes gesehen werden. Erasmus wollte
diesen Unterbau als Voraussetzung zum Erreichen des höchsten Zieles
festgehalten wissen. Er hielt seine Schüler für seine Freunde. Er sprach sie so an. Das
antike Motiv wirkte dabei mit. Diese Schüler sollen sich selbst einen
Lehrer suchen, der ihnen den Sinn des Lebens klarmacht[32]. Die einen
hielten Erasmus für ein Genie der Freundschaft, andere wieder für einen
Individualisten κατ' ἐξοχήν, fraglos nicht ohne Grund. Seine geistige
Überlegenheit führte dazu, daß er keinen Freund fand, der ihm gewachsen wäre. Wenn er sich in jugendlicher Schwärmerei einem
Freundeskreis im Kloster Steyn anschloß, so hatte diese Freundschaft
keinen Bestand. Dasselbe gilt in gewisser Weise von seinen englischen
Freunden, die ihm doch alle ungleich waren. Diese hochgestellten, wohl-
habenden Männer standen dem armen Erasmus mit seinen Problemen
verständnislos gegenüber, und wenn sie ihn diesen Abstand auch nicht
empfinden ließen, so lag doch zwischen einem John Colet, Thomas
Morus und ihm eine Kluft. Einen echten Freund hatte er, Jakob Batt,
den er Batus meus nennt.

Große Festlichkeiten mied Erasmus, wo er nur konnte. Aber die
Geselligkeit suchte er. Ob in Paris oder in London, in Löwen oder in
Mecheln fühlte er sich in der Gesellschaft wohl. In der ersten autorisierten Ausgabe der ,,Colloquia familiaria" 1518 erzählt Erasmus selbst,
daß er in Paris nach dem Essen Tischgespräche geführt habe, in Löwen
und in Mecheln hat er in kleinen Gasthäusern Bekannte und Schüler um
sich versammelt. Da war er der Mittelpunkt, da konnte er geistvoll und
humorvoll erzählen.

Es bleibt dunkel, wer den Anfang zur Sammlung seiner Gespräche
gelegt hat, ob einer der Tischgenossen oder Erasmus selbst. In Orléans
hatte der Pommer Augustin Vincent aus Kammin (Caminatus) nach
Angaben des Erasmus solche Gespräche zusammengestellt und seinem
Lateinunterricht zugrundegelegt[33]. Dieses Schriftchen soll 20 Jahre lang
im Umlauf gewesen sein, ehe es Beatus Rhenanus in Basel (1518) zum
Druck brachte.

---

[32] Allen 1,172.
[33] Huizinga S. 168, neuerdings Elisabeth Gutmann. Die Colloquia Familiaria des
Erasmus von Rotterdam. (Basler Beitr. z. Gesch.-Wiss. Bd. 111.) Basel 1968
und Hermann Koller, Die ars notoria des Erasmus. (Mus. Helv. 32, 1975,
S. 86 ff.).

Als Erasmus das Buch umgestaltete und seinem Patensohn Erasmius Froben widmete, sollte es seinen Charakter ändern. Es vermittelte nicht mehr lateinische Ausdrucksweisen zum Erlernen, sondern sollte den Leser ad vitam instituendam anleiten. Das Buch schlug ein. Das beweisen die zahlreichen Ausgaben, Nachdrucke und Übersetzungen. Die Form des Gesprächs für die Entwickelung eines bestimmten Themas lag Erasmus sehr. Er hatte sie von Lukian von Samosata übernommen, den er so gern übersetzte. Es sind nicht alles selbsterlebte Gespräche, die er hier gestaltet[34]. Bei ihrer Thematik konnte es durchaus sein, daß sie ihm nahegebracht wurden, wenn sich im Gasthaus ein Kreis um ihn sammelte. Die Thematik ist auf eine Männergesellschaft zugeschnitten. Wenn es aber so war, dann ist nicht zu verwundern, daß die Tischgenossen ihm, dem Mönch auch Fragen stellten, die eigentlich in seinen Lebenskreis nicht hineingehörten wie z. B. nach den Gelübden, nach der Pfründenjagd, nach der Ehe und überhaupt nach dem Verhältnis zum weiblichen Geschlecht, selbst nach Freudenmädchen. Zu jener Zeit und vor allem im lebensfrohen Flandern war dieses an der Tagesordnung.

Die Colloquia familiaria sind vermutlich ähnlich gewachsen wie die Adagia, nur daß diese Entwicklung nicht näher aufgewiesen werden kann. Die Personen, die bei solchen Gesprächen beteiligt waren, sind nicht mehr zu fassen. Sie sind nicht alle erdacht. Erasmus bewegte sich im Kreise von Bekannten und Schülern, von jungen Gelehrten und ausländischen Gästen. Hier ist immer lateinisch gesprochen worden. Hätte Erasmus seine Muttersprache gesprochen, dann würde er nicht sagen, daß er des Holländischen nicht mehr mächtig sei. Ob die Tischgenossen Wesentliches zu diesen Gesprächen beigetragen haben oder ob Erasmus, angeregt durch die tatsächlichen Gespräche, sie allein nachträglich gestaltete, ist nicht zu entscheiden. Wie dem auch sei, das tatsächliche, historisierende wie moralisierende Gespräch hat jedenfalls zum Gelingen des Werkes beigetragen. Der Fragenkomplex der ,,Colloquia familiaria'' ist nicht groß. Wichtig war, daß es keine hergeholten Fragen waren, sondern solche, die dem Alltag entnommen, jeden Leser interessierten.

Neben dem ,,Lob der Torheit'' wude dieses Buch das meistgelesene Buch des Erasmus. In den Jahren 1519–1523 gab es zwischen Antwerpen und London bis Wien und Krakau 25 Nachdrucke. Wie es Erasmus immer mit seinen Schriften zu tun pflegte, erweiterte er sie

---

[34] Huizinga S. 168.

ständig, fügte ganze Gespräche hinzu, ließ aber dafür andere fort, an denen die Zeitgenossen Anstoß nahmen. Die „Colloquia familiaria" haben einen sehr gemischten Inhalt. Von leichten Liebesgeschichten bis zu tiefgründigen religiösen Erörterungen findet man in ihnen manches. Der Inhalt ist nicht nur vielseitig, sondern geradezu verschiedenartig zu nennen. Daher haben die Zeitgenossen dieses Buch auch ganz verschieden beurteilt. Bemerkenswert ist die Kraft der Phantasie, die Erasmus in diesem Buche aufwendet. Er denkt sich in alle Situationen hinein, selbst in solche, in denen er sich nie befunden hatte. In der Hauptsache bringt Erasmus ethische Fragen zur Sprache. Aus seiner großen Erfahrung stand ihm jederzeit eine Fülle von Beispielen zur Verfügung. Mochte es der Mönchsstand oder die Ehe sein, Glaubensprüfungen oder Staatsfragen, Erasmus vermochte im Dialog seine Auffassung immer sehr nachhaltig zu vertreten. Die Darstellung, in die auch ganze Berichte und Erzählungen eingestreut sind, ist äußerst lebendig. Berichtet er z. B. über die Wallfahrt, so hat man den Eindruck, als habe er selbst mit den Pilgern gelebt und mit ihnen gesprochen. In der Hauptsache wendet er sich auch hier gegen die eingerissenen kirchlichen Sitten und Mißbräuche und versucht, auf diesem Gebiet eine Wandlung hervorzurufen.

Beim Vergleich zwischen der Laus stultitiae und den Colloquien meint Huizinga[35], die letzteren seien weniger satirisch und im Grunde ein tiefgründiger moralischer Traktat wie das Enchiridion. Seltsamerweise sind aber die „Colloquia" stärker umkämpft gewesen als die „Laus stultitiae". Besonders bei den Theologen erregten sie Unwillen, so daß die Sorbonne sie im Jahre 1526 verurteilte. Zuerst als Unterrichtsmittel gedacht, sind die Colloquien zu einem anregenden, unterhaltenden Buch geworden. Viele Leser werden den moralisierenden Charakter der Gespräche nicht bemerkt haben. Andere werden es bewußt als Lebensbuch verstanden haben. Das eine wird aber bei Erasmus einmal wieder deutlich: er wirkt am stärksten auf die Menschen ein, wenn er sie nicht bewußt belehrt, sondern sich mit ihnen unterhält.

Erasmus hat es des öfteren ausgesprochen, daß ihm nichts so wenig gelegen hat wie das Unterrichten. Schon aus gesundheitlichen Gründen hätte er es nicht leisten können. In Paris hat er es selten getan, in Bologna (1506/7) sei er in dieses Netz gegangen[36], sonst habe er sich

---

[35] Ebd. S. 169.   [36] Allen 7,380.

immer herausgehalten. Das Angebot erhielt er in jungen Jahren oft, Prinzenerzieher zu sein. Noch im Jahre 1519 bestand am burgundischen Hof der Plan, ihm die Erziehung des jungen Erzherzogs Ferdinand anzuvertrauen[37]. Erasmus entzog sich, denn am Hofe gab es Menschen, mit denen er nicht gern zusammenkam. Dies konnte aber nicht sein Hauptgrund sein, das Angebot abzulehnen. Er lehnte nicht gern ab, denn er fürchtete, daß dann ungeeignete Leute sich einschleichen würden, die für den aufgeschlossenen Ferdinand keine guten Erzieher sein und dadurch für das ganze Volk Unglück heraufbeschwören würden. Erasmus spricht hier aus, daß der Prinzenerzieher Theologe sein müsse, freilich ein Theologe, wie er ihn allein anerkannte, nicht ein Mann, der es um äußerer Vorteile und Ehren willen geworden ist[38].

Als Mittel der Erziehung schätzte Erasmus das Gespräch mehr als den eigentlichen Unterricht. Was der Jugend nahegelegt würde, müsse ihr vorgelebt werden. Auf das Vorbild also, auf das freundschaftliche Gespräch, den Dialog kam es bei ihm immer hinaus. In dieser Beziehung, um seine eigenen Ansichten zu klären, waren für Erasmus die Gespräche mit Thomas Morus von großem Wert. Erasmus gesteht, daß ihm Morus auch die letzten Vorbehalte gegenüber der Frauenbildung genommen habe. Hinsichtlich der Bildung und Erziehung sollten für Mädchen keine Ausnahmen gemacht werden[39]. Auch sie können vom Studieren ganz erfüllt werden. Dann werden sie dem verderblichen Müßiggang entzogen und für höhere Ziele gewonnen. Wenn sie nicht naiv und unwissend bleiben, dann wird auch ihr künftiges Eheleben davon begünstigt werden. Denn nicht physische, sondern geistige Liebe (ingeniorum caritas) bindet Menschen fest aneinander.

Auf die Frage, wie die Frauenbildung auf eine breite Basis gestellt werden könnte, geht Erasmus freilich nicht ein. Ihm genügt die Feststellung: die einst dazu Berufenen (die Mönche) sind nunmehr unwissend . . . et foeminae libris indulgent[40].

Wenn es Erasmus auch immer mehr um Erziehung als um Unterricht geht, so weiß er, daß eins nicht ohne das andere möglich ist[41]. Auf

---

[37] Allen 3,536.
[38] Allen 4,42.
[39] Allen 4,478.
[40] Allen 8,108.
[41] Allen 8,108.

Lektüre antiker Autoren legt er den größten Wert. Die Verwirklichung seines Ideals sah er im Hause des Lordkanzlers.

Erasmus ging soweit, daß er aus Liebe zur Jugend, wie er sagt, sich auf deren Ebene begab und gleichsam einen Sittencodex für sie aufstellte. Die Schrift „De civitate morum puerilium" schrieb er zwar laut Auftrag für einen jungen Prinzen, faßte sie aber so ab, daß auch alle anderen Jugendlichen aus ihr lernen könnten[42]. Denn Erasmus wollte bekanntlich einen Unterschied zwischen Adel und gebildetem Bürgertum nicht gelten lassen. Wer sich geistiger Arbeit hingibt, ist in seinen Augen ein nobilis.

Die Schrift ist nicht zeitgebunden. Erasmus hätte sie ebenso für den Vater des jungen Adolf von Burgund, der ein Zögling seines alten Freundes Jacobus Batt war, geschrieben haben können. Zur Erziehung, so führt er hier aus, gehören neben Frömmigkeit, Bildung, natürlichen Pflichten auch die civilitas morum. Erasmus will die gute Gesittung eines jungen Menschen gleich an seinem Blick erkennen. Ebenso kommt sie in seinen Bewegungen und in seiner ganzen Haltung zum Ausdruck. Ein gesitteter Mensch benimmt sich nicht auffällig, er ist weder flatterhaft noch maßlos. In seinem äußeren Gebahren ist die beherrschte Haltung bis zum Lachen, Küssen und Naseputzen zu erkennen.

Über die Kleidung verliert Erasmus nicht viele Worte. Moden wechseln oft, und manche Sitten sind bei den Nationen immer verschieden. Dagegen kommt es Erasmus darauf an, allgemeingültige Bräuche zu nennen, wie etwa das fromme Verhalten in der Kirche. Er beschreibt es nicht, um der Tradition das Wort zu reden, sondern um aus dem äußeren Verhalten gewisse innere Folgerungen zu ziehen. Bleiben die Menschen an Äußerlichkeiten hängen, dann ist ihr Kirchenbesuch vergeblich. Ohne gebessert hinauszugehen (nisi inde melior discesseris), ist der Kirchgang zwecklos.

Auch über Tischsitten sich zu verbreiten, hatte Erasmus Anlaß, denn diese waren zu seiner Zeit meist bis in die höchsten Kreise hinein roh. Für junge Menschen geziemt sich bei Tisch ein bescheidenes und beherrschtes Verhalten, vor allem auch beim Reden. Erasmus hielt es für wichtig, auf Umgangsformen zu achten. Kinder sollten es den Alten nicht gleichtun wollen und sich des Abstandes bewußt sein. Sie sollten wissen, daß sie den Älteren Achtung schuldig sind und sich ihnen gegenüber ehrerbietig benehmen. Zieht ein Älterer sie ins Gespräch, so

---

[42] Allen 4,41; LB 1,1033 ff.

sollen sie ihm offen ins Gesicht blicken und dem Blick nicht ausweichen wie solche, die ein schlechtes Gewissen haben. Auch hier vergißt Erasmus das Spiel nicht. Nirgends, meint er, offenbaren sich Anlagen und Charakter eines Menschen so wie beim Spiel. Ist denn der Mensch verantwortlich für sein Verhalten? Diese Frage bejaht Erasmus.

Mit Nachdruck betont Erasmus, daß kein Mensch für seine Herkunft (Volk und Familie) verantwortlich sei. Dagegen muß jeder für sein Auftreten und seine Haltung die volle Verantwortung übernehmen. Dafür kann er nicht andere allein verantwortlich machen. Erasmus legt großen Wert auf die Selbsterziehung des einzelnen und meint, daß jeder Mensch sich so weit in der Hand haben muß, daß er seinen Charakter und seine Verhaltensweise selbst bestimmen kann[43].

---

[43] LB 1,1044 A: Nemo sibi parentes aut patriam eligere potest; ingenium moresque sibi quisque potest fingere.

Kapitel V
Erasmus in der politischen Welt

Schon in frühen Jahren, als er in den Dienst Heinrichs von Bergen, des Bischofs von Cambrai, getreten war, mußte Erasmus das höfische Leben und Treiben aus nächster Nähe kennenlernen. Die burgundische Regierung betraute den Bischof oft mit politischen Missionen; aber an diesen hatte Erasmus keinen Anteil. Tieferen Einblick in die Politik seines Landes konnte er auch nicht gewinnen, da sein Aufenthalt am bischöflichen Hof nicht von langer Dauer war. Im wesentlichen hat Erasmus damals nur die lateinische Korrespondenz des Bischofs geführt und ihn gelegentlich auf kleineren Reisen begleitet.

In den Pariser Jahren trat das politische Geschehen nur von fern an ihn heran. Wohl hatte auch hier Erasmus nähere Bekannte, die Beziehungen zum Hofe hatten, aber selbst blieb er von politischen Einflüssen unberührt. Auch wenn er in späteren Jahren gelegentlich in Paris war, beschäftigten ihn andere Gedanken als gerade die der Politik, obwohl es um die Jahrhundertwende an Spannungen und kriegerischen Entladungen in der politischen Welt nicht fehlte.

In England war Erasmus dank der hohen Stellungen seiner Freunde und Gönner auch in die Nähe des königlichen Hofes geraten. Bald verstand er sich darauf, Briefe an Könige zu schreiben, ohne sich etwas zu vergeben[1]. Bei der Stellung, die er sich in diesen Jahren in der Wissenschaft und in der Publizistik seiner Zeit erworben hatte, wäre anzunehmen, daß er sich auch ein politisches Urteil gebildet hätte. Erasmus blieb in vorsichtiger Distanz, ohne sich für den einen oder den anderen Herrscher auszusprechen. Mochte ihm Heinrich VIII. um seiner humanistischen und theologischen Bildung willen später näher stehen, eine Wahl konnte Erasmus nicht treffen. Von seiner friedliebenden Position aus erschienen ihm die in ständigen Kriegen und Händeln liegenden Könige alle fremd, und keiner von ihnen war dem anderen

---

[1] E. L. Halkin, Erasme et les rois. (DFG Mitteilungen III der Komm. für Humanismusforschung.) Boppard 1976.

vorzuziehen. Daher wollte Erasmus sich ihnen nicht nähern, wenn er es nicht mußte, und wollte ihre Gunst nicht suchen. Anders in Burgund. Als der Bischof Heinrich von Bergen starb und sein Weihbischof Johann Antonis im selben Jahre 1502 ein Buch über die kaiserliche Majestät schrieb, sollte Erasmus ein Vorwort liefern. In Burgund begann er etwas zu gelten, sein wissenschaftlicher Ruhm ließ Verbindungen zum Brüsseler Hof bald aufkommen. Dort wurde es gern gesehen, daß der berühmte Gelehrte ins Land zurückkehrte; Erzherzog Philipp der Schöne nahm selbst von ihm Notiz und verlieh ihm ein Stipendium, das ihm ein ruhiges Arbeiten in Löwen ermöglichen sollte[2].

Erasmus war zwar seit dem Erscheinen seiner ersten großen Werke ein bekannter Mann, aber er war doch noch nicht so unabhängig und frei, wie er es sich wünschte. Seine Auftraggeber sahen es als ihr Recht an, Bestellungen aufzugeben und den Gelehrten in den Dienst ihrer politischen Ansichten zu stellen. Diese Last war für Erasmus unangenehm, denn er wollte allen nützlich sein und nicht den Vorteil einer Partei durch seine Schriften unterstützen. Zu bestellter Ware gehörten die Lobreden, die er zur Spanienreise Erzherzogs Philipps hatte schreiben müssen.

Vermutlich war es der Kanzler Hieronymus Bußleiden, der Erasmus aufforderte, anläßlich der Spanienreise des Landesherrn ein Lobgedicht zu schreiben[3]. Erasmus war unglücklich über diesen Auftrag; einmal erhielt er viel zu wenig konkrete Angaben, die er verwenden konnte, zum anderen aber lag es ihm nicht, in höfischem Stil zu schreiben. Bald äußerte er sich, er hätte eine neue Kunst gelernt: frei im Schmeicheln und in dieser Freiheit schmeichlerisch zu sein[4]. Das Gedicht sollte lang werden. In 100 Versen besang Erasmus seinen Landesherrn, der nach langer Abwesenheit – er hatte Spanien, Savoyen und Österreich besucht – in sein Vaterland zurückkehrte. Philipp war um ein Jahrzehnt jünger als Erasmus. Im Namen des Landes spricht der Dichter die Hoffnung aus, daß dieser erwünschte Fürst wieder Freude ins Leben seines Volkes bringe. Ohne ihn ging es trostlos zu wie im Winter, nun würde es einen neuen Frühling geben. Dieser Fürst stehe seinem Vater, dem Kaiser Maximilian, und den verwandten Fürsten nicht nach. Das

[2] Allen 1,382.
[3] Reedijk, Poems S. 272.
[4] Allen 1,393.400 ff.

Gedicht konnte nicht konkret werden. Politische Gedanken enthielt es eigentlich nicht. Aber Erasmus blieb mit seiner Dichtung unzufrieden. Im Grunde war es ihm zuwider, sich vor den Mächtigen dieser Welt so zu krümmen. Nie wäre ihm etwas so schwer gefallen, sagt er, wie dieser Panegyricus[4a]. Es lockte ihn auch nicht, im burgundischen Lande zu bleiben, wenn er auf diese Weise durch Aufträge sein Leben fristen sollte. Er war daher ganz froh, daß er bald für längere Zeit wieder außer Landes gehen konnte.

In der gleichzeitig geschriebenen großen, an Philipp den Schönen gerichteten Schrift war Erasmus bereits freier[5]. Die in großartiger Rhetorik angelegte Rede spricht einige grundlegende politische Gedanken aus. Erasmus beginnt mit der Überlegung über verschiedene Arten der Laudatio. Ihm liegt daran, ernste Gedanken in die sonst für den feierlichen Anlaß leichte Rede zu bringen. Mit großem Geschick weiß er Gutes und Trauriges aus dem Leben des Fürsten zu erwähnen. Wo Tatsachen fehlen, greift er in die Zukunft oder bringt neben dem Reisebericht große geschichtliche Vergleiche. Erasmus hatte zu diesem Zweck sich mit den politischen Gestalten seiner Gegenwart beschäftigt. In den Reisebericht streut er geschichtliche Betrachtungen ein. Von den Königen Frankreichs und Englands hatte er einen persönlichen Eindruck, aber sein Blick geht noch weiter bis nach Madrid und nach Wien. Wenn die Gestalten der Gegenwart nicht farbreich genug sind, muß ein Vergleich mit den römischen Cäsaren vorgenommen werden. Aus allem zieht Erasmus allgemeine Folgerungen, um ein Bild des guten Herrschers zu zeichnen, der seinem Lande und Volke Glück bringt. In dieser Rede klingt kaum ein biblischer Gedanke an; wo Erasmus einen Bibelspruch anbringen konnte, begnügt er sich mit ähnlichen stoischen Gedanken. Nur einmal klingt die christiana philosophia an, wo er von Philipps persönlicher Frömmigkeit spricht. Es werden auch einige Gedanken angerührt, mit denen sich Erasmus ein Jahrzehnt später ausgiebig in seinen Schriften beschäftigt. Für das Land ist es entscheidend, ob der Fürst ein Kriegs- oder ein Friedensheld sein will. Erasmus spricht dem Frieden das Wort und hebt hervor, daß der Fürst auch im Frieden Mut und Tapferkeit beweisen muß. Die Wirkungen des Krieges und des Friedens gegeneinander ausspielend, kann er in anschaulicher Weise ausmalen, was jedesmal im Lande geschieht. Zum Schluß stellt er

---

4a Allen 1,40.
5 ASD IV, 1,1–94 = LB 4,507–550. Erasmus warnt den Landesherrn vor übermäßigem Ehrgeiz und mahnt ihn zur Tapferkeit im Frieden.

die Christenheit als eine Familie hin, deren Glieder nicht miteinander streiten dürfen. Philipp der Schöne soll sich nicht von den Astrologen verführen lassen, den Ruhm anderer Träger dieses Namens für sich zu erstreben. Das Land erwartet einen friedlichen und glücklichen Herrscher. Dieses Lobgedicht trug Erasmus dem Fürsten selbst vor und erhielt als Belohnung 50 Gulden.

Für einen politischen Schriftsteller war Erasmus im Grunde zu einseitig. Wohl kannte er die klassische Literatur und vor allem die politische Philosophie. Aber das waren Staatstheorien der antiken Welt, die sich in seine Gegenwart kaum transferieren ließen. Auch hatte Erasmus dazu weder die Begabung noch die Lust. Wenn er ein politisches Weltbild entwarf, dann war es patriarchalisch. Sein Interesse lag nicht im Politischen, sondern im Moralischen. Seine Betrachtungsweise war auch nicht die eines Staatsphilosophen, sondern die eines von der Theologie herkommenden politischen Ethikers. Wenn er sich eingehend mit Plutarch und anderen beschäftigte und einzelne von deren Betrachtungen über die Haltung des Herrschers aus dem Griechischen übersetzte[6], so doch nur um ihrer ethischen Grundgedanken willen. Erst in England hatte Erasmus im Verkehr mit Bischöfen und vor allem mit Thomas Morus Gelegenheit, tiefere Einblicke in das Staatsleben des Landes zu gewinnen. Eine starke Neigung dazu hatte er allerdings nicht. Er blieb bei seinen Studien, ohne sich um die Weltpolitik im großen und ganzen zu kümmern. Von England aus hatte er seine Dispensangelegenheit in Rom in Gang gebracht, aber im wesentlichen befaßten sich seine Freunde damit; er selbst brauchte kaum einen Finger zu rühren. Auch als er nach Italien kam, sollte das politische Geschehen an ihm mehr oder minder vorübergehen. Die Kämpfe der italienischen Großen und des Papstes Julius II. stießen ihn ab. Gegenüber dem kriegerischen Papst zeigte Erasmus eine große Antipathie. Auf seiner italienischen Reise konnte er von Turin aus nicht gleich nach Bologna gelangen, da der Papst die Stadt belagerte, die sich ihm schließlich ergeben mußte. Erasmus sah den Papst beim Einzug in die eroberte Stadt als Triumphator, in krassem Widerspruch zu seinem Amt.

Als Erasmus in Rom lebte (1509), so berichtet er im Catalogus[7], befragte ihn Kardinal Raphaël Riario im Auftrags des Papstes nach seiner Meinung, ob er Krieg gegen Venedig führen sollte oder nicht.

---

[6] Vgl. die Plutarch-Übersetzungen (LB 4,43–48).
[7] Allen 1,37.

Erasmus schreibt, er habe zuerst eine Denkschrift verfaßt, in der er den Krieg widerriet. Dieses Manuskript ist verloren. Ob es mit der Schrift Antipolemo identisch gewesen ist, läßt sich nicht sagen[8]. Erasmus hatte diese Schrift rekonstruiert und meinte, sie noch in seinen Papieren zu besitzen. Aber anscheinend war auch dieses Exemplar verloren gegangen. Nun erzählt Melanchthon im Jahre 1559 eine Geschichte, die möglicherweise an jene Denkschrift ,,Antipolemo" anknüpft[9]. Der Papst hätte Erasmus zu sich kommen lassen und ihm gesagt, er solle solche Denkschriften nicht mehr schreiben, denn von Kriegssachen verstünde er nichts: talia non intelligis[10].

Erasmus hat dann eine zweite Denkschrift für den Papst geschrieben, die sich für den Krieg aussprach und die auch angenommen wurde. Denn, so argumentiert Huizinga, Erasmus hat nie einen unbedingten Pazifismus vertreten. Er hat immer die Möglichkeit eines gerechten Krieges anerkannt, wie er das in der Institutio principis christiani äußert[11].

Soll nun diese Story Melanchthons einen historischen Kern haben oder nicht, an Erasmus ist für viele das Etikett ,,talia non intelligis" in bezug auf das politische Denken haften geblieben.

Das Ansehen, das Erasmus in der Welt besaß, war so weit gestiegen, und Burgund war auf seinen Mitbürger so stolz, daß diese Geltung auch einen äußeren Ausdruck finden mußte. Wahrscheinlich auf Vorschlag des Kanzlers Le Sauvage ist Erasmus 1515 zum königlichen Rat ernannt worden. Da sein Freund Gerhard Geldenhouwer in diesen Jahren Kaplan am Brüsseler Hof war, wäre es nicht ausgeschlossen, daß auch er die Hand im Spiel hatte[12]. Genauere Nachrichten liegen darüber nicht vor. Erasmus erfuhr eine öffentliche Anerkennung. Die Ernennung geschah weniger in der Erwartung, daß er ein tatkräftiger politischer Ratgeber des neuen Landesherrn werden würde. Bestimmte Aufgaben erhielt er nicht. Er mußte sich nur von Zeit zu Zeit im Gefolge des Herzogs zeigen. Dafür bekam er eine feste Besoldung, so daß die Zeit

---

[8] LB 2,968.
[9] CR 12,268.
[10] J. Huizinga, Ce qu'Erasme ne comprenait pas. (Annuaire ,Grotius'.) Den Haag 1936, S. 15 = Verzamelde Werken 6, S. 247–251.
[11] LB 9,370.
[12] Allen 1,410: non tam vertit quam emendavit, idque modice, relictis, ut ipse testatur, verbis.

der knappen Einkünfte für Erasmus endgültig vorbei war. Allerdings wurde sie ihm nur ausgezahlt, wenn er im Lande war.

In den letzten Jahren hat Erasmus viele Gespräche mit seinen politischen Freunden geführt. Es ist aber nicht möglich, daß dabei die Lehren Macchiavellis zur Sprache kamen, ja, daß Erasmus seine Schrift ,,Il Principe" überhaupt jemals gelesen hat. Von seiner christlichen Position aus, die mit Römer 13 ernst machen wollte, mußte er ohnehin Macchiavelli ablehnen. Andererseits mußte Erasmus auf seinen Reisen und bei seinem Aufenthalt am Hofe gemerkt haben, daß die Welt inzwischen anders geworden war. Der Staat begann moderne Gestalt zu gewinnen, mochten es in Italien die Stadtstaaten oder im Westen Europas die Nationalstaaten sein.

Die erste größere politische Schrift des Erasmus, die er 1515 schrieb, war die ,,Institutio principis christiani". Sie sollte ein Dank an den Landesherrn sein für die Ernennung zum königlichen Rat. Das hatte ihm der Kanzler nahegelegt. Die Vorrede an den jungen Herrscher schrieb Erasmus in Basel im März 1516[13].

Die Schrift, die weite Verbreitung gefunden hat, wird verschieden betrachtet: die einen sehen sie als staatspolitisch an, andere wollen sie nur als pädagogisch oder ethisch gelten lassen. In gewisser Weise mit mittelalterlichen Fürstenspiegeln verwandt, gibt sie praktische Anweisungen für die Erziehung des Fürsten, bei der immer auf konkreten Nutzen abgesehen wird. Soll der Fürst Recht, Geschichte und Landeskunde kennen, so kommt es nach Erasmus noch mehr und entscheidend darauf an, daß er Christ ist und sich als solcher betätigt. Erasmus weiß, daß Erzherzog Karl gute Unterweisung erhalten hat. Für sich nimmt er in Anspruch, nicht als Politiker oder Philosoph ihm grundsätzliche Ratschläge zu erteilen, sondern als Theologe (ego theologus) dem christlichen Fürsten, der eine große Rolle im Reich zu spielen bestimmt ist, einige Hinweise zu geben, die allerdings von entscheidender Bedeutung sind. Vermutlich kannte der Kanzler Le Sauvage diese Schrift bereits, als er Erasmus den Rat gab, sie dem jungen an die Regierung kommenden König von Spanien und Herzog von Burgund zu widmen.

Wenn Erasmus die Fürstenspiegel des Mittelalters gekannt hat, so hat er sich dennoch nicht so sehr nach ihnen gerichtet. Seine Gedanken sind mehr an der Antike orientiert, ohne dabei so stark in die Zukunft hinein zu wirken, wie es die moderne italienische Staatslehre tat. Es ist

---

[13] Allen 2,205ff.

nicht anzunehmen, daß Erasmus sich sehr lange mit der Vorbereitung
dieser Schrift aufgehalten hat. In all den Jahren zuvor war er mit seinen
Editionen zu sehr beschäftigt. Er hatte auch nicht die Absicht, durch
diese Schrift ins politische Leben einzugreifen, wie es manche Philosophen getan haben. Sein Augenmerk gilt nicht so sehr dem Staat als
dem christlichen Staatsmann. Als solchen sieht Erasmus den jungen
Herrscher an, dem er seine Möglichkeit verdeutlichen will. Daher wird
der politische Hintergrund in dieser Schrift kaum deutlich. Die Aussichten, die die Liga von Cambrai (1516) eröffnete, konnte er nicht
berücksichtigen. Weder geht er auf die Staatsverträge und Verein-
barungen ein, noch auf die Absichten der Herrscher und andere
politische Faktoren. Entsprechend antiken Anschauungen stellt Erasmus
in dieser Schrift heraus, daß jede Regierung das bonum commune für
alle, und insbesondere für den Staat, im Auge behalten muß. Der gute
Fürst, der vernünftig denkt, wird durch seelische Größe hervorragen, er
wird seiner Aufgabe dann gerecht, wenn er sich nach Gottes Gesetz
richtet, um seinen Untertanen zu zeigen, wie sie leben sollen. Erasmus
entwirft das Bild des Königs, wie es im Alten Testament deutlich wird.
Der Fürst soll daher vor allem die Proverbien, den Ecclesiasten und die
Sapientia Salomonis lesen! Danach erst die Evangelien. Was an weltlichen Fürsten unrecht ist, kann er den Evangelien entnehmen. Erasmus
stellt nicht das Maß der Mittelmäßigkeit als Kriterium auf, sondern
verlangt wie die Bibel das Höchstmaß vom Herrscher. Es ist beachtlich,
daß Erasmus auf ein gutes Verhältnis zwischen Herrscher und Volk
großen Wert legt. Geben und Nehmen müssen dabei ausgewogen sein.
Die Vernunft soll leiten und entscheiden. Dabei aber soll immer der
Grundsatz befolgt werden: allen nützen! Auch wenn der Fürst Bücher
liest, soll es im Bestreben geschehen, selbst besser zu werden und
anderen dazu zu verhelfen und nützlich zu sein.

Für seine Zeit ungewöhnlich ist die Ansicht, der Fürst könne sich
seine Frau nehmen, ,,einerlei, woher sie stamme". Seine eigensten
Ansichten brachte Erasmus in dieser Schrift unter: Kritik am Mönchtum, an der Haltung der Pfarrer und an leitenden Politikern seiner
Gegenwart[14].

Der Gedanke des christlichen Fürsten, wie der Titel schon heißt,
muß von der Heiligen Schrift ausgehen. Christliche Ideale wie Friede

---

[14] Die Institutio erschien zuerst bei Froben in Basel im Juni 1516, dann bei
Hillenius im August 1516. Es folgten Nachdrucke in Paris und Löwen, bevor Erasmus die Schrift überarbeitete. Vgl. ASD IV, 1, S. 101ff.

und Bruderliebe müssen dabei bestimmend sein. Der Herrscher, der von diesen Motiven geleitet wird, ist kein antiker Held, der sich mit Gewalt und List durchsetzt. Welches soll aber die Kraft sein, mit der er die Welt regiert, wenn es nicht Gewalt und Krieg sein darf? Angesichts der Spannungen und Widersprüche zwischen Ideal und Wirklichkeit schrieb Erasmus die Querela pacis, die im Dezember 1517 in Basel, im März 1518 bei Martens in Antwerpen erschien[15]. Der Gedankenaustausch mit Thomas Morus war für das Wachsen dieser Gedankenwelt nicht unwichtig. Die staatspolitischen Schriften des Erasmus sind aber anderer Art als die des Thomas Morus. Seine Voraussetzungen sind allgemeiner Art; er schreibt nicht für den Fürsten, der ein kleines Land regiert, sondern verbreitet sich wie die antiken Philosophen grundsätzlich über die Fürstengewalt. Ihm entsprach am ehesten ein Weltreich, in dem alle Menschen gleich wären, keine Schranken der Stände beständen und der allgemeine Friede, die Eintracht und die guten Sitten alle Menschen an den Gütern des Lebens teilnehmen ließen, wie es etwa Thomas Morus in seiner Utopia schilderte.

Überall unter den Menschen herrscht Unfriede. Den Frieden, die größte verbindende Macht, weisen die Menschen zur Tür hinaus. Wenn den Menschen immer wieder das Ideal des Friedens gezeigt würde, dann würde sich nach Erasmus eine Änderung einstellen. In der Gegenwart bevorzugen selbst Bischöfe den Krieg. Und ungerechter Friede ist immer noch besser als der gerechteste Krieg. Erasmus trat mit diesen beiden Schriften, Institutio und Querela, die seiner Ausgabe des Neuen Testamentes gleich folgten, in die politische Welt. Mochte er weltfremd erscheinen, seine aus der Bibel geschöpfte Erkenntnis mußte doch Eindruck machen. Menschen sagen oft, daß sie sich so leicht nicht ändern können. Aber Erasmus bleibt dabei, daß die Bibel recht hat und der Mensch sich ändern müsse. Er rechnet nicht mit dem Renaissance-Menschen an den Fürstenhöfen, sondern mit dem durchschnittlichen Menschen, der bereit ist, dem biblischen Wort Recht zu geben.

Angesichts des Türkenkrieges fragte sich Erasmus, wie die christliche Politik aussehen müsse. Was will man im Fall eines Sieges über die Türken diesen anbieten? In der bisherigen Politik des Abendlandes ist der christliche Charakter nicht enthalten. Wollen wir mit Gewalt allein überlegen sein? Wenn die geistige Überlegenheit fehlt, werden wir eher zu Türken als diese zu Christen. Es ist Sache des Papstes, die christiana

---

[15] LB 4,625 ff.

veritas wirksam werden zu lassen, wenn uns Christus nur einige
lebendige Fünklein seiner Lehre gewährte[16]!
Erasmus sieht sein Zeitalter unter biblischen Aspekten. Da sind die
kriegerischen Philister, die nur das Irdische suchen, aber da sind auch
die beherzten weltlichen Fürsten, die mit ihrer Regierung Christus
dienen und sich nach seinem Vorbild verhalten wollen. Bisweilen tun die
Fürsten und weltlichen Obrigkeiten Dinge, die nicht zu rechtfertigen
sind. Die aufrecht zu erhaltende Ordnung muß eine andere werden. Es
gilt, die Abweichungen zu sehen, die dieser Ordnung gefährlich werden
können. Diese Gefahren bestehen für alle Stände, doch am meisten für
die Regierenden, die die Macht in der Hand haben.

In den folgenden Jahren war Erasmus mit seinen Editionen so
beschäftigt, daß er sich am politischen Leben und an den Tagesmeinun-
gen nicht beteiligen konnte. Erst in den Jahren 1520/21 sehen wir ihn
wieder auf die politische Bühne treten. Nun macht er seinen ersten und
einzigen Versuch, sich in der politischen Welt zu betätigen. Zur selben
Zeit mußte er sich auch gegen Angriffe wehren.

Im September 1520 war Hieronymus Aleander als päpstlicher Son-
dernuntius nach den Niederlanden gekommen, um sich dem neugewählten Kaiser vorzustellen. Der konkrete Zweck war der, die Bulle
,,Exsurge domine" zu publizieren. Durch die päpstliche Verurteilung
Luthers war aber auch Erasmus kompromittiert. Die Wittenberger
hatten seinen Brief an Luther vom 15. Mai 1519 veröffentlicht, so daß er
in Luthers Nähe gesehen wurde und Schatten auf seine Gestalt fiel.
Aleander wollte die lutherische Ketzerei mit der Wurzel ausrotten.
Als er am 28. September 1520 in Brüssel von Karl V. in Audienz
empfangen wurde, erinnerte er den neuerwählten Kaiser seiner Instruk-
tion gemäß an seine Beistandspflicht. Zwei Tage später ließ Karl die
päpstliche Bulle überall im Lande verbreiten. Aleander sah den Urheber
des ganzen Streites in Erasmus. Auch nach Rom berichtete er in diesem
Sinne, daß Erasmus an der verworrenen religiösen Lage in Deutschland
schuld sei. Denn er hätte gegen die Kirche schlimmere Angriffe gerichtet
als Luther[17]. Aleander kannte Erasmus seit 1508. Damals waren sie
beide bei Aldo Manutius zusammen gekommen in Venedig. Seit 1513
war Aleander Professor in Paris und Orléans, seit 1519 Beichtvater des
Papstes und Bibliothekar. Nun hatte er den großen Auftrag, die

---

[16] Vgl. Holborn S. 3–18.
[17] Allen 4,339.

„Lutherei" auszurotten[18]. Aleander dachte ganz mittelalterlich. Er war überzeugt, daß die Verbrennung der Bücher ein wirksames Mittel sei, Luther zu bekämpfen. Dann, meinte er, würden auch die Schwankenden davor bewahrt, sich auf die Gegenseite zu schlagen.

Als in Löwen die Verbrennung der Lutherschriften begann, erschien ein Flugblatt „Lamentationes Petri", das allgemein Erasmus zugeschrieben wurde[19]. Das Flugblatt richtete sich gegen den Nuntius. Darüber entbrannte in der Stadt heftiger Streit. Dieses war erst ein Vorspiel. Als auf Grund der Bannbulle auch anderwärts im Lande in derselben Weise verfahren wurde, wurde Erasmus von den Kanzeln angegriffen und sah sich großer Gefahr ausgesetzt. In Löwen fand er keine Unterstützung. Viele seiner Freunde ließen ihn im Stich. Auf einen Kampf konnte er allein es nicht ankommen lassen[19a].

Als der Kaiser zur Krönung nach Aachen fuhr, folgte Erasmus nicht. Er blieb in Köln beim Grafen von Neuenahr. Von dort ließ ihn Kurfürst Friedrich der Weise zu sich rufen. Erasmus sollte ihm in der Luthersache einen Rat geben. Das war eine Aufforderung, sich politisch zu äußern. Erasmus stand nun nicht mehr als Staatstheoretiker da, sondern als politischer Ratgeber, dessen Urteil Folgen haben konnte. Erasmus verhielt sich diplomatisch. Dennoch legte der alte Kurfürst auf sein Urteil großen Wert. Am Abend desselben Tages hat Erasmus in Gegenwart Spalatins seine „Axiomata pro Luthero" niedergeschrieben. Es sind 22 Thesen, in denen er sich gegen die päpstliche Bulle ausspricht[20]. Nach seiner Meinung hätten an der religiösen Verwirrung diejenigen Schuld, die ihre Absichten tyrannisch durchsetzten. Luthers Vorschlag, sich zu öffentlicher Disputation zu stellen, hält er für vernünftig und annehmbar. Erasmus hatte zwar seine Thesen von Spalatin zurückverlangt, dieser hatte sie aber vorher abgeschrieben, so daß sie im folgenden Jahr veröffentlicht wurden.

In Köln fand eine Begegnung zwischen Erasmus und Aleander statt. Sie soll fünf bis sechs Stunden gedauert haben. Bevor sie sich trennten, umarmten sie sich. Erasmus soll dabei gesagt haben, daß seine

---

[18] Allen 4,348.
[19] Allen 4,586.
[19a] Vor den Nachstellungen Aleanders suchte Erasmus Schutz bei den Bischöfen von Lüttich und Utrecht (Allen 4,460). Sein Bericht in den Spongia (LB 10,1645 A–1646 D) über sein Verhältnis zu Aleander ist aus späterer Sicht verfaßt.
[20] Opuscula ed. Ferguson S. 334 ff.

Beziehungen zu Aleander mit der Luthersache nichts zu tun hätten; sie kennten sich viel länger, als noch niemand von dem Namen Luthers gehört hätte[21]. In Köln erschien damals eine anonyme Schrift Brevis commemoratio, die zu berichten wußte, die beiden Nuntien hätten Erasmus vorgeschlagen, gegen Luther zu schreiben und ihm dafür ein Bischofsamt versprochen. Erasmus hätte es abgelehnt[21a]. Diese Erzählung klingt durchaus nicht unwahrscheinlich.

Das scharfe Urteil Aleanders über Erasmus hatte in Köln weite Nahrung gefunden. Aleander sah in ihm einen Mann, der Luther und die Neuerer wohlwollend betrachtete. Der Brief des Erasmus an Luther mußte einen Aleander schockieren und ihn gegen Erasmus einnehmen. Erasmus erfuhr es sofort aus Rom, daß Aleander ihn dort denunzierte. Daraufhin schrieb er an die ihm bekannten Kardinäle und an den damaligen Sekretär des Papstes Sadoleto[22]. Wenn das Mißtrauen Aleanders gegenüber Erasmus auch bestehen blieb, so begann er ihn anders zu behandeln, als er sah, welchen Einfluß Erasmus in Rom besaß. Sie sahen beide ein, daß es keinen Sinn hatte, gegeneinander zu stehen, und sie versöhnten sich stillschweigend.

Unter diesen Umständen war es ausgeschlossen, daß Erasmus in Worms auf dem Reichstag 1521 irgendeinen Einfluß ausüben konnte. Er hatte auch selbst eingesehen, daß sein Einfluß nicht stark genug war, um politisch wirksam zu werden. Erasmus zeigte sich resigniert. Die Erfahrungen dieses Jahres hatten ihn viele Hoffnungen aufgeben lassen. Er hat nie mehr versucht, sich im politischen Leben zu betätigen. Denn er hatte es erkennen müssen, daß sein Beruf ein anderer war, nämlich Mahner und Warner im politischen Leben zu sein.

Hatte der einzige politische Einsatz des Erasmus ihn seine Selbständigkeit gekostet? Es ist die Meinung vertreten worden, daß Erasmus durch seine Versöhnung mit Aleander vor der Kirche kapituliert hatte[23]. Der religiöse Humanismus hatte sich in diesem ungleichen Kampf als zu schwach erwiesen. Der Preis, den Erasmus zahlen mußte, war nicht nur

---

[21] Die Versöhnung zwischen Aleander und Erasmus sollte vollständig sein und alles, was vorher geschehen war, vergessen sein: sit inter nos omnium illorum ἀμνηστία. (Allen 5,530.) Vgl. J. Paquier. L'humanisme et la réforme. Jérôme Aleander. Paris 1900, S. 167.
[21a] Der volle Titel der Flugschrift lautete: Brevis commemoratio rerum Coloniae Agrippinae in causa Lutheri gestarum.
[22] LB 10,1645 vgl. P. de Nolhac. Erasme en Italie. Paris ²1898, 64 ff.
[23] Renaudet. Erasme. Sa pensée religieuse. S. 121.

ein Abrücken von Luther. Die Gegenseite hatte ihm eine andere Rolle zugedacht. Der Beichtvater Karls V., der Minorit Jean Glapion, wollte den Kaiser bestimmen, daß er Erasmus mit der Bekämpfung Luthers beauftragte, um ihn dadurch zu einer eindeutigen Stellungnahme zu zwingen. Auf diese Weise sollte Erasmus persönlich zugleich eine unangreifbare Position gewinnen.

Gegen diese Zumutung hatte sich Erasmus lange gesträubt, endlich gab er nach. Er erklärte sich zu dieser Aufgabe bereit. Die Polemik war ihm zwar nach wie vor zuwider, aber wenn er seiner Kirche in seinen letzten Lebensjahren dienen wollte, mußte er auch den Dienst, den sie ihm zugedacht hatte, annehmen. Da ihm diese Aufgabe von allen Seiten zugeschoben wurde, sah er sie als seine kirchliche und zugleich als seine staatsbürgerliche Pflicht an.

Nachdem sein erster Versuch, eine Rolle auf der politischen Bühne zu spielen, mißlungen war, konnte er auch nicht hoffen, unter den gegebenen Umständen diesen Versuch in glücklicherer Weise zu wiederholen. Es war nicht sein Beruf, politisch tätig zu werden; dazu fehlte ihm das Geschick. Wenn er weiterhin in der großen Öffentlichkeit Einfluß ausüben wollte, mußte es in anderer Weise geschehen. Sein Gebiet, auf dem er ein König war, blieb die Literatur. Zu seinem Ruhme muß gesagt werden, daß er zu seiner Zeit ein unerreichter Publizist blieb. Auf die öffentliche Meinung mußte er in anderer Weise einwirken als mit textkritischen und exegetischen Arbeiten, mit denen er wohl einige Fachgelehrte erreichte und zu weiteren Studien anregte, aber nicht die große Welt.

Erasmus hat sich später an regierende Häupter gewandt. Hatte er mit der ,,Institutio principis christiani" den jugendlichen Karl und seinen noch jüngeren Bruder Ferdinand angesprochen, in der Hoffnung, junge Menschen bestimmen zu können, so hat er nach sechs Jahren, als Karl schon Kaiser geworden war, sich bewogen gefühlt, ihm erst recht seine Auffassung vom obrigkeitlichen Amt vorhalten zu sollen. Den Anlaß dazu fand er in der Widmung seiner Paraphrasen zum Matthäus-Evangelium. Erasmus führt darin aus, daß Herrscher zu dem Zweck eingesetzt werden, die wahre Religion zu schützen, zu verteidigen und zu verbreiten. Itaque non doctor est Evangelii Caesar, sed propugnator[24]. Da Karl sich so sehr der Religion hingab, meinte Erasmus, ihm vor allen anderen sein neues Werk widmen zu müssen. Als der

[24] Allen 5,5.7.

mächtigste Herrscher der damaligen Welt hatte Karl die Möglichkeit,
seine Herrscherpflichten im christlichen Sinne zu erfüllen. Wenn er
einen Krieg beginnen wollte, sollte er bedenken, daß Kriege immer
einen ganzen Heereszug von Untaten und Nöten nach sich zögen,
mochten die Ursachen des Krieges noch so gerecht sein und der Krieg
noch so gemäßigt geführt werden. Den größten Teil dieser Nöte und
Schrecken müßten aber Unschuldige tragen!

Erasmus ließ sich nicht nehmen, auch andere europäische Herrscher
anzusprechen, zumal sie ihn meist persönlich kannten[25]. Mochte es
Erzherzog Ferdinand, Heinrich VIII. oder Franz I. sein, immer ging es
um dasselbe Thema, um das Herrscheramt.

Nach Ansicht des Erasmus geziemt es sich für den Herrscher nicht,
nur weltlichen Vergnügungen nachzugehen. Seine Lebensschule muß die
philosophia evangelica sein. Die Herrscher müssen vor allen anderen
vorbereitet sein, alle Lasten des Lebens zu tragen; daher müssen sie in
erster Linie mit dem Evangelium vertraut sein, um es recht anwenden zu
können. Schon bei Homer heißt der König Hirte des Volkes, noch viel
mehr gilt es vom christlichen König. Er muß sich bewußt sein, nichts
aus eigener Kraft tun zu können. Durch die ihm von Gott gegebene
Machtfülle kann er viel nützen oder schaden. Er muß daher Gott, dem
er Rechenschaft schuldet, vor Augen haben. Er muß soweit gefestigt
sein, daß er allen Anstürmen der Welt standhalten kann.

Erasmus, der Ferdinand von klein auf kannte, hoffte, daß seine
religiöse Anlage sich auswirken werde[26]. Einem Christen soll nichts
lieber sein als das Evangelium, das Frieden, Maßhalten und Liebe
predigt. Erasmus betont, daß er die Religion des schlichten Menschen
nicht ablehne, daß aber der wahre Christ innerlich erfahre, was jener
äußerlich tue. Andern etwas vorhalten dürfe nur derjenige, der an sich
selbst das Schwert des Evangeliums erfahren habe. Erasmus nennt diese
Haltung die evangelica religio. Sie ziere niemand so sehr wie den viel-
beschäftigten, seiner Pflichten bewußten Herrscher. Er muß auch Zeit
zum Gebet finden, um ein guter Fürst für sein Volk zu sein.

Als Erasmus wenige Monate später die Paraphrasen zum Lucas-
Evangelium Heinrich VIII. widmete[27], richtete er seinen Blick bezeich-
nenderweise auf die Vergangenheit. Erobert hat das Evangelium die

---

[25] Allen 5,365.
[26] Allen 5,163–172.
[27] Allen 5,313.

Welt auch ohne Hilfe der weltlichen Obrigkeit, indem es die Kraft des
Überwindens bewies. Warum kann es das in der Gegenwart nicht mehr?
Wollte Erasmus dem Theologen auf dem Throne nicht mehr sagen?
Offensichtlich hielt er sich zurück.

Nach einem Jahr, als Erasmus seine Marcus-Paraphrasen dem Aller-
christlichsten König Franz I. widmete[28], hatte sich die politische Lage
Europas völlig geändert. Angesichts der Türkengefahr mußte er die
Könige mahnen, einig zu sein. Erasmus will ihnen das Schwert nicht aus
der Hand winden, wenn er sich grundsätzlich gegen das Kriegführen
wie schon immer wendet. Er weiß es durchaus, daß der Krieg bisweilen
notwendig und unvermeidlich ist. Viele Kriege lassen sich aber vermeiden. Die Könige sollen sich durch ihre Ratgeber nicht zum Kriege
treiben lassen. Wenn der Hochmut und die Sucht nach Ruhm und Ehre
in der Welt nicht eine so große Bedeutung hätten, – das ist die ehrliche
Überzeugung des Erasmus – dann wäre es möglich, Kriege zu vermeiden und Frieden zu halten mit jedermann. Wir sollen es auch nicht
versuchen, andere zu bessern, wenn wir selbst uns nicht bessern wollen.
Auch Königen gegenüber hält Erasmus mit seiner Meinung nicht
zurück. Er ist für Ehrlichkeit und lehnt daher auch bei hochgestellten
Persönlichkeiten jedes Schein-Christentum ab: Non aestimo Christianos
ex articulis, quos ore profitemur, ex moribus aestimo![29]

Seine Hoffnung setzt Erasmus auf die eifrige Lektüre des Neuen
Testamentes im Volke. Das ist nach seiner Erfahrung ein Heilmittel, das
nicht versagt und ständig seine Kraft bewährt. Er will damit keineswegs
sagen, daß es einmal auch den König zwingen kann, anders zu sein.
Vorläufig mahnt Erasmus nur, die Monarchen sollten daran denken, daß
sie für ihr verantwortliches Tun – vielleicht sogar sehr bald – Rechenschaft ablegen müßten. Eine saubere politische Welt wird es nur geben,
wenn der Geist Christi ebenso die Könige wie die Völker leiten wird.

Erasmus spricht es mit Stolz aus, daß viele Fürsten ihm versichert
hätten, er hätte sich mit seinen Schriften um den Staat verdient gemacht.
Nicht allein sein Fürstenspiegel und damit die Erziehung künftiger
Politiker war sein Beitrag zur Politik, bisweilen bemühte er sich, selbst
ins politische Geschehen einzugreifen. Zu seiner Ehre muß gesagt
werden, daß er dabei seiner Überzeugung treu blieb. Seine Beurteilung
der Ereignisse wurde vom Gesichtspunkt bestimmt, ob sie dem Krieg

[28] Allen 5,352–361.
[29] Allen 5,360.

oder dem Frieden dienten. Den Krieg lehnte er als politisches Mittel ab.
Ein Papst, der Krieg führte, war ihm deshalb widerwärtig. Aus diesem
Grunde lehnte er Julius II. ab; er konnte es nicht vergessen, was er 1506
in Bologna erlebt hatte. Auf diesen Papst schrieb er sein Pamphlet Julius
exclusus coelo, von dem Huizinga sagt, es sei la satire la plus mordante
et la plus mortificante, qui fut jamais écrite. Diesem Kriegspapst stellte
er in seinem Nachfolger Leo X. den Friedenspapst gegenüber. Ein
solcher ist freilich Leo nicht geworden. Statt für den Frieden zu wirken,
verschärfte er durch sein Eingreifen die politischen Gegensätze und trieb
den Kampf erst recht auf die Spitze.

Sollte nicht Erasmus an seiner Statt das Friedenswort sprechen? Viele
Zeitgenossen meinten, daß er dazu bestimmt und befähigt war. Er selbst
aber resignierte, als er vor der großen Aufgabe stand. Nach den Enttäuschungen des Jahres 1530 schrieb er[30]: wenn der Kaiser nach den
Weisungen des Papstes handelte, dann sei zu wünschen, daß der Papst
zuvor von Gott erleuchtet würde und nur das tun ließe, was Christi
würdig sei, d. h. den Frieden erstrebte. Nur in diesem Falle sei ein guter
Ausgang aus allen Unruhen zu hoffen. Selbst brachte er diese Hoffnung
nicht mehr auf; daher sein dreifaches Aber (sed, sed, sed – nihil addo).
In der politischen Welt sah Erasmus schließlich nur ein undurchdringliches Dunkel. Man müßte Eule sein, um dieses Dunkel zu durchdringen (opus est hic noctuis, quae per tenebras cernerent).

Dennoch wollte Erasmus nur dort stehen, ubi erit evangelica pax[31].
Trotz aller Rückschläge meinte er, daß in der Welt doch der Zustand des
Friedens erreicht werden könnte. Allerdings müßte möglichst wenig
festgelegt werden und möglichst viele Entscheidungen dem einzelnen
überlassen bleiben[32]. Dieses Friedensverständnis trennte ihn freilich von
vielen Politikern und Theologen. Erasmus bildete sich ein, er könnte alle
Tumulte vermeiden, indem er die Religion so behandelte, daß sie
Allgemeinbesitz aller würde.

---

[30] Allen 9,251.
[31] Allen 4,442.
[32] Allen 5,177.

Kapitel VI
Ad fontes theologiae

Die innere Entwicklung im Leben des Erasmus zu beschreiben ist ein fast unmögliches Unterfangen. Der Briefwechsel, sonst die beste Quelle für solche Untersuchungen, läßt uns im Stich, da die meisten Briefe aus den Jahren 1500–1514 gar nicht auf uns gekommen sind. Ob bei Erasmus in dieser Zeit eine innere Wende eingetreten ist, sagt er selbst nicht. Vielleicht hat er sie auch nicht wahrgenommen. Hätte er sie aber erfahren, so hätte er kein Interesse gehabt, der Nachwelt zu überliefern, wie seine theologischen Anschauungen und Überzeugungen allmählich gewachsen sind. Wichtig war ihm nicht das Werden, sondern nur das Gewordensein, so daß er das Endergebnis festhielt, als wenn es schon immer dagewesen wäre.

Wir sind dennoch der Aufgabe nicht enthoben, den Versuch zu machen, auf Grund von Andeutungen den Weg nachzuzeichnen, den Erasmus vermutlich innerlich gegangen ist. Für die Annahme, daß eine Entscheidung beim ersten Englandaufenthalt gefallen ist, gibt es keinen Beweis. Erasmus begegnete zwar dort einer anderen religiösen Haltung, als er sie selbst bis dahin eingenommen hatte. Wenn ihn aber die an der paulinischen Theologie orientierte Frömmigkeit John Colets auch stark beeindruckte, so ist damit nicht gesagt, daß er seine kontemplative, bewußt oder unbewußt von der Devotio moderna beeinflußte innere Haltung aufgab und sie mit der aktiven, ethischen Auffassung seiner englischen Freunde vertauschte. Der entscheidende Punkt in seinem inneren Leben war noch nicht erreicht.

Wenn die Würfel schon gefallen wären, hätte vermutlich das Leben des Erasmus in Paris und in Flandern in den folgenden Jahren anders ausgesehen. Wie bereits festgestellt, zeigen diese Jahre jedoch eine gewisse Unstetigkeit, ein Suchen, eine Unzufriedenheit mit sich und der Welt. Wie in seinen Klosterjahren wurde er wieder vom Todesproblem erschüttert. Wenn das Erschrecken auch nicht mehr so heftig war, so blieb er dabei: mortem leviter metuo[1], d. h. aber, daß er seines Gottesverhältnisses noch nicht gewiß war.

[1] Allen 3,401.

Als Erasmus in der Bibliothek des Klosters Parc Laurenzo Vallas
Annotationes fand, hat dieser Fund ihn wahrscheinlich stärker beeindruckt, als bisher in der Forschung angenommen wurde. In dieser
Handschrift begegnete ihm nicht nur ein Programm, sondern hier sah er
den praktischen Versuch, von dem er selbst schon geträumt hatte.
Erasmus sah nicht nur die Möglichkeit, auf diesem Wege zu einem
tieferen Eindringen in die göttlichen Geheimnisse zu kommen, sondern
hier wurde ihm klar, daß eine Reform der Kirche von dort aus in Angriff
genommen werden müßte. Bevor er aber dazu kam, mußte er persönlich
den Versuch für sich unternehmen.

Im Dezember 1504 schrieb Erasmus an Colet: frei und von ganzem
Herzen möchte ich die göttlichen Schriften angehen und mein ganzes
übriges Leben mit ihnen verbringen[2]. Wenn er zunächst auch nur einen
Wunsch hatte, so wollte er doch sich fortan der Beschäftigung mit der
Heiligen Schrift ganz widmen. Was heißt in diesem Falle frei? Suchte
Erasmus nur nach einer äußeren Existenzform, die ihm die Möglichkeit
ließ, seine Schriftstudien zu treiben, oder bedeutet es, daß er völlig un-
voreingenommen, frei von jeder Tradition sich dieser Tätigkeit
zuwenden wollte? Zum anderen muß noch gefragt werden, was die Beschäftigung mit der Heiligen Schrift für ihn einschloß: war bereits an die
Herstellung eines gesicherten Textes gedacht, oder hatte er nur die
Auslegung der Schrift im Auge, wie er sie in England bei Colet erlebt
hat? Aber wenn er an das Letztere dachte und bereits mit der Auslegung
des Römerbriefes begonnen hatte, dann mußte er bald feststellen, daß
seine Zurüstung zu dieser großen Arbeit noch nicht ausreichte. Wohl
hatte er in Paris scholastische Theologie studiert, wohl hatte er nun drei
Jahre lang Griechisch gelernt, aber reichte denn diese Vorbereitung aus?
Wenn Erasmus nach zehn Jahren schreibt: wir bewegen uns in der
heiligen Sache[3], so ist diese Aussage konkret. 1504 aber ist es zunächst
nur der Wunsch, seine Zeit darauf zu verwenden. Noch nach Jahren war
er unsicher, ob er gerüstet genug sei, und ging 1508 nach Venedig und
nach Padua, um seine griechischen Kenntnisse zu verbessern. Der mit
dem Römerbrief begonnene Plan wurde nicht fortgesetzt, ja nicht
einmal der Römerbriefkommentar wurde zu Ende gebracht. Ob er
damals Annotationes zum ganzen Neuen Testament zu schreiben sich

---

[2] Allen 1,404: liber ac toto pectore divinas litteras aggrediar.
[3] Allen 2,171: in re sacra versamur.

vorgenommen hatte, wissen wir nicht. Seine Vorarbeiten hat er sicher
später für seine Annotationes von 1516 verwendet.

Auch aus dem Catalogus ergibt sich, daß Erasmus zuerst nur kurze
Auslegungen zu geben beabsichtigte[4]. Erst allmählich mußte er merken,
daß der zweite Schritt nicht vor dem ersten getan werden kann. Zuerst
mußte der Text feststehen, ehe er ihn zu kommentieren beginnen
konnte. Möglicherweise hat ihn nicht nur Valla zu diesem Schritt
bestimmt, sondern ebenso und vielleicht in noch stärkerem Maße das
Vorbild des Hieronymus. Außer den sprachlichen galt es auch die
methodischen und theologischen Voraussetzungen zu prüfen.

Wenn Erasmus sich noch 1499 ironisierend einen Skotisten nannte,
so heißt das nicht, daß er sich der scholastischen Theologie gänzlich entfremdet hatte. Er kannte nicht nur Scotus, sondern auch Thomas von
Jugend auf, er lehnte sie keineswegs in toto ab, sondern er verwarf nur
ihre Art des dialektischen Verfahrens. Die scholastische Methode, so
sagt er später in der ,,Ratio verae theologiae", lasse zwar auch etwas von
der Wahrheit erkennen, aber im Grunde nur soviel, wie wenn beim An-
einanderschlagen von Feuersteinen einige Funken sprühen[5].

Von dieser Basis allein konnte Erasmus die ihm vorschwebende
Arbeit nicht bestreiten. Ihm hatte sich ein anderer Weg eröffnet über die
Patristik. In seinem Lebensbild des Guardians von St. Omer, Jean
Vitrier, der zeitweilig einen großen Einfluß auf ihn ausübte, berichtet
Erasmus, daß er bei ihm Origenes kennen lernte. Im Herbst 1501 erbat
er sich aus der Bibliothek von St. Omer die Homilien des großen Exe-
geten[6]. Drei Jahre später berichtet er, daß er einen großen Teil der
Werke des Origenes schon gelesen habe. Seine griechischen Kenntnisse
setzten ihn in Stand, auch schwere patristische Texte zu studieren. Hier
fand er die nötige Vorbereitung für seine Arbeit an der Heiligen Schrift.
Origenes muß ihn stark beeindruckt haben. Die Mühe der Lektüre
lohnte sich. Wie Erasmus schreibt, hatte er unter Anleitung des ver-
fehmten Kirchenlehrers große Fortschritte gemacht. Sein eigener Weg
zeichnete sich deutlicher ab.

Während dieser Arbeit bemühte sich Erasmus auch um die Werke
des Kirchenvaters Hieronymus. Dieser war ja seit der Klosterzeit sein
Vorbild und sein Patron[7]. Erasmus sah sich als seinen Schüler an und

---

[4] Allen 1,14.
[5] Holborn S. 303.
[6] Allen 1,376.
[7] Allen 1,353.

nahm den Namen des Hieronymus-Schülers Desiderius an. Wie Hieronymus die doctrina sacra mit der doctrina gentilis zu verbinden wußte – also ein Vorgänger der christlichen Humanisten war, – so wollte Erasmus ihm nacheifern. Hieronymus erschloß sich ihm von neuem[8]. Erasmus war von ihm ganz hingenommen. Hatte er zuerst nur die Briefe des Kirchenvaters kommentieren wollen[9], so stellte er bald fest, daß er ohne Neuedition nicht werde auskommen können[10]. Der Textbearbeitung sollte die Kommentierung erst folgen. Erasmus ist von seiner Auffassung ganz erfüllt. Ihn allein will er noch einen Theologen nennen und fordert auch andere zu dieser Schätzung auf: wollen wir diesen allein des Beinamens eines Theologen für würdig halten[11]! Möglicherweise spiegelt sich bei ihm die Auffassung der Griechen, die außer dem Evangelisten Johannes und Gregor von Nazianz niemand diesen Beinamen beilegten, wider. Er spricht auch Hieronymus die einzigartige Gabe zu, in seinen Werken auf das Wichtige und Eigentümliche aufmerksam zu machen und sie dadurch besser lesen und verstehen zu lassen. Diese Hochschätzung behielt Erasmus bei. In der Vorrede zur Ausgabe der Hieronymus-Briefe schreibt er: wir Lateiner haben einen Theologen, und das ist Hieronymus[12]. Als ihn Johann Eck deswegen zur Rede stellte und ihn der Geringschätzung Augustins zeihen wollte, begründete Erasmus die Überlegenheit des Hieronymus über Augustin mit lauter Äußerlichkeiten[13]. Erst allmählich merkte Erasmus, daß man auch Hieronymus nicht kritiklos folgen dürfte.

Wenn einige Forscher betonen, Erasmus habe 16 Jahre lang sich mit der Heiligen Schrift beschäftigt, ehe er die Ausgabe des griechischen Neuen Testamentes vorlegte, so ist diese Angabe zu äußerlich und zu summarisch. Denn in diese 16 Jahre fallen auch seine patristischen Arbeiten, vor allem die Brief-Edition des Hieronymus, es fallen aber in denselben Zeitraum auch seine großen Reisen und die Abfassung wichtigster Werke. Diese Jahre hat also Erasmus nur zum geringeren Teil der Vorbereitung der Ausgabe des griechischen Neuen Testamentes und den mit dieser verbundenen Arbeiten widmen können. Im

---

[8] Allen 2,76: Hieronymus nobis quasi renascitur.
[9] Allen 1,321.332.
[10] Allen 1,531.
[11] Allen 2,86: hunc prope solum habeamus theologi dignum cognomine.
[12] Allen 2,71.
[13] Allen 3,335.

Catalogus stellt Erasmus selbst die Ausgabe des griechischen Neuen Testamentes auf gleiche Stufe mit anderen Editionen dieser Jahre[14]. Es ist daher durchaus zu fragen, ob Erasmus dem griechischen Neuen Testament eine hervorragende Bedeutung schon damals eingeräumt hat. Wäre diese Auffassung von Anfang an in diesen Jahren seine Überzeugung gewesen, dann hätte er sich wohl nicht so viel und so oft von der Hauptaufgabe seiner Tätigkeit ablenken lassen.

Wenn bei Erasmus vom Schriftprinzip gesprochen wird[15], dann muß zunächst festgehalten werden, daß die vortridentinische Theologie die Notwendigkeit klar erkannte, die Heilige Schrift als einzige Autorität anzusehen. Ist auch nicht von der sola scriptura die Rede, so ist der Sache nach die Feststellung immer zu treffen, daß die Schrift die alleinige Norm ist. Diese Auffassung ist durch die scholastische Theologie begründet und festgehalten worden: die Heilige Schrift ist über alles erhaben. Von dieser Auffassung hatte sich Erasmus niemals entfernt. Wenn er auch die patristische Überlieferung berücksichtigt haben will, weil sie der Zeit Christi am nächsten steht, so soll diese Tradition nicht neben, sondern unter der Schrift stehen und dieser nicht widersprechen.

Diese Einstellung hat Erasmus grundsätzlich zeitlebens eingehalten. Sie blieb für ihn maßgebend: keine Autorität wiegt schwerer als die der kanonischen Schriften[16]. Eine andere Frage ist an Erasmus zu richten hinsichtlich der Gleichwertigkeit aller Schriften der Bibel. In diesem Punkte hat Erasmus sich der Auffassung des Hieronymus angeschlossen, der gewisse Unterschiede hinsichtlich des Verhältnisses von Altem Testament und Neuem Testament, aber auch innerhalb eines Testamentes machte[17]. Wie sehr Erasmus das Neue Testament über das Alte Testament stellte, geht aus seiner in Zusammenhang mit dem Reuchlinschen Streit gefallenen Äußerung hervor. Am 3. November 1517 schrieb er an Johannes Caesarius: wenn das Neue Testament erhalten bliebe, wollte er lieber das ganze Alte Testament opfern als den Frieden unter den Christen[18]. Aus dieser Äußerung geht hervor, daß ihm der Friede unter den Christen ungemein viel wert war, zum anderen aber

---

[14] Allen 1,14.
[15] Vgl. F. Kropatschek. Das Schriftprinzip der lutherischen Kirche I: Das Erbe des Mittelalters. Leipzig 1904, S. 395.
[16] Nulla gravior auctoritas quam scripturae canonicae (LB 3,870).
[17] Vgl. G. Grützmacher. Hieronymus. 1, Leipzig 1901, S. 215ff.
[18] Allen 3,127.

auch, daß er nötigenfalls bereit war, auf das Alte Testament zu verzichten. Dieses bereitete ihm ohnehin viel Schwierigkeiten. Den Zusammenhang der beiden Testamente sah er also nicht als unaufgebbar an.
Nach Erasmus – immer vorausgesetzt, daß er dieses Votum ganz ernst
meinte und nicht als rhetorische Formel gebrauchte – konnte die
Christenheit mit dem Neuen Testament allein auskommen.

Während Erasmus bereits 1505 mit der Edition von Vallas Annotationes der modernen historisch-kritischen Exegese und der modernen
Theologie überhaupt die Wege wies, hat er andererseits für die Exegese
eines Origenes und Hieronymus begeisterte Worte und hat ihre Art der
alttestamentlichen Auslegung nicht nur gutgeheißen, sondern auch
seinerseits übernommen. An dieser Stelle kann man wieder eines der
tragischen Momente im Leben und Wirken des Erasmus feststellen. Im
gleichen Augenblick, in dem er sich für das volle Evangelium entscheidet, verschreibt er sich den Kirchenvätern und nimmt ihre Schriftauslegung des Alten Testamentes an, die ihn ins Gestrüpp der Allegorie
führt und ihm die größten inneren Schwierigkeiten bereitet[19]. Erasmus
wird den Unterschied zwischen Origenes und Hieronymus nicht gesehen haben bzw. sie in ihrer ursprünglichen Übereinstimmung zur
Kenntnis genommen haben. Beide, Origenes und Hieronymus, sind es
gewesen, die Erasmus auf die gefährliche Bahn der Allegorie geführt
haben. Hatte er 1499 erklärt, daß er sich gegen die neue Art der Theologen wenden müsse[20], so war er doch nicht stark genug, seine Prinzipien ihnen gegenüber herauszustellen. Wollte er auch im Sinne Vallas
seine Arbeit am Text nüchtern und kritisch durchführen, so hat ihn
doch die Einrede anderer bisweilen ängstlich gemacht und ihn von
diesem Wege abschweifen lassen.

Erasmus stellte zunächst alle Schrifterklärungen zurück, um zuerst
an den griechischen Text des Neuen Testamentes zu gehen. Wie er in
der Apologia zur Ausgabe des Neuen Testamentes berichtet, standen
Laurentius Valla mehr griechische Codices für seine Arbeit zur Verfügung als ihm. Wenn er in diesen Jahren Reisen nach England unternahm, so galten sie dem Besuch der Bibliotheken, in denen er alte griechischen Bibelhandschriften vermutete. Für alle seine Reisen hatte er
dieselben sachlichen Begründungen. Erasmus berichtete seinen Freunden
laufend über den Stand seiner Arbeit, so daß sie nicht verborgen blieb.

---

[19] Allan 1,405.
[20] Allen 1,246: contra neotericum theologorum genus.

Der Abschluß der Collationen zog sich vom Herbst 1512 bis in den Juli 1513 hin[21] – dann eilte er nach Basel. Dort begannen die Gespräche über die Gestalt der Ausgabe.

Wenn Erasmus es seit langem als seine Hauptaufgabe ansah, den griechischen Text des Neuen Testaments herauszugeben, um dadurch die Theologie zu ihren Quellen zurückzurufen, dann hätte er sich zeitiger um den Text bekümmern müssen, dem seine Arbeit gelten sollte. Es wäre leichtfertig von ihm gewesen anzunehmen, daß er in Basel schon eine oder mehrere Handschriften finden würde, nach denen er sich richten könnte. In Rom hatte Erasmus den Codex Vaticanus gesehen und während seiner England-Aufenthalte verschiedene mittelalterliche Codices. Es ist aber nicht zu erweisen, ob er dort schon sich Notizen gemacht oder in unserem Sinne systematisch zu collationieren begonnen hat. Der Ertrag seiner früheren Studien ist, wie allgemein angenommen wird, mehr den Annotationes und Paraphrasen zugute gekommen.

Die Hauptarbeit am Text mußte jedenfalls in Basel geleistet werden. Die griechischen Codices, die ihm Froben besorgte, enttäuschten freilich Erasmus sehr. Es waren vier Minuskelhandschriften, von denen keine älter als aus dem 11. Jahrhundert war. Es blieb aber Erasmus nichts übrig, als gleich ans Werk zu gehen. Auf längeres Suchen nach besseren Vorlagen konnte er sich nicht mehr einlassen. Ihm war ein Termin gesetzt: in fünf Monaten mußte der Text durchgesehen sein. Erasmus war zwar unglücklich, daß es Hals über Kopf ging[22], und doch war er andererseits froh, daß es so schnell voranging. Er war davon durchgedrungen, daß seine Arbeit trotz aller Nachteile doch der res christiana nützlich sein würde. Über sein Vorgehen berichtet er selbst, daß er den Text Wort für Wort durchging und dabei die Textzeugen auf ihren Wert hin abwog. Da die vulgata älter war als seine übrigen Zeugen, zog er zuweilen ihre Lesarten vor, zumal er wußte, daß Hieronymus Handschriften besaß, die bis ins 2. Jahrhundert zurückgingen. Verhängnisvoll war für ihn, daß ihm für die Apokalypse nur ein Kommentar des Andreas von Caesarea aus der Bibliothek Johann Reuchlins zugänglich war, aus dem sein Amanuensis den Text nicht immer fehlerlos abschrieb. Dazu kam, daß von Apc 22,16 an die letzten 5 Verse fehlten. Da wagte es Erasmus, zumal er wußte, daß auch der übrige Text nicht

[21] Allen 1,517.527.
[22] Allen 2,157.

perfekt war, diese fehlenden Verse aus dem Lateinischen zurückzu-übersetzen. Dieser Eingriff kostete ihn seinen Kredit. Vielfach wurde er als Beweis für die unehrerbietige Haltung des Humanisten dem Bibeltext gegenüber angesehen und damit überbetont. War schon dieses Verfahren für die kirchliche Öffentlichkeit ein Skandalon, so noch mehr seine kritischen Bemerkungen über den unechten Marcus-Schluß (Mc 16, 10), das Komma Johanneum (1. Jo 5,7), die fehlende Doxologie beim Vater-unser Mt 6,13 u. a.

In der gelehrten Welt sprach es sich herum, welches hohe Ziel Erasmus sich gestellt hatte. Eine Ausgabe des griechischen Neuen Testaments erwartete man seit langem, allerdings von einer anderen Seite. Wie es im Catalogus heißt, entschied sich Erasmus dafür, auch eine eigene lateinische Übersetzung und Anmerkungen dem griechischen Text beizugeben. Es ist nicht denkbar, daß Erasmus die aufgezählten Arbeiten laufend fertigstellte. Er mußte auf ältere Vorarbeiten bzw. auf fertige Manuskripte zurückgreifen. Allen ist der Meinung, Erasmus sei schon 1505–1506 daran gegangen, eine eigene lateinische Übersetzung des Neuen Testamentes zu schaffen. Aus jenen Jahren hören wir freilich nichts von einer translatio, so daß auch an eine Auslegung ge-dacht werden kann. Der Plan, eine Überprüfung der Vulgata vorzunehmen, muß aber in diesen Jahren bestanden und bald ver-wirklicht worden sein, denn bei der Rückkehr aus Italien legte Erasmus bereits einen Teil der fertigen Übersetzung vor. Diese Übersetzung muß, wie Erasmus an Marcus Laurinus berichtet, noch sehr vorsichtig gehalten worden sein. Erst die Basler Freunde hatten ihm Mut gemacht, mehr zu wagen, das heißt, bei der Übersetzung von der Vulgata stärker abzuweichen und sogar ihre Fassung zu korrigieren[23].

Die Kritiker behaupteten später, Erasmus hätte die Absicht gehabt, die durch den Gebrauch der Jahrhunderte geheiligte Vulgata außer Kurs zu bringen[24]. Dazu mußte Erasmus immer wieder Stellung nehmen. Er tat es in der Weise, daß er die Arbeit des Hieronymus an der Bibel-übersetzung seiner Zeit zu kennzeichnen suchte[25]. Hieronymus selbst betont in seinem Vorwort zur Vulgata, auf das Erasmus bezug nimmt[26], daß die Vulgata nicht sein Werk sei. Er habe nur anhand der grie-

---

[23] Allen 3,265.
[24] Vgl. Kap. VII.
[25] Allen 2,110.
[26] Allen 3,313.

chischen Handschriften korrigiert, was an ihr falsch war[27]. Erasmus betont, daß er nicht einmal so weit gegangen sei, daß er bisweilen den lateinischen Zeugen sogar den Vorzug vor den griechischen gegeben habe.

Was Erasmus in seinen Antworten an Martin Dorpius und Martin Lypsius sagt, entspricht der heutigen Auffassung: die Vulgata ist kein einheitliches Werk, sondern besteht aus verschiedenen Übersetzungsstücken[28]. Altlateinische Texte, die Hieronymus vorfand, korrigierte er nach griechischen Vorlagen.

Während Erasmus seine eigene lateinische Übersetzung als Hilfe für diejenigen gedacht hatte, die kein Griechisch konnten[29], und sich um die schlichte und einfache apostolische Rede bemühte, hielt Nicolaus Gerbel in Straßburg diese Übersetzung, die den Umfang und die Kosten der Ausgabe vermehrte, für überflüssig[30]. Seine Bedenken machten auf Erasmus keinen Eindruck. Während er sich an die ganze Christenheit wandte, auch den Wunsch aussprach, daß Bauern und Hausfrauen die Bibel lasen, war die Frobensche Ausgabe doch nur für Gelehrte bestimmt. Die Frage der Kosten trat daher nicht in den Vordergrund. Die weitere Bibelverbreitung mußten diejenigen übernehmen, die die Übersetzungen in die Volkssprachen vornehmen konnten. Man wird daher Erasmus keine Widersprüche vorwerfen können. Er selbst hätte sich nach seiner Selbsteinschätzung nie daran gemacht, Übersetzungen des Neuen Testamentes zu schaffen. Dazu fehlten ihm die Gabe der Volkstümlichkeit und auch die Kenntnis der Volkssprachen.

Mit den Einwänden, die er besonders von den Theologen in Löwen erfuhr, hat sich Erasmus sehr eingehend beschäftigt. Nicht mit Unrecht vermutete er hinter Martin Dorpius noch andere Kritiker. Daher nahm er sich im Mai 1515 die Zeit, obwohl er sehr beschäftigt war, auf die oft primitiven Einwände ausführlich zu antworten. Seinen Standpunkt hielt er dabei immer fest und machte keine Konzessionen. Bei der Auseinandersetzung konnte er seine Grundsätze noch besser und ausführlicher darlegen[31].

Als im Herbst 1515 der griechische Text des Neuen Testamentes gedruckt wurde, konnten zugleich die lateinische Übersetzung des

[27] Allen 2,132; 3,381: ad graecam originem revertens.
[28] Allen 3,313.
[29] Allen 1,113; 3,205.
[30] Allen 2,141.
[31] Allen 2,337ff.

Erasmus und seine Anmerkungen zum ganzen Neuen Testament in Satz
gehen[32]. Über seine Arbeit gab Erasmus Rechenschaft in einem ausführlichen Bericht, den er als Vorrede an die Leser, geschrieben im
Dezember 1515, der Ausgabe beigab[33]. Hier stellte er fest, daß er außer
den griechischen Handschriften auch biblische Zitate bei den Kirchenvätern berücksichtigt hätte. Alle seine Abweichungen von den ge-
wöhnlichen Lesarten begründete er, denn er wußte, wie die Theologen
sich zu seinen neuen Lesarten stellen würden. Ihm kam es darauf an,
daß solches nicht dramatisiert wurde. Bisweilen kam es ihm auf einen
einzigen Buchstaben an. Daß er die Ausgabe dem neugewählten Papst
Leo X. widmen mußte, stand fest[34]. Dadurch wurde das Werk nicht nur
geschützt, sondern auch dem Haupt der römischen Kirche der Gedanke
nahegebracht, daß die notwendige Reform der Kirche von der Heiligen
Schrift ausgehen müßte. Nicht genug mit diesen Vorreden, Erasmus entschloß sich, noch drei Einführungen zu schreiben, die er dem
griechischen Text voranstellte: Paraclesis, Methodus und Apologia.

Nach allen Erörterungen, die vorangegangen waren, hatte Erasmus
große Sorge, wie das Werk in der Öffentlichkeit aufgenommen werden
würde. Aus dieser Sorge heraus schrieb er die drei Einleitungen. Da es
in letzter Stunde geschah, mußte er sich sehr konzentrieren und beeilen.
Auch durften diese Vorreden keine flachen Ermahnungen sein. Sie
mußten dem Text entsprechen, den sie einleiteten[35].

Vielleicht wäre es für Erasmus einfacher gewesen, wenn er sich auf
ein Vorwort beschränkt hätte. Er unterschied zwar den Zweck, dem
jede dieser drei Einführungen diente. Überschneidungen waren dabei
nicht zu vermeiden: die ,,Paraclesis" verfolgte die allgemeinste Absicht.
Sie diente dem Ansporn zur eifrigen Bibellektüre, zum Eindringen in
den Sinn des Neuen Testamentes, vor allem aber zur Bereitschaft,
Christus nachzufolgen. Erasmus betont hier, daß es zum Beschreiten
dieses Weges keiner anderen Voraussetzungen bedarf außer der persönlichen Offenheit und Hingabe. Dabei ist die docilitas nicht nur die
Fähigkeit, rational die Lehre Christi aufzunehmen, des einzigen
Lehrers, den zu hören es sich verlohnt, sondern mehr noch die
Bewegung des Herzens auf ihn hin.

---

[32] Allen 2,137.
[33] Allen 2,166ff.
[34] Allen 2,181.226.
[35] Holborn S. 137ff.

Bei dieser Kennzeichnung der Bereitschaft zum Heil konnte es keine
Einschränkungen geben. Der Weg von der Schrift zu ihrem Urheber war
jedem möglich, ob Mann oder Frau, ob gebildet oder ungebildet. Auch
der schlichteste Mensch, so predigt Erasmus, kann ein Theologe sein:
Nulli non licet esse theologum[36]. Ja, jeder Mensch muß es in gewissem
Sinne sein; und den doctor machen nicht die Kenntnisse, sondern die
Haltung (mores). Mit solchen Sätzen war nicht nur der Gegensatz zur
zünftigen Theologie proklamiert; sie richteten sich gegen manchen in
den Reihen der Humanisten und unterstrichen, was Erasmus von seiner
Jugend an wußte und kannte, was aber der folgenden Generation schon
wieder fremd geworden war.

Die Erinnerung an eine Überlieferung, die sonst einem Erasmus
nicht lag, in diesem Falle aber das einzige Positive war, was er den in
der Scholastik lebenden Zeitgenossen entgegenhalten wollte, war der
Hinweis auf die Verwirklichung des Evangeliums. Erasmus befaßt sich
nicht allein mit der theologischen Wissenschaft und ihren Vertretern. Er
hatte die bereits breite Schicht der humanistisch gebildeten Menschen
vor Augen, die in der Antike schwelgten und meinten, auf die christliche Wahrheit verzichten zu können. Für Erasmus jedoch steht
Christus turmhoch über den Weisen des Altertums. Christi Lehre ist
,,eine neue und wunderbare Art der Philosophie'', die alle weltliche
Weisheit zur Torheit macht. Christus ist für ihn keine Gestalt der Vergangenheit, sondern der Gegenwärtige. Es ist nicht so sehr Bernhard
von Clairvaux, mehr noch Jean Charlier Gerson, der hier zu Worte
kommt.

Diesen Vorreden ist anzumerken, daß Erasmus sich seit Jahren mit
dem Neuen Testament beschäftigt hat. Schon im Sommer 1514 hatte er
an seinen Prior geschrieben: in hisce rebus colloco ocium meum et ne-
gotium[37]. Nun konnte er die Frucht seiner Arbeit sehen. Nicht umsonst
ist immer wieder in der Forschung betont worden, daß diese Einleitungen den Höhepunkt in der theologischen Arbeit des Erasmus dar-
stellten[38]. Die ,,Methodus'' ist das zentrale Stück unter den drei Ein-

---

[36] Ebd.   [37] Allen 1,570.
[38] Werner Jäger hat bereits in seiner Rezension von H. Holborns Ausgewählten
   Werken 1934 geschrieben (jetzt in Scripta minora Band 2, Rom 1960, S. 127):
   ,,In diesen Werken erscheint die erasmische Reformtheologie als eine einheitliche, voll ausgebildete Gedankenwelt. Ihre Schwerkraft und Geschlossenheit
   hat den Höhepunkt erreicht.'' Diese Auffassung hat sich allgemein durchgesetzt.

leitungen. Hier ist nicht die Paränese leitend, sondern die praktische Überlegung, welcher methodische Weg bei der Beschäftigung mit dem Neuen Testament am besten zu beschreiten ist. Es ist viel wert, den Weg zu kennen, den man gehen will. Erasmus ist sich der Bedeutung seiner Anleitung durchaus bewußt. Von den Vorbedingungen hatte er schon gesprochen, wichtig waren nun noch einzelne methodische Forderungen. Die höchste Stufe ist nicht das rationale Erfassen, sondern das Anderswerden. Damit kommt die Hauptthese des Erasmus zum Ausdruck. Die Apologia, die dritte Einführung, war weniger wesentlich und konnte später wegbleiben.

Trotz der ausführlichen Einleitungen hielt Erasmus auch Anmerkungen zum Neuen Testament für notwendig. Wann er mit dieser Arbeit begonnen hat, ist nicht ganz sicher. Verhältnismäßig früh hat er das ganze Neue Testament gelesen und mit Anmerkungen vesehen. Aber, ob diese schon die Vorstufe zu seinen Annotationes waren, ist nicht zu entscheiden. Vermutlich war es zunächst ein Gerücht, daß Erasmus seine Anmerkungen im Sommer 1514 schon in Druck gegeben habe[39]. In seinem Brief an Reuchlin vom August 1514 bestätigt er nur, daß er Annotationes zum ganzen Neuen Testament geschrieben habe[40]. Dabei spricht er schon den Gedanken aus, daß diese Anmerkungen dem griechischen Text beigegeben werden. Auch nach Rom gab er dieselbe Meldung, daß er dem Laurentius Valla und dem Faber Stapulensis folgen werde[41]. An Budé schrieb er, daß er in den Annotationes erklärt, warum er manche Textform vorgezogen habe und wie er manchen Zusammenhang verstehe[42]. Erasmus mußte immer wieder sagen, daß er mit den Annotationes keinen Kommentar ersetzen wollte. Kommentare zu biblischen Büchern nach Art der Kirchenväter zu schreiben, ist ihm nie gelungen. Auch die Paraphrasen sollten nicht in die Richtung der Kommentare gehen. Erasmus wollte etwas anderes. Keine wortreichen Auslegungen, sondern kurze, auf das Notwendigste beschränkte Erläuterungen. Dabei entwickelte er seinen eigenen Stil. Als Vorbilder hatte er Laurentius Valla und Colet vor Augen. An beiden hatte er auch etwas auszusetzen. Valla war ihm zu wortreich, Colet zu erbaulich. Er kritisierte auch die Arbeiten des Faber Stapulensis. Mochte Faber der wissenschaftlich strengere sein, so wollte Erasmus ihm doch nicht

---

[39] Allen 1,558.
[40] Allen 2,4.
[41] Allen 2,78.
[42] Allen 2,254 ff.

folgen. Er bevorzugte den Weg der praktischen und den Leser anregenden Ansprache. Dabei übte er sich in der Kunst, sich auf Notwendigstes zu beschränken.

Die Bedeutung der erasmischen Edition des griechischen Neuen Testamentes ist zu allen Zeiten anerkannt worden. Unter verschiedenen Bildern ist ihr Erscheinen und ihre Wirkung auf die Zeitgenossen dargestellt und gedeutet worden. Die gelehrte Welt hatte sofort erfaßt, worauf es ankam. Tatsächlich war es eine kopernikanische Tat. Die Kirche in der Person Papst Leos X. begrüßte dieses Werk[43] und mußte doch bald wahrnehmen, daß von hier aus ihre Prinzipien in Frage gestellt werden konnten. Vielfach ist diese Absicht auch Erasmus selbst zugeschrieben worden, obwohl er selbst eine andere Intention hatte und etwas anderes erhoffte, wie es in seinen Vorreden zum Ausdruck kommt.

Als die erste Ausgabe des Novum instrumentum omne am 9. August 1516 ausgegeben wurde, zeigte sich, wie unzureichend sie war[44]. Die Mitarbeiter des Erasmus ebenso wie die Setzer in Frobens Druckerei waren nicht genug vorbereitet, um dieses Werk besser zu gestalten. Der Einsprüche und kritischen Bemerkungen gab es genug. Faber Stapulensis war wohl der beachtlichste Kritiker, an den sich weniger bedeutende und ganz unbedeutende anreihten. Erasmus wußte im wesentlichen von seinen Löwener Gegnern, was ihm entgegengehalten werden würde. Und doch hatte er nie gedacht, daß ihm so viel Arbeit und so viel Ärger daraus erwachsen würde. An den Grafen Hermann von Neuenahr schrieb er, er sei ganz beim Neuen Testament. ,,O, daß ich es doch niemals angerührt hätte[45]!'' Das klingt beinahe verzweifelt. Erasmus war ein schneller Arbeiter und gewohnt, daß seine Schriften schnell erschienen. So hatte er auch im November 1517 gemeint, mit der völligen Umarbeitung in vier Monaten fertig werden zu können. Als die vier Monate um waren, konnte er nur sagen, daß der neuen Auflage, die doch ein ganz anderes Werk werden mußte, schon weit vorgearbeitet sei[46]. Erasmus konnte sich aus Basel nicht entfernen. Der Druck der 2. Auflage erforderte seine Anwesenheit[47]. Erst im März 1519 lag sie fertig vor.

[43] Allen 3,387.   [44] Vgl. Mestwerdt S. 9 u. a.
[45] Allen 3,151: Quod utinam nunquam attingissem!
[46] Allen 3,188.
[47] Allen 3,195. Als der griechische Text für die Neuausgabe noch gedruckt wurde, wurden die Paraphrasen für den Druck vorbereitet. Thomas Morus äußerte sich erfreut darüber, da er von diesen eine große Förderung der biblischen Erkenntnis erwartete.

Die Frage, warum Erasmus in der Zeit, als er die Ausgabe des Neuen
Testamentes vorbereitete, sich an die Edition der Kirchenväter machte
und die Briefe des Hieronymus herausgab, ist oft gestellt worden. War
es eine Flucht vor Aufgaben, die über seine Kräfte gingen, waren es
äußere Gründe, daß er der Konkurrenz zuvorkommen und dieses Werk
unbedingt selbst vorlegen wollte, oder war es eine Notwendigkeit, die in
seinen Augen mit der anderen Edition aufs engste zusammenhing?
Erasmus hielt die Edition der Kirchenväter im Interesse der Schrifterkenntnis für notwendig. Er war der Überzeugung, daß sie zeitlich der
Zeit Jesu nahestanden, und nahm an, durch ihre Lektüre das ursprüngliche Christentum erhellt und erklärt zu bekommen[48].

Wie einst Ambrosius von Mailand die Krise überwandt, als er das
Alte Testament allegorisch zu handhaben lernte, wie es Augustin von
ihm übernahm, so wollte auch Erasmus sich von den Kirchenvätern
diese Kunstgriffe aneignen. Ohne die allegorische Methode hätte er viele
Schriftstellen nicht deuten können[49]. Nicht daß er die fertigen Allegorien der Kirchenväter sich aneignete, im Gegenteil; wenn sie ihm gekünstelt vorkamen, lehnte er sie ab. Gerade bei Ambrosius findet er
viele Beispiele für unglückliche Allegorien. Dagegen ist für ihn Origenes
ein sehr glücklicher Vertreter dieser hohen Kunst. In der Ratio verae
theologiae erklärt Erasmus, nur mit Hilfe der Allegorie eine Bibelstelle
wie Genesis 22 erklären zu können[50]. Dabei ist es für ihn eine fest-
stehende Tatsache, daß nicht die Kirchenväter den Sinn der Schrift bestimmten, sondern die Bibel ihrerseits die Kirchenväter bestimmte; wer
sich der Schrift ganz hingebe, der dringe in ihren tieferen Sinn und
Gehalt erst ein.

Literalsinn und Allegorie stehen gegeneinander. Um der Ehrfurcht
vor den Kirchenvätern willen mochte Erasmus zu keiner eindeutigen
Entscheidung kommen. Er blieb in diesem Dilemma, das ihm selbst
viele Schwierigkeiten bereitete, aber er revidierte seine Stellung nicht.
Bis zuletzt räumte er der Allegorie besonders bei der Auslegung des
Alten Testamentes eine entscheidende Rolle ein. In dieser Beziehung ist
Erasmus vom Mittelalter nicht frei geworden. Er wollte sich, wie er in
der ,,Ratio" am Schluß sagt, nicht im Alten Testament verlieren,
sondern wesentlich das Neue Testament erfassen. Das konnte er aber

---

[48] Allen 2,220.
[49] Vgl. Holborn S. 70 f.
[50] Holborn S. 188.

nur durch die Allegorie, die ihm die Möglichkeit bot, neutestamentliche Inhalte ins Alte Testament hineinzutragen bzw. das Alte Testament vom Neuen Testament her zu deuten.

Im Dezember 1517 hat Erasmus die Methodus, die der ersten Auflage des griechischen Neuen Testaments vorangestellt war, zu erweitern begonnen.

Während die beiden anderen Vorreden, die Paraclesis und die Apologia, im wesentlichen unverändert blieben, begann er seine Hermeneutik neu zu gestalten. Dabei war ihm Augustins De Doctrina Christiana das große Vorbild[51]. Er mußte sich selbst und ebenso den Lesern Rechenschaft geben über seine Prinzipien. Mit der Kritik von außen, die Erasmus aufnahm, wuchs seine methodische Schrift, die 1518 als selbständiges Buch erscheinen konnte. Sie enthielt im wesentlichen:

1) Voraussetzungen des Theologiestudiums,
2) Christozentrische Schriftbetrachtung,
3) Hermeneutische Regeln[52].

Die Ratio verae theologiae ist eine der wichtigsten, wenn nicht die wichtigste theologische Schrift des Erasmus. Die hohe Auflagenzahl und die Aufnahme durch die Öffentlichkeit bezeugen die Bedeutung, die dieser Schrift von Anfang an beigelegt wurde. Das Büchlein, das von Jahr zu Jahr an Umfang wuchs, wurde in erstaunlich kurzer Zeit überall bekannt und wurde mit großem Eifer studiert. Freunde und Feinde lernten von Erasmus. Wenn die „Ratio" auch kein systematisches Werk im eigentlichen Sinne war, wenn andere später gründlichere Hermeneutik boten, so konnte doch niemand an Erasmus vorübergehen. Ob es das Schriftprinzip im allgemeinen, ob es seine Grundsätze im einzelnen waren, die Schrift des Erasmus blieb grundlegend.

Als Erasmus diese Schrift schrieb, war er sich der Größe seiner Aufgabe durchaus bewußt. Er kannte die Verantwortung, die auf ihm lag, wenn er es unternahm, anderen den entscheidenden Weg zu zeigen und diesen Weg auch selbst einzuhalten, ohne von ihm abzuweichen. Erasmus hatte in den Jahrzehnten, in denen er sich mit der Bibel beschäftigte, viele Erfahrungen gesammelt. Es waren nicht nur aus der Überlieferung genommene Regeln, es waren auch eigene Feststellungen, die er teilweise schon in früheren Schriften ausgesprochen hatte. In

---

[51] Allen 3,176.
[52] Hier wird der Einfluß Picos della Mirandola angenommen.

dieser Hermeneutik finden sich berühmt gewordene Sätze und manche Formulierungen, die durch ihre Anschaulichkeit gewirkt haben[53]. Beachtlich ist die Beschreibung dessen, der eine förderliche Einsicht aus der Schrift gewinnen will. Nach Erasmus muß er einmal ruhig sein, ohne Aufregung, auf der anderen Seite aber doch wieder ein fragender, suchender Geist. Was den Menschen in der Erkenntnis hemmt, ist seine Bindung an sich selbst, seine Selbstliebe, sein Eigensinn, seine Verwegenheit. Stattdessen sollte er offen sein für Einflüsse, die von oben her kommen und ihn umbilden.

Erasmus hat den Fortschritt des Menschen darin gesehen, daß er anders werde. Er ist ein Gegner des übertriebenen Intellektualismus, des scharfen Disputierens und Sich-auseinandersetzens. Dieses führt nicht weiter. Weiter kommt der Mensch durch neue Motive. Wie er das Leben des einzelnen Menschen beschreibt, so beschreibt Erasmus erst recht den Theologen und die Theologie.

Erasmus weiß durchaus, daß er nicht nur Neues bringt. Er betont es selbst, wieviel er Augustin und Origénes verdankt. Was er selbst erlebt hat, das findet er im christlichen Altertum wieder. Ein Clemens Alexandrinus, ein Origenes und Augustin sind seine Vorläufer. Was sich ihnen bewährt hat, übernimmt er ebenso. Erasmus denkt in dieser Schrift nicht daran, lediglich individualistisch vorzugehen. Er sieht nicht den einzelnen, sondern das Volk Gottes vor sich. Er betrachtet es in den drei Kreisen, von denen er schon in der Institutio principis christiani gesprochen hat. Wie seit eh und je richtet er sich auch hier gegen die Mißdeutung des Christentums, als sei es ein neues Zeremonialgesetz. Dazu ist es erst im Verlauf der Geschichte geworden. Ihm schwebt ein anderes Bild vor, das er mit dem Stichwort Innocentia kennzeichnet. Wer den eigentlichen Sinn des Christentums sehen will, greife zu den Schriften der bewährten Kirchenväter, denen auch für die Schrifterkenntnis Origenes das meiste geboten hatte. Dabei kennt Erasmus ebenso griechische wie lateinische Väter.

Mit dem Neuen Testament, das Erasmus fünfmal herausgab, gehört auch die Ratio verae theologiae zusammen. Sie wurde sechsmal be-

---

[53] Manfred Hoffmann, Erkenntnis und Verwirklichung der wahren Theologie nach Erasmus von Rotterdam. Tübingen 1972 stellt die Struktur des erasmischen Denkens heraus und versucht seine Hermeneutik zu entwickeln. Dagegen bemüht sich E. W. Kohls. Luther oder Erasmus. Luthers Theologie in der Auseinandersetzung mit Erasmus. Basel 1972, S. 22ff. die Paraclesis auf die Linie des Enchiridion als ,,Laien- und Lebenstheologie" zu bringen.

arbeitet und erschien als selbständige Schrift zuerst 1518, in 6. Bearbeitung 1523. Das Buch bot einmal seine Hermeneutik, zum anderen
seine Auffassung vom Wesen des Christentums. Indem er eine Reihe
sachlicher Grundgedanken zusammenfaßte, wollte Erasmus das Zentrale
seiner Auffassung zum Ausdruck bringen. In der Einleitung zum Neuen
Testament meinte er, einige Gedanken zu breit behandelt zu haben, jetzt
sieht er, daß sie doch zu kurz behandelt waren. Nun schreibt er ausführlicher. Sein Verfahren ist aber im Grunde dasselbe. In humorvoller
Weise stellt er dar, er werde das Vorhandene mit neuen Bestandteilen
auffrischen, wie es Gastwirte zu tun pflegen mit der Speise vom
Vortage. Es wird nur wenig Neues hinzugefügt, dieselben Gedanken
werden nur ausführlicher ausgearbeitet.

Erasmus hatte beim ersten Erscheinen des Neuen Testamentes
heftige Kritik erfahren. Es sind auch Wünsche geäußert worden, die er
meinte, nicht erfüllen zu können[54]. Sonst hätte er sich auf Augustin
oder gar auf den Areopagiten zurückziehen müssen. Erasmus hat aber
etwas anderes im Auge. Er spricht nicht davon, daß dieses Buch in die
Hand einfacher Leute kommen sollte. Im Ernst konnte er nicht daran
denken, daß ungelehrte Menschen sich mit seiner Hermeneutik befassen
werden. Gemeint war die Übersetzung in die Volkssprachen, die andere
vornehmen sollten.

Es braucht nicht wiederholt zu werden, wieviel Zeit und Mühe
derjenige spart, der den Weg und die Technik kennt, um sich gewisse
Ergebnisse zu erarbeiten. Was bedeutet dann der Einwurf, daß er einen
Weg zeigt, den er selbst niemals gegangen ist, oder das Bild vom See-
mann, der den Fluten entronnen ist, nachdem sein Schiff an den Felsen
zerschellt ist. Sollten das persönliche Erinnerungen sein oder rhetorische
Einwürfe? Erasmus gibt darauf keine Antwort. Vermutungen zu äußern,
hat aber keinen Sinn. Immerhin mag es sein, daß Erasmus auf dem Weg
über die scholastische Wissenschaft nicht so weit gekommen war wie
durch die schlichte Lektüre der Heiligen Schrift. Es mag seine eigene
Erfahrung sein, daß die ewige Wahrheit erst von einem im Innersten
beruhigten Herzen wahrgenommen wird. Dann leuchtet sie wie in
einem Spiegel auf. Die Sprache des Erasmus erinnert an die der Mystik.
Die innere Vorbereitung des Menschen sieht er schon im Alten Testament gefordert. Auch der Apostel Paulus hat in 1. Corinther 14 Ähnliches ausgesprochen. Erasmus weiß, daß Paulus nicht von der Philo-

---

[54] Holborn S. 177: utinam praestare queam, quod flagitor!

sophie, sondern von Prophetie spricht. Aber er ändert seinen
Sprachgebrauch nicht. Die Schriftautorität steht ihm fest, ihr will er sich
immer beugen. Von Fortschritten in der Erkenntnis will er nur reden,
wenn der Mensch besser geworden ist, nicht scharfsinniger. Das Ziel ist
die sapientia. Darin folgt er Jac. 3, 17.

Bei der Aufforderung, alte Sprachen zu lernen, erinnert Erasmus an
Hieronymus Busleiden, den Stifter des Collegium Trilingue in Löwen[55].
Diese Stiftung hatte sich trotz der Gegensätze, denen das Kolleg zuerst
begegnete, segensreich bewährt. Im weiteren Verlauf seiner Schrift
spricht Erasmus von der Arbeit des Hieronymus; auch sein Werk ist
nicht irrtumslos gewesen. Es folgen Überlegungen, die schon in der
Methodus ausgesprochen waren. Auch augustinische Gedanken fehlen
hier nicht.

Um den Gegensatz der griechischen Kirchenväter zur mittelalterlichen Scholastik deutlich zu machen, führt Erasmus als Beispiel eine
Homilie des Origenes über Genesis 22 an[56]. Reden der Kirchenväter
sind etwas anderes als die Disputationen der Schultheologen. Erasmus
will die Beschäftigung mit profanen Wissenschaften nicht ablehnen,
dennoch ist seine persönliche Äußerung beachtlich. Wer sich zum Theologen berufen weiß, soll sich nicht allzu viel mit profanen Studien befassen, vor allem nicht in ihnen alt werden[57]. In diesem Zusammenhang
werden Pariser Erinnerungen wach: Petrus Tartaret, gefeierter Skotist
und Rektor der Sorbonne. Für Erasmus ist es ein trauriger Anblick,
wenn ein 80jähriger Theologe nichts anderes als Streitgespräche zu
führen weiß und am vornehmsten Ziel der Theologen, am Verständnis
der Schrift vorübergeht[58]. Zu demselben Ergebnis führten ihn auch Begegnungen mit englischen Scholastikern, die ihm und seinen Freunden
nicht wohlgesinnt waren. Erasmus will lieber die Gesellschaft der
Kirchenväter suchen – lieber mit ihnen ein kleiner Rhetor sein, als mit
den selbstgewissen Scholastikern ein Theologe[59].

---

[55] Ebd. S. 182: Collegium trilingue.
[56] Migne PG 12,203 ff.
[57] Holborn S. 192: mihi parum tutum videtur, ad theologiam destinato in pro-
fanis studiis, praesertim alienioribus consenescere.
[58] Ebd. S. 205: Der Theologe soll sich nicht menschlichen Meinungen verschreiben, und sollten sie von Thomas oder Scotus ausgehen. In Wirklichkeit ist es allerdings oft so, daß der Theologe sich für den ,,Babylonischen
Turm" seiner Theologie mehr einsetzt als für die Lehre Christi.
[59] Ebd. S. 193.

Erasmus will das Wesentliche aus dem Evangelium gleichsam in einem Compendium zusammengefaßt sehen. Christi Lehren nennt er dabei Dogmata: sie enthalten Gebote und Verbote. Einige davon zählt er auf, andere wieder erläutert er genauer[60].

Erasmus wertet die Schriften der Bibel verschieden[61]: vom Alten Testament sagt er, daß es für den Christen durchaus belangvoll ist. Da es aber als Typos oder als Verhüllung des Zukünftigen erscheint, sei es nicht leicht, es auszulegen. Darüber will er sich aber nicht ausführlich auslassen, da es Augustin schon in De doctrina christiana zur Genüge getan hat[62]. In seiner pessimistischen Art meint Erasmus, die letzten Zeiten seien bereits angebrochen. Die Vorzeichen (Mt 24,12) sieht er deutlich vor sich. Es folgen bestimmte Aufforderungen: Die Philosophie Christi soll nicht mit menschlichen Meinungen durchsetzt werden. Für bestimmte fromme Meinungen, wie die Unfehlbarkeit des Papstes oder die Lehre vom Fegefeuer, hat er nichts übrig. Immer wieder lenkt er auf das Zentrale hin, die Lehre Christi, und unternimmt es, ihn in seinem Umgang mit den Menschen zu charakterisieren. Es bleibt jedoch bei einem Aneinanderreihen von Sprüchen und Geschichten, ohne daß diese größeren Gesichtspunkten untergeordnet werden. Erasmus stellt viele wesentliche Gedanken zusammen; am meisten sprechen ihn auch hier ethische Gedanken wie Friede, gegenseitige Liebe und Eintracht an[63].

Hatte Erasmus zuerst vom Inhalt des Neuen Testamentes gesprochen, so spricht er weiter von der Sprache und vom Idiom; er weiß, daß die biblische Ausdrucksweise vielen unzugänglich ist. Die Verkündigung muß neue Formen entwickeln. Aber die schwierigste Frage ist nicht die der Sprache. Vielmehr ist es das geistliche Verständnis. Erasmus steht auf dem Standpunkt, daß auch Christus selbst Allegorien gebraucht habe[64]. Allegorien durchziehen nach seiner Meinung die ganze Heilige Schrift. Er ist fest überzeugt, in vielen Fällen den doppelten Sinn zu finden. Erasmus bezeichnet Allegorie als Heilmittel[65], wobei auch jeder biblische Ausdruck als Allegorie angesehen wird. Über die Allegorien handelt er lange und ausführlich. Viele der altkirchlichen Allegorien findet er gekünstelt; als den glücklichsten

---

[60] Ebd. S. 195.
[61] Ebd. S. 222,
[62] Migne PL 34,71 ff.
[63] Holborn S. 324: pax, concordia, mutua caritas.
[64] Ebd. S. 368.
[65] Ebd. S. 410.

Meister in der Allegorie bezeichnet er Origenes[66]. Dabei merkt Erasmus es nicht, daß durch die Allegorie auch bei ihm selbst der Text entfremdet wird.

Erasmus hat in dieser Schrift nicht nur seine theologischen Grundsätze weiter zu klären gesucht, sondern auch zeitgeschichtliche Fragen aufgenommen und sie aus seiner Sicht beantwortet. In der ersten Neubearbeitung, die er Albrecht von Mainz widmete[67], äußerte er sich zu Luther. Dabei betonte er, daß er Luthers Anliegen für durchaus christlich halte. Die Schuld für die Zerfahrenheit der Theologie liege nicht bei ihm, sondern bei den Scholastikern, die menschliche Auffassungen in die Kirchenlehre hineingetragen hatten[68]. Dagegen hätte sich Luther mit Recht gewehrt. Es könne nicht die Aufgabe der Theologen sein, Luther zu vernichten, vielmehr sollten sie dazu beitragen, daß Luther sich mäßige.

Bei der nächsten Überarbeitung hob Erasmus noch stärker den Unterschied zwischen den Kirchenvätern und den Scholastikern hervor. Er begründete damit das Recht, von den Meinungen der Scholastiker abzugehen; die Kritik an diesen ist 1520 bei ihm erheblich schärfer als 1518. Seine in die Scholastik verstrickten Löwener Gegner haben ihm daraufhin weiter am Zeuge flicken wollen. Nun wurde der Verdacht ausgesprochen, Erasmus sei der eigentliche Verfasser des Traktats ,,De captivitate babylonica'', der Schrift also, die Erasmus selbst ins Lager der alten Kirche zurückgetrieben hatte.

In seinem Catalogus nennt Erasmus selbst zwei weitere entscheidende Überarbeitungen (locupletavimus anno 1522, ac rursus anno proximo) der Ratio verae theologiae[69]. Jetzt ist es an ihm, die scharfen Äußerungen von 1520 abzumildern[70]. In dieser Schrift hat Erasmus sich genauer mit der allegorischen Schriftauslegung beschäftigt. Er weiß es, daß in den fünf Jahren aus der Methodenlehre eine Schrift geworden ist, die als kirchliches und religiöses Programm angesprochen werden konnte. Dazu schreibt er jetzt einen neuen Widmungsbrief an Albrecht von Mainz[71], der zuerst der Ausgabe von 1523 vorangestellt wurde. Diese letzte Bearbeitung nennt er exactior. Außer in der theologischen

---

[66] Ebd. S. 430.
[67] Allen 4,96ff.
[68] Holborn S. 205.
[69] Allen 1,21.
[70] Holborn S. 274ff.
[71] Allen 5,286.

Formulierung ist er auch präziser und strenger in seiner Forderung hinsichtlich der Politik des Staates.

Die Nachfrage nach dieser Schrift muß sehr groß gewesen sein[72]. Immer wieder wurde sie nachgedruckt[73]. Aber der Text befriedigte Erasmus selbst offenbar nicht. Daher überarbeitete er sie immer wieder. Die beiden letzten Bearbeitungen erwähnt er in seinem Catalogus[74]. Danach sieht es so aus, als hätte er die letzte Bearbeitung in Antwerpen 1523 drucken lassen[75]. Ein Beleg dafür fehlt jedoch. Erhalten ist nur ein Kölner Druck, von dem es nicht feststeht, ob er ein primärer Druck ist.

Die rasche Verbreitung dieser Schrift veranschaulicht ein Bericht, den der Leipziger Mediziner Heinrich Stromer aus Auerbach an Ulrich von Hutten weitergab. Während der Disputation in Leipzig 1519, so berichtet Stromer, habe er einen Mann beobachtet, der statt dem Streit der Disputierenden zu folgen, sich in die Lektüre eines kleinen Buches vertiefte. Den Mediziner und alten Freund des Erasmus interessierte anscheinend das Buch mehr als die Disputation; er muß es auch schon früher gekannt haben, denn er stellt gleich fest, daß der Mann eine andere Ausgabe besaß, als er sie kannte[76]. Dieses geschah ein halbes Jahr nach Erscheinen des ersten Druckes. Das kleine Werk übte einen ungewöhnlichen Einfluß aus. Ob es das Schriftprinzip, ob es die Grundsätze der Auslegung waren, seine Regeln wurden grundlegend und haben im Allgemeinen wie im Speziellen allen Späteren eine Basis gegeben, von der aus sie weiter bauen konnten. Vermutlich waren es die Einsprüche gegen die in seinen Vorreden ausgesprochenen Gedanken gewesen, die Erasmus zu ausführlicher Behandlung der grundsätzlichen Fragen veranlaßten. Die Prinzipienfrage bedurfte dabei in der Theologie einer entscheidenden Klärung. Hier ging es um die Schrift, ihre Auffassung und ihre Deutung. Wie die Überschrift schon sagt, wollte Erasmus den wahren Sinn der Schrift aufdecken; daraus folgte für ihn die Aufgabe einer Zusammenfassung der christlichen Lehre. Er arbeitete hier schärfer die Gedanken heraus, als es ihm in seinen Vorreden noch möglich war[77]. Bemerkenswert ist vor allem der am Schluß der

---

[72] Allen 3,601.
[73] Bibliotheca Belgica 2. Ser. 14. Den Haag 1891/1923 und Holborn S. XVff.
[74] Allen 1,21.
[75] Allen 3,286 und 3,175.
[76] Vorrede zum Leipziger Druck der Ratio (1519).
[77] Vgl. J. Etienne. La méditation des écritures. (Scrinium Erasmianum II.) Leiden 1969, S. 3ff.

Paraclesis schon ausgesprochene Gedanke vom gegenwärtigen Christus. Die Koinzidenz mit der Schrift, besser gesagt die Vergegenwärtigung, die die Schrift zur Lebenswirklichkeit werden läßt, ist nun für ihn entscheidend.

Wie bereits gesagt, wird es ein Erbe früherer Jahre gewesen sein, daß Erasmus auf die subjektiven Voraussetzungen näher eingeht. Auf die Vorfragen war er in früheren Jahren gestoßen worden, mögen es augustinische Gedanken gewesen sein oder solche, die er bei Jean Gerson[78] oder bei Wessel Gansfort gelesen hatte. Um mit Ertrag die Schrift zu lesen und darüber meditieren zu können, bedarf es eines verlangenden, nach Gott fragenden Sinnes. Erasmus sagt nicht, ob er eine natürliche Anlage des Menschen meine, wie sie der Apostel Paulus in Röm. 1 und 2 voraussetzt, oder ob bereits eine Einwirkung des göttlichen Geistes von ihm vorausgesetzt wird. Denn von sich aus vermag der Mensch nicht den richtigen Geist hervorzubringen, der nach Erasmus eine Vorbedingung segensreicher Schriftbetrachtung ist. Noch viel weniger vermag der Mensch aus eigener Kraft sich von Neigungen frei zu machen, die ihn hindern, die wahre Schrifterkenntnis zu erlangen, nämlich die durchaus menschlichen Triebe der Ehrsucht und des Sich-Durchsetzen-wollens[79].

Die Schriftbetrachtung führt nach Erasmus zu einer einheitlichen Anschauung von Gott und der Welt, und diese nennen wir Theologie. Sie hat nach Erasmus zwei Seiten, einmal eine theoretische, wobei der Christ sich über sein Verhältnis zu Gott und dem Nächsten klar wird, dann aber eine praktische, die in der Bewährung besteht. Beides zusammengenommen verleiht der Theologie einen praktischen Charakter: Theologia moribus est exprimenda[80].

Seine Betrachtungsweise machte ihm ihren Wert gegenüber der scholastischen Theologie deutlich. Theologie ist niemals nur eine technische Angelegenheit, die man lernt, wie man bestimmte Handgriffe lernt. Erasmus hat es nicht vor, am Gegenstand der Theologie Kritik zu üben, wohl aber an den Formen. Wer disputieren kann, der braucht noch kein Theologe geworden zu sein. Andere als rationale Voraussetzungen sind wichtig und ausschlaggebend. Sollte nur der ein Theologe sein, der die Schultheologie beherrscht, so will Erasmus kein Theologe sein. Der

---

[78] Vgl. Allen 6,89.
[79] Holborn S. 179.
[80] Ebd. S. 180.

Name Theologe rührt vom Gegenstand selbst her und nicht von der Art seiner Behandlung. Die scharfen Angriffe, die Erasmus auf die scholastische Methode richtet, zeigen, daß es ihm um die Sache geht. Er läßt es sich angelegen sein, der Theologie als solcher neue Wege zu weisen. Diese ist für ihn Schrifterkenntnis und besteht nicht aus einzelnen Kenntnissen, sondern wirkt auf den Menschen selbst durch die Erkenntnis ein[81]. Aus dieser Einwirkung entsteht eine innere Haltung, die Erasmus Unschuld (innocentia) nennt. Damit bezeichnete er aber mehr als eine gewisse Harmlosigkeit oder Einfalt (simplicitas). Die innocentia als Ertrag der Begegnung mit Christus ist mehr. Erasmus will aber keine übertriebene Innerlichkeit vertreten, die bei dem einzelnen stehen bleibt. Er weiß durchaus um den Wert der Gemeinschaft für Erkenntnis und praktische Verwirklichung christlicher Gedanken. Er nennt daher die Gemeinschaft Volk Christi – vermutlich in Anlehnung an Augustins Civitas Dei – dieser Begriff ist für ihn umfassender und bezeichnender als der Kirchenbegriff. Im Volk Christi sieht er drei Kreise oder Ordnungen: den ordo oeconomicus, politicus, ecclesiasticus.

Aus dem Kultus, den Zeremonien das Wesen des Christentums verstehen zu wollen, ist für ihn ein fehlerhafter Ansatz. Da muß man zu Trugschlüssen kommen. Diesen Weg soll man nicht einschlagen. Wenn schon Verdeutlichungen gesucht werden, so sollen sie nicht am falschen Ort getroffen werden. Für das Schriftverständnis erbringt diese Betrachtung nichts. Wohl aber kann man aus den Schriften der Kirchenväter, von denen Erasmus zehn nennt, manches zur Erklärung entnehmen. Von den Griechen nennt er ganz zuerst Origenes[82], obwohl er als gute Kommentatoren auch Basilius, Gregor von Nazianz, Athanasius, Kyrill und Chrysostomus empfiehlt. Von den westlichen Autoren nennt er Tertullian und Cyprian, Hieronymus und Augustin. Unter diesen wiederum bevorzugt er Hieronymus[83].

Für methodische Arbeit an der Schrift empfiehlt Erasmus, eine collatio locorum[84], eine Art von Konkordanz, für die wichtigsten Begriffe anzulegen. Dabei warnt er geradezu, sich im Alten Testament zu verlieren. Für ihn ist es wichtig, das Neue Testament zu erfassen und von diesem aus dann an das Alte Testament heranzugehen. Dieses Ver-

[81] Ebd. S. 205.
[82] Ebd. S. 276.
[83] Ebd. S. 295.
[84] Ebd. S. 292.

fahren führt ihn ebenso wie die Kirchenväter zur Allegorie. Er ist der
Auffassung, daß dieses der notwendige Weg ist, daß man auf halbem
Wege stehen bleibt, wenn man das geistliche Verständnis nicht erreicht.
Eigentlich brauchte Erasmus keine Abstufung biblischer Schriften
vorzunehmen, wenn er die allegorische Schrifterklärung anwendet.
Denn damit kann er auch verschiedene Höhenlagen der einzelnen
Schriften ausgleichen. Im Grunde schließen sich der ordo auctoritatis
und die allegorische Schriftauslegung aus. Bei dieser Auffassung sollte
Erasmus zeitlebens bleiben. Er hat sich von der reformatorischen Seite
nicht bestimmen lassen. Die Allegorese und das spirituelle Schriftver-
ständnis wollte er immer festhalten[85]. Wie er schon 1516 in seinem
Widmungsbrief an Papst Leo X. von seiner Arbeit am Text des Neuen
Testamentes Rechenschaft ablegte, so tat er es hier in seiner Einführung.
Erasmus nannte sein Büchlein „Ratio studii theologici"; dieser Titel
klang bescheidener als die spätere offizielle Bezeichnung „Ratio verae
theologiae" (Sinn der wahren Theologie). Erasmus unterstrich es, wieviel
Mühe und Arbeit ihn die Edition des Neuen Testamentes gekostet hatte
und wie undankbar sich diejenigen erwiesen, für die er gearbeitet hatte.
Die Ratio sollte gleichsam ein Angeld für denjenigen sein, der sich der
Schrift zuwendet. Erasmus hob hervor, daß er sich darum bemüht habe,
die Schrift zu beleuchten. Ihm lag es am Herzen, die Berichte über ihre
Hauptgestalten von menschlichen Fabeleien frei zu machen. Auch im
Gottesdienst sollte nur gepredigt und gesungen werden, was der Schrift
entstammte.

Mit diesem bedeutsamen Büchlein, das zu den wirksamsten Schriften
des Erasmus gehört, war seine theologische Schriftstellerei auf die Höhe
gekommen, aber noch keineswegs zum Abschluß gebracht. Was Erasmus mit den Annotationes begonnen hatte, setzte er in den Paraphrasen
zu allen Büchern des Neuen Testamentes fort. Darin wollte er zeigen,
wie die von ihm aufgestellten Grundsätze anzuwenden seien. Diese
Arbeit, an der ihm viel gelegen war, zog sich über mehrere Jahre hin.
War mit den Paraphrasen zum Römerbrief (1517) die Arbeit eingeleitet,
für die er seine frühere Vorarbeit benutzen konnte, so erschienen in den
folgenden Jahren unaufhörlich weitere Bände: zuerst über die übrigen
Paulusbriefe, dann über die katholischen Briefe und den Epheserbrief,
die Johannesbriefe und den Hebräerbrief. Sodann nahm er die einzelnen
Evangelien vor, die 1522 und 1523 von ihm veröffentlicht wurden und

[85] Allen 3,176 ff.

schließlich die Apostelgeschichte (1524). In diesen Jahren traten die übrigen Veröffentlichungen seiner Textausgaben, humanistische und pädagogische Schriften, hinter den theologischen stark zurück. Und doch wird man sagen können, daß Erasmus in der großen Welt mit seinen humanistischen Werken, vor allem mit den Colloquia familiaria noch erheblich stärker gewirkt hat.

Kapitel VII
Die Verteidigung der Position

Erasmus war keineswegs eine streitbare Natur. In seinen Werken spricht er immer wieder davon, daß es seine Lebensart sei, Frieden zu suchen und für die Eintracht der Menschen einzutreten. Vielfach ist es aber das Los friedlicher Menschen, daß sie, ohne es zu wollen, Gegensätze auslösen und auf diese Weise in heftige Kämpfe verwickelt werden.

Nachdem Erasmus seine Lebensaufgabe erkannt hatte, scheute er sich nicht, für sie einzutreten. Einst befürchtete er, daß seine Ausgabe der Annotationes des Laurentius Valla starken Gegensatz auslösen werde, daher setzte er als Schutzbrief eine Widmung an Christopher Fisher voran, der ein angesehener Kirchenmann war und bei der Kurie viel galt. Dieses kleine Buch löste noch keinen Streit aus. Vielleicht ist es nicht genug beachtet und als nichtssagend abgetan worden. Für Erasmus selbst war es aber maßgebend, um eine nach seinen Richtlinien getroffene große Ausgabe des Neuen Testamentes herauszubringen.

Hatten sich auch schon einige kirchliche Kreise über das ,,Lob der Torheit" aufgeregt und hatte Martin van Dorp diese Einwände in seiner Epistel Erasmus vorgetragen[1], so war dieses noch nicht der Anlaß zu den großen Streitigkeiten, die seitdem das Leben des Erasmus erfüllten. Mehr denn ein ganzes Jahrzehnt hat er sich nur der Verteidigung seiner Position und der Abwehr der gegen seine Person und sein Werk gerichteten Angriffe widmen müssen. Erasmus konnte Person und Sache nicht trennen. Sie gehörten für ihn zusammen. Wenn er seine Prinzipien verteidigte, dann verteidigte er sich selbst.

Als Erasmus die Anordnung über die Ausgabe seiner gesammelten Werke traf, war er aufs höchste bestürzt, feststellen zu müssen, daß die Schriften, die der Verteidigung dienten, den achten Teil seines Gesamtwerkes ausmachten und einen von den acht geplanten Bänden völlig ausfüllen würden. Me miserum! ruft er aus: et hae totum volumen efficient![2] Obwohl er viel Sinn für Humor hatte, gehörte Erasmus zu

[1] Allen 1,337.   [2] Allen 1,41.

den Menschen, die im Grunde keine Kritik vertragen. Die Kritik an seinem Werk verletzte so sehr seinen Ehrgeiz, daß er sich dann nicht enthielt, heftig zurückzuschlagen. Vielfach warnte er seine Kritiker vorher schon, sie sollten die Kritik unterlassen, denn sonst würde es ihnen schlecht ergehen. Wenn er angegriffen wurde, hat er meist scharf reagiert. In „De conscribendis epistolis" schreibt Erasmus von der Notwendigkeit, die Kunst der Invektive zu beherrschen. Wenn es zu Zusammenstößen kommt, dann ist es besser, gleich zu antworten, statt zu warten. Kontroversen können aus Mißverständnissen entstehen, ungewollt, daher soll die Klärung schnell erfolgen, ehe weitere Folgerungen gezogen worden sind. Bisweilen ist es notwendig, um falscher Anschuldigung willen oder aus welchen Gründen auch immer, zum Gegenangriff überzugehen[3]. Apologetik und Polemik gehören zusammen; sie gehen ineinander über. In jeder Apologie spricht Erasmus davon, wie ungern er sich zu conflictationes hergebe[4]. Im Grunde lehnte er alle Streitigkeiten ab. Gern begab sich also Erasmus nicht in die Arena. Wenn es aber zum Kampf kam, dann wollte er sich ihm nicht entziehen. Er sah es schon als sein Los an, Kämpfe auszutragen. „Was soll ich tun, wenn ich für ein derartiges Los geboren bin?"[5], klagte er.

Es ist sehr eigentümlich, daß Erasmus nicht mit eingeschworenen Gegnern zu kämpfen hatte, sondern anfangs gerade mit solchen Gelehrten die Klingen kreuzte, die ihm innerlich gar nicht so fremd waren. Es ist geradezu verwunderlich, daß er mit Faber Stapulensis, den er während seines langjährigen Studiums in Paris kennengelernt und dem er zwar nicht nahegekommen, aber doch ganz freundschaftlich verbunden war, einen scharfen Strauß ausfechten sollte. In Paris waren keine persönlichen oder sachlichen Differenzen zwischen ihnen aufgekommen: familiaribus colloquiis Lutetiae fueramus conflictati[6]. Vielleicht lag es gerade daran, daß sie nie Gelegenheit bekommen hatten, sich grundsätzlich zu verständigen. Erasmus beklagt sich später, daß ihm Faber nie eine Andeutung über seine wissenschaftlichen Pläne

---

[3] LB 1,464.
[4] LB 9,42 C.
[5] Opuscula ed. Ferguson S. 303: Quid faciam, si his fatis sum natus?
[6] Apologia adversus Jacobum Fabrum LB 9,19. Vgl. Allen 3,50. Margaret Mann. Erasme et le debut de la réforme française. Paris 1934, S. 23 ff. wies schon auf die Ähnlichkeit zwischen dem Streit mit Faber und dem ersten Streit in Oxford hin. Auch der Streit mit Luther zeigt ein ähnliches Bild.

gemacht habe. Als sein Kommentar zu den Paulusbriefen (1515) vorlag, gab er Erasmus die Möglichkeit, sich mit ihm auseinanderzusetzen. Erasmus hatte für viele Dinge einen schärferen Blick: Er besaß auch größere Kenntnis der altkirchlichen Patristik. Er warf Faber vor, den Hebräerbrief für paulinisch zu halten, den apokryphen Laodizenerbrief und den Briefwechsel des Paulus mit Seneca für echt angesehen zu haben. Aber entscheidend war, daß er zu Hebräer 2,7 die Textüberlieferung und die Deutung Fabers in seinen Annotationes scharf zurückwies. Faber war ein Jahrzehnt älter als Erasmus; er ließ sich die Zurechtweisung nicht gefallen und antwortete in der 2. Auflage seines Kommentars 1517. Erasmus sah sich nicht als Angreifer an. In seinen Augen hatte Faber den völlig unnötigen Streit vom Zaun gebrochen. Und Faber hatte an ihm gar nicht wie ein Freund gehandelt[7]. Da sich aber Faber öffentlich gegen ihn gestellt hatte, hielt Erasmus eine Antwort seinerseits für unerläßlich. Er würde zwar nicht Gleiches mit Gleichem vergelten, er wollte nur deutlich machen, daß er nicht so dumm sei[8], wie Faber meine. Was ihn ärgerte, war Fabers Behauptung, daß seine Meinung unfromm sei und daß er mit seinen Bemerkungen die Annotationes des Erasmus erledige[9].

In seiner Apologie setzte nun Erasmus Faber scharf zu. Er ging von Psalm 8 aus und hielt Faber die Auffassung des Hieronymus entgegen, um dann auf den Zusammenhang von Hebräer 2,7 einzugehen. Hier behandelte er die altkirchliche Christologie des 4. und 5. Jahrhunderts. Hieronymus lese zwar als einziger, daß Christus ein wenig geringer a Deo sei, während alle anderen ab angelis hätten. Dennoch wäge sein Urteil mehr.

Dieser Streit stand mit dem Löwener von 1515 in keinem Zusammenhang; vielmehr handelt es sich hier um eine dogmatische Streitfrage. Erasmus war über Fabers scharfen Ton verwundert, den er bei ihm nicht erwartet hatte. Oder sollte ein anderer dahinter stehen? Vielleicht meinten sie sogar dasselbe. Erasmus bittet daher, keine Verschiedenheiten zu behaupten, wo sie einig seien. Er wisse, daß er von Thomas abweiche, aber er habe die Schrift für sich. Worauf kommt es in der Christologie mehr an, auf die sublimitas oder auf die magnitudo? Im Grunde auf beides. Seine Betrachtung gilt nicht den Naturen, sondern dem Wirken Christi. Erasmus warf Faber vor, er bekämpfe ihn, als

---

[7] Allen 3,5: Faber amicus haud admodum amice mecum egit.
[8] Allen 3,5 ff.
[9] LB 9,66.

wenn hier der Hauptpunkt der Auseinandersetzung läge. Im Grunde ging es aber um die Prinzipien. Erasmus hielt ihm seinen Aristotelismus vor. Ihn hätte bei ihm nicht die Sache, sondern die Neuheit der Sprache gestört. Die folgende dogmatische Auseinandersetzung mutet noch reichlich scholastisch an. Das paulo minus muß in Hebräer 2,7 besonders bedacht werden. Nach Erasmus bezieht es sich nicht auf die Sache, sondern ist zeitlich zu verstehen. Hier wird aber Faber recht behalten, wiewohl Erasmus auf alle Einzelheiten meinte geantwortet zu haben. Indem Faber die christologischen Kernpunkte seiner Auslegung bestritt, hatte er ihn schwer belastet, als wenn er die Bedeutung des Hebräerbriefes aufheben wollte. Daher brachte Erasmus eine Fülle patristischer Zeugnisse gegen Faber an und wies ihn auch auf Fehler in anderen Werken hin. Erasmus fühlte sich außerdem verletzt, daß Faber ihn einen assertor theologicae professionis, also einen Dilettanten, genannt hatte und ihm den Namen des Theologen vorenthielt[10]. Vielleicht spielten hier alte Pariser Erinnerungen mit. Zum Schluß warnte Erasmus ihn vor einer Replik, denn dann würde er zurückschlagen und garantierte für nichts.

Erasmus merkte erst spät, wie tiefe Wunden ihm Faber beigebracht hatte[11]. Seine Apologie, sagt er, schrieb er trauernd. Denn er hatte immer von Faber eine hohe Meinung gehabt. Seine Antwort war allerdings sehr scharf ausgefallen. Hatte ihm Guillaume Budé wegen dieser Apologie schon Vorwürfe gemacht, so hielt Erasmus an ihr doch fest. Er würde sie zurückziehen, sagte er, wenn Faber ihn nicht weiter verfolgen würde[12].

Die Jahre nach dem ersten Erscheinen des griechischen Neuen Testaments sind für Erasmus von Auseinandersetzungen angefüllt. Da meldeten sich verschiedene Menschen zu Worte und brachten ihre Einwände vor. Zu diesen gehörte auch Johann Eck, der Erasmus die natürlichen Erklärungen aus der Hand zu winden versuchte und immer auf das Wirken des Heiligen Geistes verwies[13]. Die Apostel, so schrieb er, seien von ihm unterwiesen und hätten kein vulgäres Griechisch gesprochen. Solche dogmatischen Gedanken waren Erasmus auch schon von Martin Lipsius entgegengehalten worden[14]; Erasmus entgegnete,

[10] Allen 3,50.152.
[11] Allen 3,452.
[12] Allen 3,457.
[13] Allen 3,209.330ff.
[14] Allen 3,312.

der Heilige Geist hätte auch Augustin beigestanden, trotzdem hätte dieser retractationes vorgenommen. Auch könnte nicht behauptet werden, daß Hieronymus nur auf päpstliche Anordnung an die Revision der Vulgata gegangen sei. Dieses war auch nicht die Hauptfrage. Eck hielt ihm vor, daß er über Trinität, Versöhnung, Sakramente schweige; offenbar bereite er eine neue Theologie vor. Der Gegensatz gegen Erasmus konzentrierte sich aber nicht in Paris, sondern zunächst in Löwen. Als Jacobus Latomus, der theologisch von Standonck in Paris stark beeinflußt war, einen Angriff auf die Forderung des Erasmus nach Kenntnis der drei alten Sprachen unternahm[15], antwortete Erasmus ihm mit einer Apologie, die ebenso wie der Dialog des Latomus aus zwei Teilen bestand. Diese Apologie entstammt dem Jahre 1519, als Erasmus sehr beschäftigt war. Sie ist daher absichtlich kurz gehalten[16]. Die einzelnen Entgegnungen sind in knappen Sätzen wiedergegeben. Erasmus verwies in diesem Zusammenhang auf das Decretum Gratiani[17] und bezog sich auch sonst auf seine Ausführungen in der „Ratio verae theologie". Weiter erwähnt er Beispiele der Vergangenheit, daß man sich gegen Sprachstudien gewandt hätte. Wie nötig die Kenntnis des Griechischen sei, könnten ihm die Vertreter aller Wissenschaften bezeugen. Schon Valla hätte sich darüber gewundert, daß die Theologen sich zutrauten, ohne Sprachkenntnisse die Heilige Schrift auszulegen[18]. Im Grunde mußte sich Erasmus hier mit den Argumenten beschäftigen, die er schon im privaten Brief an Martin Dorpius verwendet hatte. Er besprach hier die Konjekturen und die Kriterien, nach denen er die richtigen Lesarten ermittelte. Er könnte es bezeugen, daß durch Kenntnis der Sprachen manches ermittelt werde, was den Auslegern früher entgangen wäre[19]. In Paris habe er solche Theologen wie Latomus kennengelernt. Mit ihnen habe er keinen gemeinsamen Weg. Eine falsche Überzeugung darf nicht zur Richtschnur werden[20]. Schließlich berichtet Erasmus, von hochgestellten

---

15 De trium linguarum et studii theologici ratione. Antwerpen 1512 (Bibl. Reform. Neerl. 3,48 ff).
16 LB 9,71–106.
17 Clem. V. De trium linguarum doctoribus parandis; ebenso Decr. I Tit. de rescriptis.
18 LB 9,86 D.
19 LB 9,95 F: Mihi satis est, quod linguarum praesidio quaedam aperiuntur, quae fallebant antea.
20 LB 9,99 A.

Theologen die Klage gehört zu haben, daß sie scholastische Theologie
betrieben hätten und diese allein. Um so mehr wundere er sich, daß
Latomus diesen veralteten Weg empföhle[21].
Noch einen anderen Kontrahenten bekam Erasmus in Löwen, der
ihm noch viel zu schaffen machen sollte. Eduard Lee kam aus einer
englischen Familie, die mit den Mores befreundet war. Er hatte in
Oxford und Cambridge studiert, war 1515 baccalaureus geworden und
ging dann nach Löwen, wo er sich 1517 bis 1523 aufhielt, um Griechisch
zu studieren. Einen weiteren akademischen Grad hat er nicht erlangt.
Im Juli 1517 war auch Erasmus nach Löwen gekommen und nahm sich
des jungen Engländers an; er förderte seine Studien, was er später bitter
bereute. Vielleicht hat Erasmus ihn nicht richtig behandelt und seine
Ehre verletzt, denn schon bald nachdem Erasmus im Mai 1518 wieder
nach Basel gegangen war, erfuhr er von seinem Freunde Martin Lipsius,
daß Lee ihn angreifen wollte. Dieser hatte an 300 Bemerkungen gesammelt, die er gegen Erasmus ausspielen wollte. Auf Einspruch des
Erasmus schickte Lee diese Anmerkungen an Bischof Fisher zur
Beurteilung. Als aber Erasmus in seiner Apologia contra Latomum auch
ihn erwähnte, gab Lee seine Anmerkungen in Druck[22]. Die Drucker in
Antwerpen, die allein griechische Typen besaßen, wollten den Druck
nicht übernehmen. Als Erasmus Lee aufforderte, seinen Angriff doch zu
veröffentlichen[23], gab dieser sein Material nunmehr in Paris heraus. Das
Buch enthielt eine Widmung an Erasmus, der dann 243 Anmerkungen
zur ersten und 25 zur zweiten Auflage des Neuen Testamentes folgten.
Eine Antwort auf die Briefe des Erasmus und seiner englischen Freunde
beschloß das Buch. Drei Tage nach Empfang dieser Schrift hatte Erasmus eine Apologia fertig; sie wurde bei Hillen in Antwerpen gedruckt[24].
Es ist eine Selbstverteidigung des Erasmus und seiner Ausgabe des
Neuen Testamentes, der im April und Mai 1520 ausführlichere Responsiones folgen sollten[25]. Die Art seiner Verteidigung sprach nicht für ihn
und überzeugte auch sachlich nicht. Hier zeigte sich die Schwäche des

---

[21] LB 9,102 E. Vgl. Chr. Béné. St. Augustin dans la controverse sur les trois
langues. (Colloquium Erasmianum, Mons 1968, S. 25 ff.)
[22] Opuscula ed. Ferguson S. 252, 322.
[23] Allen 4,998.
[24] Apologia . . . qua respondet duabus invectivis Eduardi Lei. (Opuscula ed.
Ferguson S. 236–393).
[25] LB 9,123–284.

Erasmus doch deutlich: sein Ehrgeiz und sein gekränktes Selbstgefühl.
Erasmus sagte Lee nach, daß er gegen ihn konspiriere; noch nach Jahren
warf er Lee vor, daß er als englischer Gesandter in Spanien (1525–1529)
spanische Mönche gegen ihn aufgewiegelt hätte. Erasmus veranlaßte
daher seine englischen Freunde, in zahlreichen Pamphleten gegen den
Sycophanta öffentlich zu protestieren. Als alter Mann will Erasmus mit dem Jüngling keinen Zank führen.
Damit aber der Streit nicht endlos würde, will er sachlich über den
Verlauf berichten. Er wirft Lee vor, daß er völlig zu Unrecht die Verbesserungen der zweiten Ausgabe des Neuen Testamentes für sich in
Anspruch nehme. Erasmus hatte sich ja gleich im September 1516 an die
Verbesserungen gemacht; davon sollte zunächst niemand etwas erfahren,
damit Froben seine 1200 Exemplare erst verkaufen konnte. Ihm hatten
auch andere Verbesserungen zu seinem Text zugeschickt. In Löwen
hatte ja Erasmus dem Lee seine schon fast abgeschlossene Arbeit
gezeigt. Als er bei dem Druck der zweiten Auflage ein Blatt Lees seinen
Basler Mitarbeitern Capito und Oecolampad zeigte, war sein Satz schon
fertig. Lee dagegen hat später behauptet, Erasmus hätte seine Bemerkungen verwendet. Als die Aussprache zu keinem Ergebnis führte, wollte
Lee Schiedsrichter anrufen. Erasmus berichtet sehr breit über das
Gespräch mit ihm, erzählt, daß auch in England darüber gesprochen
wurde. Als Erasmus endlich Lees Buch erhielt, meinte er, die Lektüre
lohne sich nicht. Die Anmerkungen Lees wären zu geringfügig. Daher
habe er Lee in der zweiten Ausgabe nicht genannt. Sonst hätte er auch
alle anderen nennen müssen, vor allem seine Famuli, die Besseres
beigetragen hatten. Vor allem kam es Erasmus darauf an, seine Selbständigkeit zu wahren. Er betonte daher, er habe sich die Freiheit
gewahrt, den Text der ersten Ausgabe zu verbessern, wenn er Änderungen für notwendig hielt. Wegen der Spannung mit Lee wollte er nicht
auf die Engländer schelten, da ihm dieses Volk sehr lieb sei. Ihn stieß es
nur ab, daß Lee, den er doch gefördert hatte, ihm feindlich gesinnt sei.
Unter anderem hatte dieser bezweifelt, daß die päpstliche Approbation
für das Neue Testament des Erasmus echt sei. Weiter hatte er behauptet,
daß Erasmus die Heilige Schrift verändere, Vorwürfe, die auch von
anderer Seite gegen Erasmus erhoben worden waren[26].

Erasmus betont, daß er niemals die Gelegenheit zur Polemik gesucht
habe. Immer sei er vorsichtig gewesen und habe niemals Anstoß geben

[26] LB 9,79–106.

wollen. Im Unterschied zu vielen anderen hätte er aus seinem Schriftverständnis keine radikalen Folgerungen gezogen und habe auch keine
praktischen Veränderungen im kirchlichen Leben auf Grund seiner
Feststellungen verlangt. Was die zweite Ausgabe des Neuen Testamentes
von 1519 anlangt, so habe er sie an vielen Stellen geändert. Habe er
damit seine Meinung geändert? Veränderungen oder Verbesserungen
sind maßvoll gehalten und in aller Kürze vorgenommen worden. Lee
dagegen verdächtigte ihn, irrige Ansichten zu vertreten. Abgesehen von
seinen Anmerkungen gab Lee auch einen Dialog heraus, den Erasmus
gleich in seiner Apologie mitbespricht. Auf Lees wiederholte Vorwürfe,
daß er sein geistiges Eigentum verwendet habe, ohne seinen Namen zu
nennen, antwortet Erasmus, er habe es nicht nötig, sich mit fremden
Federn zu schmücken. Es läge ihm auch fern, sich zum Zensor
aufzuwerfen und seine Meinung als die allein richtige auszugeben. Die
persönlichen Anwürfe, die Lee gegen ihn aussprach, verletzten ihn
erklärlicherweise. Aber noch mehr war er darüber aufgebracht, daß die
Löwener Professoren nun Wasser auf ihre Mühle bekamen und sogar
öffentlich von der Kanzel verkündeten, Erasmus untergrabe die Autorität
der Schrift.

Die Apologie gegen Lee schließt mit einer Abwandlung des
Adagion: Quid cani cum balneo? in der Form: Quid militibus cum
balneis? Erasmus erwähnt auch seine übrigen wissenschaftlichen Streitigkeiten, vermißt aber bei Lee sachliche Argumente und eine faire
Kampfesweise. Hätte Lee Argumente, brauchte er nicht persönlich zu
werden. In diesem Falle würde sich Erasmus nicht entziehen, obwohl er
Frieden dem Streit vorziehe.

Noch aus einem weiteren Kreise sollte Erasmus scharfen Gegensatz
erfahren. In früheren Jahren hatte er des öfteren Einladungen nach
Spanien erhalten, zumal vom Kardinal von Toledo, Francisco Ximenes,
der ihn zur Mitarbeit an seiner Polyglotte heranziehen[27] wollte. Erasmus lehnte diese Einladungen ab[28], er wollte nicht spanisch werden
(ἰσπανίζειν)[29]. Hätte er die Einladung angenommen, so würde er vielleicht den großen Kämpfen und Gegensätzen entgangen sein, die sich
ihm nun boten. Nach dem Tode des Kardinals Ximenes (1517) mehrten

---

[27] M. Bataillon. Erasme et l'Espagne. Paris ²1975.
[28] Allen 3,6: non placet Hispania.
[29] Allen 3,52.

sich in Spanien die für Erasmus feindlichen Stimmen. Am meisten
machte ihm Stunica[30] zu schaffen, der auch andere gegen ihn aufbrachte.

Jacobus Lopez Stunica aus vornehmer spanischer Familie hatte in
Alcalá studiert und bereitete nach dem Erscheinen des Novum Instrumentum Omne eine Kritik dieser Ausgabe vor, deren Veröffentlichung
der Kardinal Ximenes allerdings untersagte. Nach dem Tode des Letzten
wurde sie herausgegeben. Nun weilte Stunica seit 1520 bis zu seinem
Tode (1531) in Rom. Welchen Grund hatte er, sich mit größter Schärfe
gegen Erasmus zu wenden? Die Motive sind nicht nur sachlicher Art, sie
müssen auch persönlich bedingt sein.

In seiner 2. Apologie sagt Erasmus, er würde Stunica nur dankbar
sein, wenn er wüßte, daß er aus lauter Akribie anmerkte, was Erasmus
übersehen hätte. Dazu hätte er selbst die Gelehrten in der ganzen Welt
aufgerufen. Aber Stunicas Haltung war eine andere. Erasmus hält ihm
vor, daß es im gelehrten Leben nicht möglich sei, daß einer sich über
den anderen erhöbe und ihm wegen einzelner Versehen die Gelehrsam-
keit abspräche. Damit verteidigte Erasmus nicht nur sich selbst, sondern
auch den ebenso von Stunica mißachteten Oekolampad. Dabei waren in
seinen Augen Stunicas Argumente belanglos. Im Grunde konnte er ihn
nur bemitleiden, daß er seine Gaben an eine falsche Sache wandte[31].
Bezeichnend für Stunica war es, daß er keine freie Übersetzung zulassen
wollte, was einem Erasmus geradezu geboten erschien.

Stunica blieb sein Leben lang ein eingeschworener Feind des Erasmus. Hatte er nicht selbst gegen ihn zu schreiben, so unterstützte er
andere Widersacher des in Italien stark befehdeten holländischen
Gelehrten. Dort wurde seit dem Erscheinen des Laus stultitiae gegen ihn
eingewandt, ihm fehlte es am nötigen Ernst.

Der seit 1525 in Rom lebende letzte unabhängige Fürst von Carpi[32]
Alberto Pio (1475–1531), der dort im ständigen Verkehr mit Aleander
und Sadoleto stand, begann gegen Erasmus vorzugehen. Er warf ihm
vor, weder Theologe noch Philosoph zu sein, und machte ihn, ebenso
wie es Aleander tat, für das Auftreten Luthers verantwortlich. Dabei
war er mit Erasmus seit einem gemeinsamen Aufenthalt bei Aldo

---

[30] Diego Lopez Zuñiga (Stunica) wurde als ernstzunehmender Gegner des Erasmus angesehen. Nach seinem Tode (1530) trat Sanctius Caranza für ihn ein.
[31] LB 9,355.
[32] Vgl. M. P. Gilmore. Erasmus and Alberto Pio. (Action and Conviction. Essays in memory of E. H. Harbison. Princeton 1969, S. 299 ff.)

Manutio in Venedig (1508) bekannt. Nachdem Alberto Pio dort die nötigen humanistischen Kenntnisse vermittelt bekommen hatte, war er in diplomatische Dienste eingetreten und hatte teils französische, teils kaiserliche Interessen beim Heiligen Stuhl vertreten. Nun bedrängte er Erasmus, dieser sollte doch endlich sagen, worin sich seine Auffassung von der Luthers unterschiede. Erasmus wurde nervös. In seiner Ungeduld schrieb er[33] sofort am 10. Oktober 1525 zurück: er beanspruchte gar nicht den Titel eines Philosophen oder Theologen. Als solcher sei er bisher nur einmal hervorgetreten, nämlich mit seiner Schrift „De libero arbitrio" gegen Luther, der sich ihm gegenüber ebenso verhielte wie Alberto Pio und ihm jede theologische Kompetenz abspräche. Der lombardische Fürst beantwortete diesen Brief nicht. Denn er bereitete eine Streitschrift gegen Erasmus vor, die er in der Weise gestaltete, daß er nachwies, die Auffassung des Erasmus von der alten Kirche sei falsch. Diese Schrift erschien auch bald in Paris[33a].

Erasmus lag es daran, den Angriff schnell zu parieren. Im März 1528 druckte Froben bereits seine Antwort an Alberto Pio, die nicht sanft ausfiel[33b]. Erasmus erklärte darin, Alberto Pio habe nichts zu sagen, alle seine Argumente stammten von anderen, er habe sie nur zusammengelesen, um sie massiert gegen Erasmus vorzubringen. Erasmus konnte sich aber nicht enthalten, in dieser Replik an den Fürsten, die an Schärfe nichts zu wünschen übrig ließ, den Fürsten auch persönlich zu verunglimpfen und ihn als degenerierten Menschen zu bezeichnen. Die Verteidigung des Fürsten übernahm Stunica mit der „Antapologia pro Alberto Pio in Erasmum"[33c]. Stunica erklärte, Erasmus täte besser daran, seine eignen Ansichten zu revidieren und, statt andere zu verunglimpfen, Retractationen zu schreiben. Obwohl der Fürst inzwischen verstorben war, antwortete Erasmus mit seiner „Apologia adversus rapsodias Alberti Pii", 1531[34].

Wenn wir die theologischen Kämpfe betrachten, die Erasmus in den Jahren der deutschen und schweizerischen Reformation zu bestehen hatte, können wir seine tiefe Resignation verstehen. Er hat sich nach allen Seiten tapfer gewehrt. Nicht nur gegen seine früheren Freunde hat

---

[33] Allen 6,199.403.
[33a] Alberti Pii Responsio paraenetica. Rom 1526, vgl. Allen 6,77.
[33b] Erasmi Responsio ad epistolam paraeneticam Alberti Pii. Basel 1529.
[33c] Über den Fortgang der Kontroverse vgl. Allen 6, 199 ff.
[34] Allen 10,83.283 ff.

er sich zu verteidigen gewußt, er hat sich auch die spanischen und
italienischen Gegner vorgenommen und hat ihnen von seinem Standpunkt aus die Leviten gelesen.

Hatte Erasmus sich behauptet? Seine Position war erheblich schwie-
riger geworden. Schon Papst Leo X. begann ihm gegenüber reserviert zu
sein. Papst Hadrian VI. trieb ihn an, mit Energie gegen Luther aufzutreten, nicht minder Clemens VII., der ihm sogar ein Bistum anbot,
wenn er gegen Luther aufzutreten bereit wäre.

Die Zahl der Gegner nahm zu. Ihre Argumente blieben dieselben.
Mochte Erasmus den einen den Mund stopfen, so standen gleich neue
Gegner auf. Es bedurfte großer Spannkraft, sich ihrer zu erwehren.
Erasmus ließ sich nicht entmutigen. Erfuhr er von einem Angriff, so war
seine Antwort in kürzester Zeit fertig. Bisweilen brauchte er nur wenige
Tage, um eine ganze polemische Schrift fertigzustellen. Es ist mühsam,
sie zu lesen, denn Erasmus kannte meist keine Disposition, oder er hielt
keine bestimmte Ordnung ein. Die Angriffe reihte er aneinander und
erwiderte, wenn er angegriffen wurde, in gleicher Weise. Vielleicht wäre
seine Verteidigung wirksamer geworden, wenn er kürzer und prägnanter
geschrieben hätte. Aber dieses Maß an Überlegung legte er gar nicht an
den Tag; er schrieb bisweilen leidenschaftlich und maßlos.

Oft ist es Erasmus selbst erst nachträglich deutlich geworden, daß
seine Polemik übertrieben und ungerecht war. Insbesondere bedauerte
er später die Schärfe seiner Apologie gegen Faber. „O genium meum,
ubique infestum", klagte er, indem er wiederum die Schuld nicht bei
sich selbst, sondern bei seinem Geschick suchte. Faber hatte ihn
ungewollt tief gekränkt und ihn an einer wunden Stelle getroffen. Er
hatte seine Auffassung für unfromm und seine Methode für dilettantisch
erklärt. Mit Erasmus konnte man über alles reden, aber Unfrommheit
wollte er sich nicht nachsagen lassen. In diesem Streit mit Faber erging
es Erasmus ebenso wie im Streit mit Luther: während er über bestimmte
Fragen nur reflektierte oder sie zur Erwägung stellte, zeigte der andere,
daß es ihm dabei um das innerste Leben ging. Auch in diesen Auseinandersetzungen zeigt Erasmus, daß für ihn Theologe sein und Weise-
sein zweierlei war. Erasmus bedauerte die Polemik. Im Grunde hielt er
sie für wahnwitzig. Statt daß Theologen sich zusammentäten, stritten sie
gegeneinander. Sie schadeten nicht nur der gesamten Christenheit, sie
schadeten auch sich selbst[35].

---

35 Allen 3,523 f.

War es nicht ein Widerspruch gegen seine eigenen Grundsätze, daß Erasmus diese Kämpfe aufnahm? Was er der streitsüchtigen Scholastik vorwarf, wiederholte nun die erst im Aufbruch befindliche neue Theologie ihrerseits. Viele haben es in dieser Weise empfunden; der Londoner Bischof[36] schrieb schon angesichts des Streites zwischen Erasmus und Faber an Budé: ,,Auf dem Kampfplatz stehen die beiden Kämpfer unseres Jahrhunderts, in freundlichsten Schriften miteinander streitend"[36]. Einige der Freunde des Erasmus interessierten sich für dieses Duell, andere wieder kritisierten Erasmus und fanden es ungeheuerlich, daß er antwortete, und vor allem, daß er es so schroff tat. Auch Budé gehörte zu den Letzteren. Faber, der inzwischen Generalvikar beim Bischof Briçonnet in Meaux geworden war, nahm keine weitere Notiz von ihm, Budé, an den Erasmus mehrfach schrieb, hüllte sich in Schweigen. Aber dieser Streit mit Faber war nur ein Vorspiel. Nachdem Erasmus mit seinen spanischen und italienischen Gegnern die Klingen gekreuzt hatte, mußte er sich wieder seinen französischen Widersachern zuwenden.

In Paris war Natalis Bedier, einst Nachfolger Standoncks im Collège Montaigu, an der Sorbonne der größte Gegner des Erasmus geworden. Unter seinem Einfluß wandte sich die theologische Fakultät in Paris gegen ihn und zensurierte seine Schriften. Dieses ist für Erasmus ein harter Schlag gewesen, den er aber doch meinte parieren zu können.

Die 20er Jahre stellen Erasmus in eine Position, die er früher nicht gekannt hatte. Bis dahin, so klagte er dem Papst Hadrian VI., lebte er in angenehmster Gemeinschaft mit allen Gelehrten und fühlte sich in diesem Besitz glücklich. Nun aber setzten die Angriffe nicht aus[37].

In der Vorrede zur Hilarius-Ausgabe hatte Erasmus geschrieben: ,,Die Summe unserer Religion ist Frieden und Eintracht"[38]. Diese kann aber nur bestehen, wenn man den Glauben so wenig wie möglich definiert und jeder in vielen Fragen seine freie Meinung behalten kann. Zu definieren sind nur die Dinge, die in der Heiligen Schrift überliefert sind; diese sollen bona fide erwogen und festgehalten werden. Darin zeige sich theologische Bildung. Subtilitäten sind nicht seine Sache, – dazu hat Erasmus zu sehr den Blick auf das Zentrale gerichtet – seine Bemühungen richteten sich nach wie vor darauf, in den Hauptsachen

---

[36] Vgl. Allen 2,538: in arena duo nostri seculi milones in literis amicissimis epistolis inter se certarent.
[37] Allen 5,258.
[38] Allen 5,177: summa nostrae religionis pax est et unanimitas.

bessere Einsicht zu vermitteln[39]. Als solchen, der die lautere Theologie zur Geltung bringt, verehrten ihn seine jüngeren Schüler[40].

Hatte Erasmus bis dahin meist von strengen Vertretern des alten Glaubens Widerspruch erfahren, so merkte er bald, daß er immer mehr zwischen die Fronten geriet. Gegen Ende seines Lebens berichtete Erasmus dem burgundischen Kanzler, daß Kaiser Karl V. schon 1521 auf den Rat seines Beichtvaters Jean Glapion ihm die Bekämpfung Luthers übertragen wollte[41]. Erasmus habe sich aber, ohne die gewünschte Unterredung abzuwarten, damals aus den Niederlanden nach Basel zurückgezogen[42]. Vielleicht war der Vorschlag gut gemeint, aber Erasmus schöpfte doch Verdacht, er sollte entweder mit harten Methoden gegen diejenigen vorgehen, denen er wohlgesonnen war, oder sich selbst in den Netzen verfangen.

War die Tradition das entscheidende Problem, das zwischen Erasmus und seinen Basler Freunden stand[43]? Als die Basler nach dem Beispiel ihrer Züricher Freunde in der Karwoche bei dem Arzt Steinschnyder zusammenkamen, um bewußt das Fastengebot zu übertreten, gab dieses Ereignis Erasmus den Anlaß, dem Bischof von Basel seine Auffassung von der Tradition darzulegen. In der kleinen Schrift vom verbotenen Fleischgenuß[44] behandelt er die auf menschlichen Satzungen beruhenden Bräuche. Erasmus hatte den Mut, dem Bischof zu sagen, um solch geringer Ursachen willen sollten die Bischöfe keinen Christen strafen. Eine andere Sache sei es, wenn jemand vorsätzlich den Gottesdienst störe, dann sollte er bestraft werden. In den kirchlichen Bräuchen dagegen sollte evangelische Freiheit herrschen[45]. Auch weitere Fragen dieser Art beschäftigten Erasmus: ist die Beichte ein göttliches Gebot oder eine menschliche Satzung[46]? So sehr Erasmus vom Nutzen dieser Einrichtung überzeugt war, kannte er aus der Literatur wie aus der Praxis auch ihre großen Nachteile. Eine Entscheidung zu treffen, ob die Beichte beizubehalten sei in der bisherigen Form oder nicht, wagte er nicht.

---

[39] Allen 5,119.
[40] Allen 5,409.
[41] Allen 5,95 vgl. M. Bataillon. S. 123, Anm. 2.
[42] A. Renaudet. Erasme. Sa pensée religieuse (1517–1521). Paris 1939, S. 99ff.
[43] Allen 5,46.
[44] LB 9,1199: De interdicto esu carnium.
[45] Vgl. Allen 5,546.
[46] LB 5,146–170.

Ihn drängte es dazu, aus dem Neuen Testament selbst die Antworten zu gewinnen auf die wichtigsten Fragen: was heißt glauben[47]? Was heißt beten? Dieser Schrift „Modus orandi" wird er mehr Zeit gewidmet haben als der gegen Luther gerichteten „Diatribe vom freien Wille", die er in wenigen Tagen niedergeschrieben haben will. Wir können es ihm glauben, denn zum großen Teil besteht diese Schrift aus einer Aneinanderreihung von Bibelstellen, die er in seinem Sinne auslegt. Warum er sie Diatribe nennt? Es waren Erörterungen, Überlegungen, denen er keinesfalls dogmatischen Charakter zuschrieb.

Unter diesem Aspekt sah Erasmus seinen Gegensatz zu Luther. Er meinte, den von ihm aufgestellten Grundsatz, das festzuhalten, was die Schrift sagt, in den Deutungen aber keine neue Scholastik hervorzubringen, eingehalten zu haben. In den Deutungen hielt er sich an die von den Kirchenvätern eingeschlagene Richtung, während Luther einseitig die augustinische Linie aufgenommen und diese in seinem Sinne übertrieben hätte. Seinem einstigen Mitarbeiter in Basel, Wolfgang Capito[48], meinte Erasmus sagen zu müssen, daß er für das Evangelium viel mehr und viel eindringlicher gewirkt habe, als es die Evangelischen meinten. Als aber in Straßburg zwei gegen ihn gerichtete Schriften erschienen, eine von Otto Brunfels, die andere von Erasmus Alber, da beschwerte er sich beim Straßburger Rat[49]. Hier betonte er, wieviel Mühe, aber auch wieviel Widerstände er auf sich genommen hätte, um das Evangelium zu fördern. In diesem Schreiben berichtet er, daß ihn geistliche und weltliche Fürsten oft aufgefordert hätten, gegen Luther zu schreiben[50]. Das Angebot habe er immer ausgeschlagen: auf äußere Vorteile und auf Besitz wollte er gern verzichten, statt einigen wenigen zu Gefallen gegen sein Gewissen Streitschriften zu verfassen.

Erasmus gibt in diesem Brief zu, daß er manches bei Luther nicht verstehe, anderes nicht billige. Abgestoßen habe ihn vor allem die Tatsache, daß sich viele Leute auf Luthers Seite geschlagen hätten, die vom Geiste des Evangeliums weit entfernt seien. Deswegen habe er niemand nur aus dem Grunde abgelehnt, weil sie Luther anhingen, wichtig wäre ihm bei allen die Tatsache, daß sie sich eifrig um die Besserung des Lebens bemühten (mores et molimenta).

---

[47] LB 5,1099.
[48] Allen 5,221ff.
[49] Allen 5,512ff.
[50] Vgl. Allen 5,536.542.

Als es so weit war, daß er gegen Luther schreiben mußte, hat sich Erasmus genau überlegt, wie er die Streitschrift anlegen sollte. Die Schrift über die Willensfreiheit ist nach einem sorgfältigen Plan ausgearbeitet; der Gedankengang und selbst die einzelnen Formulierungen sind sorgfältig überdacht.

Es ist zu bedauern, daß von dieser Schrift kein Manuskript erhalten geblieben ist, an dem abgelesen werden könnte, wie Erasmus geschrieben, was er verbessert oder gestrichen hat. Ihm lag viel an diesem Thema, und er wählte es nicht nur aus dem Grunde, weil er sich dabei am deutlichsten von Luthers Anschauungen abgrenzen konnte. Die Tradition gewährte ihm einige Vorteile gegenüber Luther, andererseits kam er in dieselben Schwierigkeiten, denen jeder altkirchliche Denker ausgesetzt war, der die Willensfreiheit behauptete. Erasmus wußte es wohl, daß mit der Wiederholung alter Argumente allein die Sache nicht entschieden war.

Als Erasmus sich 1524 doch entschlossen hatte, seine von Luther abweichende Meinung auszusprechen, konnte er sagen, daß er nichts als seine volle Überzeugung aussprechen werde[51]. In dem Augenblick, als er über den freien Willen zu schreiben begann, traten alle anderen früheren und gegenwärtigen Kontroversen für ihn zurück. Erasmus wußte, daß diese Auseinandersetzung nicht auf gleicher Stufe mit den anderen stand. Für die Antwort an Stunica brauchte er nicht mehr als einen Tag zu opfern, das Ringen mit Luther sollte viel mehr Mühe erfordern[52]. Dieser Kampf war im Grunde der einzige wirklich theologische Kampf seines Lebens, für den er manche Vorarbeiten schon Jahre zuvor geleistet hatte. Diesen Kampf war er nicht nur sich selbst und der Klärung seiner Position schuldig; er, der sich für die alte Kirche entschieden hatte, war verpflichtet, den Rest seines Lebens ihr und ihren Aufträgen zu widmen[53].

Man könnte fragen, ob Erasmus sich gründlich genug für diese Aufgabe vorbereitet habe. Er wußte zwar sehr wohl, daß das Problem der Willensfreiheit, an das er nun herantrat, kein eindeutiges war. Luthers Reaktion zeigte ihm, daß er sich in manchen Stücken verrechnet hatte. Luther ging auf eine Überlegung des Problems nicht ein, für ihn war die Frage der Willensfreiheit kein philosophisches Problem, sondern eine religiöse Frage, die im Grunde nur eine einzige Antwort zuließ.

[51] Allen 5,592: nihil praeter animi sententiam.
[52] Allen 5,415: unius diei operam huic negotio dedi.
[53] Allen 4,610.

Hatte sich Erasmus in den früheren Auseinandersetzungen immer in der Defensive befunden und in seinen Responsiones oder Apologiae auf Angriffe geantwortet, so hatte er gegenüber Luther zum ersten Mal die Rolle gewechselt. Diesmal war er der Angreifer. Es ist zwar bekannt, daß er sich lange genug gegen diesen Schritt gesträubt hatte und daß ihn in gewisser Weise nur andere dazu genötigt hatten, diesen Angriff vorzutragen. Aber gerade bei dieser Haltung fragt es sich, ob Erasmus ernsthaft die Polemik aufgenommen hat oder ob es nur eine begriffliche Plänkelei sein sollte, die nicht an des Lebens Kern reichte.

Es bestehen zwei Möglichkeiten, das Vorgehen des Erasmus zu deuten: entweder sollte seine Schrift nur ein Problem erörtern, um zu zeigen, daß es abgesehen von der augustinischen Deutung noch andere geben konnte, daß es sich also nicht um ein Entweder-Oder bei dieser Frage handelt; zum anderen konnte es die Feststellung der Grenze zwischen ihm und Luther bedeuten. Während andere Gegner meist am Beispiel der Sakramente erweisen wollten, daß Luther sich außerhalb der Kirche gestellt hat, hat Erasmus nun, wie Luther selbst anerkannte, als einziger die Frage herausgegriffen, die nach seiner Auffassung die entscheidende Frage im Verhältnis zwischen den Menschen und Gott ist, und sie in den Mittelpunkt gerückt[54].

Die Willensfrage hatte Erasmus schon lange beschäftigt. Als er 1516 die Paraphrasen zum Römerbrief schrieb, hatte er sich bei Kapitel 9 mit diesem Problem befaßt[55]. Ihm war es nach den Worten des Römerbriefes klar, daß es arrogant wäre, Gott zur Rechenschaft zu ziehen, daß der Mensch sich seiner Allmacht und Güte unterwerfen und alles aus seiner Hand nehmen müsse. Gott könne es aber nur gut mit dem Menschen meinen. Es gelte, dem zu glauben, was er sagt, und sich nicht um den Ausgang zu sorgen. Erasmus trägt in diese Schrift Gedanken ein, die ihn ein Leben lang beschäftigt haben. Das Geheimnis des Todes, das ihm schon in jungen Jahren zu schaffen machte, ordnete er dem unerforschlichen Willen Gottes ein. Nach seiner Auffassung ist es

---

[54] Der Abendmahlsstreit zwischen Luther und Zwingli war noch nicht verklungen, als der Streit um die Willensfreiheit begann. Nach dem Erscheinen der beiden Schriften De libero arbitrio diatribe und De servo arbitrio plante Zwinglis Freund Leo Jud eine Streitschrift „Erasmi und Luthers Maynung vom Nachtmahl unsers Herrn", in der er darauf hinwies, daß Erasmus keine Transsubstantiation lehre. Erasmus protestierte bei der Eidgenossenschaft gegen diese Schrift und ließ am 15. Mai 1526 seine Gegenschrift „Detectio praestigiarum" (Allen 6,337 ff.) erscheinen.

[55] LB 7,806 ff.

Gottes Wille, daß dem Menschen der Zeitpunkt des Todes verborgen bleibt; er findet es gut, daß Gott es so geordnet hat. Erasmus spricht vom mystischen Schweigen, mit dem der Mensch Gott begegnen soll. Mystisch heißt für ihn nach innen gekehrt, in der Versenkung des Gebetes verharrend. Konnte Erasmus nicht auf Luthers Zustimmung rechnen, wenn er von der Unerforschlichkeit Gottes, vom Geheimnis der Trinität, der Zweinaturenlehre und späteren theologischen Erörterungen sprach? Bezeichnend für ihn ist, daß er gleich nach dem Nutzen „dieser gequälten Fragen" fragt. Der Gegner der Scholastik und ihrer Methode konnte nicht anders, als diese Frage, über die man sich seine Gedanken machen kann, im theologischen Gespräch völlig zurückzustellen. Spekulationen sind für ihn keine ersprießliche Betätigung. Einmal wird der Mensch durch sie arrogant, zum anderen geht er an zentralen Fragen vorüber oder schadet sich sogar dadurch, daß er Wesentliches vom Unwesentlichen nicht mehr zu unterscheiden vermag. Erasmus weiß aber ebenso gut wie Luther, daß es auch Fragen theologischer Art gibt, die für die Öffentlichkeit ungeeignet sind. Der Theologe soll nicht alles und jedes behandeln. Als Beispiel greift Erasmus etwa die Lehre von der Allgegenwart Gottes heraus, die man nicht in der Weise der Scholastik vor aller Welt behandeln sollte. Auch manche Fragen, die durchaus den Menschen in seinem Alltag berühren, aber sehr problematisch sind, sollten lieber unerörtert bleiben. Man dürfe zwar immer die Wahrheit sagen, aber es sei nicht immer und für alle gut, ihnen mit der Wahrheit ins Gesicht zu springen.

Erasmus war nicht ohne weiteres dazu bereit, den Ansichten Augustins zu folgen. Die augustinische Auffassung, die Wiclif und Luther wieder aufgenommen hatten, erscheint ihm durchaus fraglich. Muß denn aus Römer 9 gefolgert werden, daß Gott allein alles bestimmt und der Mensch lediglich der Notwendigkeit unterworfen ist? Erasmus sucht philosophische Fragestellungen mit der Schriftposition zu verbinden und sie nach Möglichkeit auszugleichen. Die Ansicht des Erasmus, daß in der Schrift Gott so anthropomorph dargestellt werde, um ihn dem menschlichen Verstehen zugänglich zu machen, hat ihm niemand bestritten; allein die Folgerungen, die er gezogen hat, daß aus diesem Grunde der Schriftausleger denselben Weg gehen müsse und die Angleichung an natürliche Meinungen des Menschen fortführen solle, hielten viele für unzulässig. Welchen Zweck hat es, Paradoxien auszusprechen, die dem Menschen die Verantwortung abnehmen und ihn jeder Verpflichtung entheben?

Erasmus ist in der Diatribe bereit, auf Luthers Linie zu treten und
allein von der Schrift auszugehen. Die Schrift ist für beide maßgebend.
Freilich ist es nicht so einfach, zu einer einhelligen Deutung zu
kommen. Erasmus meint, dieser Weg vereinfachte immerhin seine
Aufgabe. Wollte er von der Tradition der Kirchenväter ausgehen, so
würde die Untersuchung vielmehr Arbeit verursachen, zumal die
Kirchenväter keineswegs einig sind, sondern teils für, teils gegen die
Willensfreiheit des Menschen eingestellt sind. Das Verfahren müßte
umständlich sein: Aussagen sammeln, erklären, das Für und Wider
abwägen. Erasmus meint, die Auffassung Luthers und seiner Freunde
sei ebenso gespalten; die einen, wie Luther selbst, lehnten die Willensfreiheit schroff ab, die anderen – und dabei scheint er insbesondere an
Karlstadt gedacht zu haben – setzten sich für den freien Willen ein.

Wesentlich war diese Frage vor allem für die humanistisch bestimmten Theologen, wie etwa für Melanchthon, der zwar Luther gefolgt war,
aber schon bald sich auf den allgemeinverständlichen Kurs begab.

Es geht aber nicht nur um die Schrift als Norm (lapis lydius),
vielmehr um ihre Deutung, um ihren eigentlichen und endgültigen Sinn.
Die Schrift-Exegese, die zu allen Zeiten die größte und schwerste
Aufgabe war, bleibt auch jetzt die entscheidende Arbeit. Erasmus kennt
Luthers Grundsatz, daß die Schrift sich selbst auslege[56]. Aber gerade
diesen Grundsatz stellt er in Frage. Sprechen nicht viele Tatsachen im
Neuen Testament dagegen? Wozu bedurfte es sonst der Prophetie und
der Charismen, wenn alles klar und deutlich ist? Wird nicht auch die
Auslegung schwankend und unsicher, wenn jeder Mensch sich an-
heischig macht, sie auszulegen? Auch heute noch zählen sich viele
Gelehrte zu denen, die die dunklen Stellen der Schrift nicht im Stande
sind zu erklären. Meist werden doch diejenigen nach Erasmus die beste
Erklärung bieten, die in einem kirchlichen Amte stehen und den Geist
des Evangeliums verspüren.

Wie kommt man zur rechten Schrifterkenntnis? Durch größere
Bildung oder durch Inspiration? Bildung kann ein Stück des Weges
zurücklegen lassen, und doch gibt Erasmus in unserem Falle zu, daß es
schlichte Menschen gibt, die vieles erkennen, was dem Gebildeten verschlossen bleibt. Wie die größte Bildung so ist auch Heiligkeit keine
Gewähr für richtige Schriftauslegung. Menschen bleiben sündige Men-

---

[56] WA 7,97.

schen; der Geist entscheidet. Wenn wir die Geister prüfen sollen, dann können wir nichts anderes tun, als daß wir auf das Leben dieser Menschen blicken und fragen, wie denn der Geist sich in ihrem Leben auswirkt. Erasmus warnt aber auch vor dem Spiritualismus: wenn sich jeder auf den Geist beruft und meint, die richtige Schriftdeutung vorzutragen, dann werden sehr verschiedene Auffassungen mit derselben Begründung nebeneinander gestellt. Erasmus betont, daß er sich nicht auf den Geist berufe und keine unbedingte Gültigkeit seiner Aussagen beanspruche; er wolle „schlicht und fleißig vortragen, was sein Herz bewegt".

Aus der Schrift, die nach seiner Überzeugung von ein- und demselben Geist stammt und sich daher nicht widersprechen kann, wählt Erasmus biblische Stellen aus, die für seine Auffassung sprechen, und dann solche, die das Gegenteil behaupten. An den Anfang stellt er eine Definition: „unter freiem Willen verstehe ich hier die Kraft des menschlichen Willens sich dem, was zum ewigen Heil führt, zuzuwenden oder sich vom Entgegengesetzten abzuwenden". Es ist bezeichnend, daß Erasmus für die biblische Lehre vom freien Willen des Menschen größtenteils Zitate aus dem Alten Testament zugrunde legt; an den Anfang stellt er Jesus Sirach 15, 14–18: Da findet er den ursprünglichen freien Willen des Menschen beschrieben. Erasmus sagt, daß Adam aus übermäßiger Liebe zu Eva ihr zu folgen bereit war und damit in das Verderben geriet, das sein Wesen veränderte. Wie die Kirchenväter und Scholastiker so zieht auch Erasmus die Folgerung, daß eigentlich der freie Wille dadurch verloren war, aber durch Gottes Gnade soweit wieder in Erscheinung trat, daß er unter dem fortwährenden Beistand der Gnade auf den rechten Weg kommen konnte.

Die Ausführungen in dieser Schrift erinnern am stärksten an Thomas von Aquin. Die Willensfreiheit ist noch da, aber geschwächt. Eine einheitliche Auffassung, meint Erasmus, hätten weder die alten noch die neuen Theologen zustandegebracht. Er referiert auch, ohne den Versuch zu unternehmen, eine geschlossene Auffassung hervorzubringen. Erasmus stellt eine Reihe weiterer Bibelstellen aus dem Alten Testament zusammen; auch meint er im Johannes-Evangelium einige Stellen zu finden, die seine Auffassung besonders gut kennzeichnen. Insbesondere setzt die Bekehrung des Menschen den freien Willen voraus; ebenso würden die Gebote sinnlos, wenn der Mensch nicht den Willen aufbringen könnte, sie zu halten und die Verantwortung für sein Tun zu tragen.

Das Neue Testament, das ebenso von Lohn und Strafe, von guten und bösen Werken spricht, setzt ebenfalls die menschliche Entscheidungsfreiheit voraus. Erasmus bespricht das Gleichnis von den Arbeitern im Weinberg und nennt den Glauben ein Werk, bei dem der freie Wille in Aktion tritt.

Nun weiß Erasmus, daß es in der Bibel auch andere Aussagen gibt. Da geht es nicht mehr um das Menschenbild, sondern um das Gottesverständnis. Schließlich geht er auf die Erzählung von der Verstockung Pharaos (Exodus 9), näher ein, ein Beispiel, das von den Gegnern seiner Auffassung immer wieder vorgebracht wird. Aber im Gegensatz zu dem von Augustin eingeschlagenen Wege folgt Erasmus Origenes, der die Verstockung auf die eigene Schlechtigkeit Pharaos zurückführt. Gott vergewaltige niemand; wir schreiben es nur Gott zu, was wir selbst tun.

Menschlicher Wille und göttliche Prädestination stehen im Spannungsverhältnis. So will Erasmus den Willen Gottes immer als Hauptursache gelten lassen und den menschlichen Willen unter den göttlichen gebracht wissen. Erasmus will auch sekundäre Ursachen gelten lassen. Gott kann zwar alles, was er will; sein Wille kann nicht gehindert werden. Damit nimmt Erasmus die berühmte Frage auf, ob Judas nicht einer Notwendigkeit folgte, die ihn zum Verrat trieb. Hier merkt er aber, daß er auf subtile Fragen kommt, die ihn in die Nähe scholastischer Spitzfindigkeiten bringen. Entgegen seinen Pariser Lehrern betont Erasmus, daß das Böse immer vom Menschen herkommt und nicht von Gott. Gegenüber Luther spricht Erasmus die Warnung aus, bei einer Verherrlichung des Glaubens die Willensfreiheit des Menschen nicht zu vernichten. Für Erasmus steht es fest, daß die Gnade Gottes den Anstoß gibt und der Mensch sein Heil ihm allein verdankt. Die Frage nach dem Verhältnis von Gottes Gerechtigkeit und seiner Barmherzigkeit kennt er auch, nur daß er sie anders bestimmt als Luther.

Erasmus hatte auf seine Schrift eine ruhige und sachliche Antwort erwartet und war höchst überrascht, als er nach langem Warten eine leidenschaftliche, und wie er meinte, unsachliche Antwort erhielt. Maßlos, wie er sich dem Verfasser gegenüber verhielt, zeigte sich Luther auch in der Sache. Er tat Erasmus mit einigen abwertenden Bemerkungen ab, nannte ihn einen Sophisten und Skeptiker, der der Wahrheit und Lüge indifferent gegenüberstünde, bezeichnete ihn als Schmeichler, unwissend in der Theologie, die er zu vertreten unternähme, gewissenlos und eigensüchtig. Immerhin gestand ihm Luther zu, daß er die

Kernfrage getroffen habe[57], die Antinomie von Freiheit und Gnade, von Gott und Welt. Luther stellte die Wahrheit über den Frieden, das Wort Gottes über menschliche Weisheit. Gott selbst wirkt in den Ereignissen; auch die Reformation hat er erregt und geleitet. Unparteiisch sein ist für Luther soviel wie unbeteiligt sein. Den Liberalismus des Erasmus verachtet er. Wenn der Mensch solche Kräfte bewahrt hat, wie sie Erasmus ihm zuschreibt, dann war das Versöhnungswerk überflüssig; denn die Gnade verdienen können, hieße, Christus ablehnen.

Nun meinte Erasmus, daß er Luther nicht allein jene kleine Schrift entgegenhalten konnte. Er schrieb seine Schutzschrift „Hyperaspistes". Zum Titel dieses Buches ist zu bemerken, daß Erasmus schon in seiner Vorrede zu Laurentius Valla das Bild des Schildträgers verwendet, der einen anderen beschützt[58]. Das Buch Hyperaspistes gehört also mit der „Diatribe" zusammen. Erasmus unterschrieb die Vorrede am 20. Februar 1526. Im Mai lag der 1. Teil, im Juli der 2. Teil gedruckt vor. Aber in dieser Zeit konnte er doch nicht alles sagen, was er wollte. Deshalb folgte im Jahre darauf ein neues Werk; dieses 2. Buch vom Hyperaspistes lag im September 1527 vor[59].

Da ihm Luther positive Anschauungen abgesprochen und den christlichen Humanismus ad absurdum geführt haben wollte, lag es Erasmus daran, seine Position zu festigen. Er entwickelte hier seine philosophischen und theologischen Prinzipien, auf die er sich mit seiner Chrysostomus-Ausgabe „Über das Geschick und die Voraussicht Gottes" vorbereitet hatte[60]. Er hatte Gelegenheit, alle Argumente seiner Gegner zu besprechen und seine eigene Auffassung deutlicher zu bestimmen. Die altkirchlichen Anschauungen werden von ihm verdeutlicht und unterstrichen. Hinsichtlich seiner kirchlichen Haltung konnte er sich auf seine alten Auffassungen berufen[61].

---

[57] WA 18,610.

[58] Allen 1,407.

[59] Allen 6,404.

[60] Unter der Überschrift Conciunculae sex de fato et providentia gab Erasmus den griechischen Text der Chrysostomus-Predigten 1526 heraus.

[61] LB 10,1257: „Von der Katholischen Kirche bin ich nie abgefallen. Ich weiß, daß es in dieser Kirche viele Dinge gibt, die mir mißfallen. Aber solche sehe ich auch in deiner Kirche. Darum ertrage ich diese Kirche, bis ich eine bessere sehen werde, und sie ist wohl genötigt, auch mich zu ertragen, bis ich selbst besser geworden bin. Und derjenige fährt nicht unglücklich, der zwischen zwei Übeln den Mittelkurs steuert."

Eigentümlicherweise vermutete Erasmus in Luthers Gegenschrift „De servo arbitrio" das Werk mehrerer Autoren[62], als wenn Luther jemals ein theologisches Werk mit anderen zusammen geschrieben hätte. Der mißtrauische Erasmus erklärte sich auf diese Weise die verspätete Antwort. Auch wunderte er sich sehr, daß sich Luther nicht auf seinen Vorschlag einließ. Die kühle Ablehnung war unmißverständlich. Erasmus meinte, Luther griffe ihn persönlich an, weil er keine ausreichenden sachlichen Argumente hätte.

Erasmus war immer sehr empfindlich, wenn seine Frömmigkeit in Frage gestellt wurde. Er war daher empört, als Skeptiker und gar als Gottloser bezeichnet zu werden, so daß er sich über Luther beim Kurfürsten Johann dem Beständigen beschwerte. Selbst nahm er sich vor, Luthers Antwort Satz für Satz und beinahe Wort für Wort durchzugehen und auf diese Weise seine eigene Schrift zu schützen und zu rechtfertigen. Daher liest sich sein „Hyperaspistes" mühsam und stellenweise geradezu gequält. Dieser Replik fehlt der große Zug. Die Auseinandersetzung um Sprüche und Begriffe wirkt kleinlich. Auch mußte es bei dieser Art der Entgegnung zu zahlreichen Wiederholungen kommen. Warum hatte er die Schrift De libero arbitrio geschrieben? Doch nur, um zu zeigen, daß er in manchen Fragen anders stände als Luther. Mehr wollte er nicht. Daher habe er auch nicht viel Arbeit auf diese Schrift verwendet. In acht Tagen, so sagt er später, war das Büchlein fertig[63]. Auf seine leichte Waffe hatte Luther mit schwerem Geschütz geantwortet.

Erasmus sah sich genötigt, im ersten Buch des Hyperaspistes seine Schriftauffassung darzulegen. Er betont seine Ehrfurcht vor der Schrift, die auch für ihn die einzige Norm sei. Dabei unterstellt er, daß in der katholischen Welt die Schrift einheitlich verstanden wird, während sich bei den Protestanten eine Fülle von Meinungsverschiedenheiten ergeben. Von den zeitgenössischen katholischen Theologen nennt Erasmus in diesem umfangreichen Werk keinen außer gelegentlich Johann Eck. Wenn zwischen ihm und Luther in der Schriftauffassung ein Unterschied entstanden sei, so doch nur durch Luthers Hartnäckigkeit[64]. Sein

---

[62] Erasmus vermutete zuerst, daß Melanchthon Mitverfasser von De servo arbitrio wäre (Allen 7,366). In der Vorrede zum Hyperaspites spricht er dagegen von vielen Verfassern. Diese Vermutung stützte er mit dem Hinweis, daß die Antwort auf seine Schrift wohl aus diesem Grunde so lange auf sich warten ließ.
[63] LB 10,1274 C.   [64] LB 10,1284 A.

Wunsch richte sich auch nur darauf, daß das Evangelium überall regiere. Abgesehen vom Formalen sehe er nur wenige sachliche Differenzen. So wundere er sich, daß Luther beim Reden von Gott sich ins Gebiet der Dialektik flüchte. Die Unbegreiflichkeit gehöre nun einmal zum Wesen Gottes. Die Hl. Schrift selbst stelle schwere Fragen zum Gottesproblem. Weiter betont Erasmus, er habe nicht für Luther allein, sondern für einen größeren Kreis geschrieben, der davon überzeugt ist, daß Gott in Christus faßbar ist. Wo von Gott die Rede ist, da ist Christus gemeint. Erasmus hält Luther vor, er gehöre zu denen, die die Schrift nicht so auslegen, wie es recht ist. Ihm widerstrebe vor allem „Luthers Dogma" von der Alleinwirksamkeit Gottes, denn nach Luther habe Gott allein einen freien Willen[65].

In diesem Zusammenhang geht Erasmus auch auf das Verhältnis von Schrift und Tradition ein. Denn hier geht es um die Glaubensgewißheit. „Wenn du doch diesen Knoten auflösen könntest"[66], ruft er ihm zu. Was Luther lehre, sei ihm zu unsicher. Für Luther seien die Heiligen, sei die Kirche verborgen (abscondita est ecclesia, latent sancti). Das verstehe er nicht[67]. Er möchte bei der Kirche bleiben, die der rechten am nächsten komme. In diesen Gegensatz spielt auch die Frage nach der Klarheit der Schrift, claritas scripturae[68], hinein. Erasmus ironisiert Luther, dem alles in der Schrift klar sei. Das sei Luthers mira felicitas. Nach seiner Meinung habe Paulus mit dem Rätsel in 1. Cor. 13 auf die Dunkelheit der Schrift angespielt. Die scriptura mystica kann nur von Propheten gedeutet werden. Das allgemeine Schriftverständnis bezeichne Paulus als unvollkommen und spreche damit aus, daß die Schrift dunkel sei. Erasmus begründet diese Auffassung damit, daß niemand Gott so erkenne wie dieser ihn. Luther meine, die Schrift sei denjenigen klar, die den Geist haben. Wer sind aber diese? Und wie sollen die verschiedenen Auffassungen beurteilt werden? Auch der Geist offenbart nicht allen alles. Erasmus bleibt dabei, daß einzelne dunkle Stellen wohl geklärt werden, soweit es zum Heil des Menschen dient, daß aber andere wieder dunkel bleiben[69].

Was den unfreien Willen anlangt, so meint Erasmus, Luther hätte manchen Menschen Rauch in die Augen geblasen[70]. In der Vergangen-

---

[65] LB 10,1278 D.
[66] LB 10,1291: hunc nodum utinam dissolvere possis!
[67] LB 10,1298 E.   [68] LB 10,1305 D.
[69] LB 10,1310 D.   [70] LB 10,1314 D.

heit sieht er Hus, Wiclif, Laurentius Valla und nur teilweise Augustin
auf Luthers Seite stehen, auf der anderen Seite jedoch fast alle Kirchenväter und Universitäten, die durch Würde, Autorität, Alter und Gelehr-
samkeit der ersten Gruppe bei weitem überlegen seien.

Nachdem das erste Buch des Hyperaspistes erschienen war, meinte
Erasmus noch nicht genug zum Schutze seines Namens und seines Rufes
getan zu haben. Daher nahm er sich vor, einen zweiten Band herauszugeben, in dem er jeden Satz einzeln beleuchtete und Luthers Einwände zerstreute. Auch dieser Band konnte in Basel 1527 erscheinen,
da die Basler gerade im Gegensatz zu Luther standen. Dieser zweite
Band ist viel umfangreicher als der erste. Was Erasmus hier vorbringt,
hatte er jedoch alles schon im ersten Bande gesagt.

Erasmus wußte zwar, daß er die Lage durch die neue Schrift nicht
ändern würde, wollte andererseits aber keine Möglichkeit der Selbstverteidigung vorübergehen lassen. Die Unterscheidung von deus abscondi-
tus und deus revelatus hält er für eine Erfindung Luthers. Mit noch
größerer Schärfe als im ersten Bande wendet er sich gegen ihn, wirft ihm
vor, die Kirchenväter zu mißachten und in seiner Überheblichkeit seine
eigene Meinung zu verabsolutieren. Erasmus schreibt, Luther habe seine
Hauptthese, daß es den freien Willen nicht ohne Gottes Gnade gebe,
mißverstanden. Nur von der Gnade getrieben, schlägt der Mensch eine
andere Richtung ein und wird gerettet[71]. Luther aber überspitze seine
Aussagen und führe sie ad absurdum. Mit ihm sei nicht zu disputieren,
denn er wolle immer recht behalten. Er lasse nur seine Argumente gelten
und erkenne die anderer nicht an. Wer für sich eigene Gesetze auf-
richtet, mit dem sei nicht zu reden.

Für Luthers Dogma sieht Erasmus in der Schrift keine Begründung.
Tausende gebildeter Menschen lesen die Schrift anders als Luther. Er
wollte im Sinne Augustins den Inhalt der Schrift darlegen, um zu
zeigen, wie sich Gott in der Schrift darstellt. Abgesehen vom Gottes-
begriff, seiner Omnipotenz und Präscienz geht Erasmus anhand von
biblischen Geschichten auf den Menschen ein. Dabei ist es ihm wichtig,
herauszustellen, daß Gott niemand liebt oder haßt nisi iustis de causis,
d. h. ex meritis praecedentibus[72].

Auch in den Briefen, die Erasmus in dieser Zeit schreibt, geht er
immer wieder auf den Streit mit Luther ein, der ihn doch sehr getroffen

---

[71] LB 10,1374 C.
[72] LB 10,1441 F.

hatte. Ihm war es kein Scherz und kein Spiel. Er wollte nicht nachgeben
und sich für besiegt erklären lassen. Daher wehrte er sich. Der Briefwechsel mit Melanchthon zeigt, was in Erasmus in dieser Zeit vorging.
Es war zwischen ihnen eine gewisse Abkühlung eingetreten, aber die
Verbindung brach nicht ab. Luther hüllte sich indes in Schweigen. Es ist fraglich, ob er die
beiden Bände des Hyperaspistes überhaupt zur Kenntnis genommen hat.
Er wollte mit Erasmus nichts mehr zu schaffen haben. Daher ignorierte
er ihn. Damit war freilich die Auseinandersetzung der beiden Koryphäen
nicht beendet.

Eramus wußte, daß er die Ketzerrichter in Löwen und Paris mehr zu
fürchten hatte als die heftigsten Angriffe von seiten Luthers. Wohl hatte
er humanistische Freunde auf beiden Seiten, aber nun ging es nicht mehr
um Freundschaft, sondern um sachliche Gegensätze. Wo lagen die
größeren Möglichkeiten für die Bildung erasmischer Prägung? Würde er
in der alten Kirche einen Platz finden, oder würde er auf seiten des
neuen Glaubens auch Raum gewinnen können?

Erasmus schrieb im Rückblick auf diese Auseinandersetzung am
24. März 1529 an Johannes Vergara: ,,Ich war ein tapferer Streiter für
die Kirche; wäre es auch nichts anderes, auf alle Fälle bin ich niemals
fahnenflüchtig geworden. Ich habe freimütig bekannt, daß ich von der
Gemeinschaft der Kirche keinen Fingerbreit abgehen will. Sodann habe
ich drei Schlachten mit Luther geschlagen . . . das hat niemand vor mir
gewagt . . .''.

,,In Brabant hätte ich unangefochten schreiben können, aber dort
hätte ich noch schärfer mit gewissen Menschen kämpfen müssen, die
jetzt amtierende Ketzerrichter sind. Vor ihrem Haß hätte ich nicht
sicher sein können ohne den Schutz des Hofes, den ich nur bekommen
hätte, wenn ich darum gebuhlt hätte. Aber mein Charakter läßt es nicht
zu, daß ich Menschendiener werde.''[73]

Die Kämpfe dieser Jahre betrafen nicht nur Auseinandersetzungen
mit konservativen Mönchen auf der einen, mit Luther auf der anderen
Seite. Sie betrafen auch den Humanismus selbst. Erasmus mußte sich in
dieser Zeit auch von seinen humanistischen Freunden in Löwen und
zugleich von seinen humanistischen Mitarbeitern in Basel abgrenzen.

Schon in der Korrespondenz mit Martin van Dorp hatte Erasmus den
Gedanken geäußert, daß er sich von denen trennen werde, für die der

---

[73] Allen 8,108.

Humanismus nur eine Form oder eine Formel sei. Der Kampf mit den altkirchlichen Kreisen Löwens, die sich um ihrer scholastischen Position willen vor der Überbetonung des Griechischen in der Theologie wehrten, war ebensosehr ein Entscheidungskampf wie es der Kampf mit Luther war. Der religiöse Humanismus, wie ihn Erasmus vertrat, mußte sich noch stärker ausprägen, ehe sich sein Verhältis zur Theologie voll bestimmen ließ.

Erasmus schrieb 1525 die Schrift ,,De lingua"[74], die keine philosophische Untersuchung war, sondern eine Mahnung wie so viele mahnende und warnende Schriften des Philologen. Ihm geht es um die lateinische Sprache und ihre Anwendung in seiner Gegenwart. Was wäre diese traditionsreiche gelehrte Sprache, wenn man sie nur handwerksmäßig erlernte und anwendete in sklavischer Nachahmung bestimmter klassisch gewordener Muster und Vorbilder? Die Hauptsache der Sprache ist ihr Geist. Erfaßt man ihn, dann ist die Möglichkeit für eine gesunde Weiterentwicklung gegeben. Bei seinen moralistischen Bestrebungen kommt es Erasmus darauf an, durch die edle Sprache zu edler und reiner Gesinnung zu kommen. Dabei warnt er die an der Rhetorik interessierten Gelehrten vor dem Wortreichtum, vor der Geschwätzigkeit. Auch in der Sprache muß Ordnung und Maß Anwendung finden. Erasmus führt eine Menge von Beispielen an, um aus ihnen die Folgerungen zu ziehen. Die Sprache kann Schaden anrichten, aber gegeben ist sie dazu, daß sie Nutzen bringt und den Menschen auf die gute Bahn führt. Es gilt zu überlegen, ehe man redet, und nicht durch Gedankenlosigkeit und Heftigkeit die Sprache zu mißbrauchen.

Die Bewegung, die Erasmus groß gemacht hatte, war indessen über ihn hinausgegangen. Der klassische Humanismus war nicht auf die Linie gegangen, die Erasmus mit seinem biblischen Humanismus eingeschlagen hatte. Immer mehr traten sie sich gegenüber. Inmitten der gesamten humanistischen Welt war Erasmus längst nicht mehr unumstritten. Daher sah sich Erasmus gegen Ende seines Lebens genötigt, seine Auffassungen zu klären, mit seinen Gegnern offen zu reden und auch manchen Schlußstrich zu ziehen.

Zu diesem Zweck veröffentlichte Erasmus im Jahre 1528 seinen Dialog ,,Ciceronianus"[75]. Dieses Werk bietet in Gesprächsform seine

---

[74] ASD IV, 1,221–371.
[75] LB 1,973 ff. Über den Streit des Erasmus mit den ciceronianischen Puristen (Scaliger, Dolet, Alberto Pio) vgl. D. J. Geanakoplos in: Gymnasium 1959, 133.

Auseinandersetzung mit den einseitigen Humanisten, die nur auf den
guten Stil achteten. Erasmus verstand es wohl, daß es ihnen nicht genug
war, nur ein grammatisch richtiges Latein zu schreiben. Sie berauschten
sich an ciceronianischer Phraseologie und machten aus dem Redefluß
eine Religion. Erasmus widersprach ihnen, wenn sie so weit gingen, daß
sie geradezu ein drakonisches Gesetz aufrichteten, es dürften nur
Wendungen gebraucht werden, die bei Cicero belegt seien. Es galt bei
diesen als höchste Würde, für einen Ciceronianer gehalten zu werden.
Erasmus vertritt ihnen gegenüber das Anliegen des Humanismus, das
mehr ist als nur die Form. Er will nicht übertreiben, sondern nur Tatsachen feststellen, wenn er darstellt, wie der Ciceronianer arbeitet. Er
entwirft sein Schreiben und schmückt es mit Floskeln und Wendungen
des vergötterten Tullius. Die Sprache als solche ist für ihn schon heilig.
Dabei ist Cicero schon im Altertum keine ausschließliche Autorität.
Weiter führt Erasmus aus, daß nur derjenige Cicero nachahmen könne,
der ihn vollständig kennt. Absolute Ciceronianer könne es gar nicht
geben, da Ciceros Gedankengut gar nicht vollständig auf uns gekommen
ist. Vielleicht werde auch manches Cicero zugeschrieben, was gar nicht
von ihm stammt. Auf diese Weise mache sich mancher ein Bild von ihm
zurecht, das dem echten Cicero gar nicht entspricht. Mit der Imitation
mache man sich jedoch lächerlich. Denn auf Gegenwartsfragen kann der
Nachahmer keine Antwort geben. Wir leben doch in einer anderen Welt
als Cicero. Seit seiner Zeit hat sich alles gewandelt; aliud conspicio
theatrum quam Cicero.

Um ein Beispiel anzuführen, berichtet Erasmus von einer glanz-
vollen Rede, die er in Rom in einer erlauchten Versammlung gehört
hatte. Der Redner hatte sich so sehr in antike Bilder verfangen, daß er
gar nicht zu seinem Thema kam. Denn es sollte eine christliche Predigt
sein. Tam Romane dixit ille Romanus, ut nihil audirem de morte
Christi. Gegen diese extreme Humanistenart wendet sich Erasmus und
hält ihren Vertretern ihr sachliches Versagen vor: Illud imprimis
curandum erat Ciceronianis, ut intelligant mysteria christianae religionis
nec minore studio libros sacros evolvant, quam Cicero philosphorum,
poetarum etc. evolverat. Wollen sie Christen sein, dann müssen sie in
ihrem Leben alles nach den Regeln Christi ausrichten. Oder gibt es eine
andere Möglichkeit? Wenn Erasmus seine Partner betrachtet, dann stellt
er fest: man bewundert Plato mehr als Christus und hat im Grunde für
die Antike mehr übrig als für das Christentum. Für sie selbst besteht
kein großer Unterschied zwischen göttlichem Gebot und antiker Weis-

heitslehre. Ihre Christlichkeit ist daher äußerlich; im Innern sind sie Heiden. Das sollte umgekehrt sein! Erasmus wollte sie nicht dem Humanismus entreißen und ihnen die Freude an ihren Bildern nehmen. Er wollte nur ihre Blicke nach oben richten. Sagt doch Cicero selbst, daß Eloquenz die Kunst sei, die Weisheit auszusagen. Die Christen dagegen fragen nicht nach dem besten Ausdruck, sondern nach dem Sinn des Lebens, nach der Ausrichtung des bene vivere. Ihr Anliegen geht alle Menschen in gleicher Weise an. Bei aller Anerkennung der humanistischen Arbeit dürfte man die formale Seite nicht überbewerten. Cicero selbst verlangte vom Philosophen keine Eloquenz. Erasmus gesteht, daß er bisweilen Bedenken hinsichtlich seiner Auffassung gehabt, daß er sie aber schon lange überwunden hätte.

Kann es überhaupt einen Schriftsteller geben, fragt Erasmus, den man einen Ciceronianus im Vollsinn nennen könnte? Unter den klassischen Autoren finde er keinen, von dem das gelte, aber auch unter den Autoren der Spätantike und unter den Gelehrten des Mittelalters finde er keinen, der Cicero gleichgestellt werden könnte. Selbst die Koryphäen der Renaissance von Petrarca an bestehen die Probe nicht. Erasmus zählt alle Namen der Berühmtheiten des Quinquecento auf. Mit demselben Erfolg passieren Revue die Humanisten Frankreichs und Englands. Außer Cicero gibt es in der Antike doch noch andere Schriftsteller. Wenn ihre Gedanken wertvoll sind, sollten sie aufgenommen werden, auch wenn sie nicht in ciceronianischem Stil abgefaßt sind. Der Nutzen, meint Erasmus, empfiehlt auch eine mäßige Eloquenz. Wem es jedoch nur an der Nachahmung der Form liegt, der muß sich damit abfinden, daß er die Ursprünglichkeit verliert. Cicero selbst würde, wenn er in unserer Zeit lebte, sich anders verhalten.

In der Auseinandersetzung mit dem Humanismus seiner Zeit unterstreicht Erasmus immer wieder, daß manche seiner Gegner unter dem Vorwand des Ciceronianismus ihren Gegensatz zur christlichen Gedankenwelt zum Ausdruck brächten. In Italien bildeten sich Philosophenschulen, die sich nach antikem Vorbild richteten. Offenbar denkt Erasmus an andere Kreise als an die Platonische Akademie in Florenz, die in ihrer Blütezeit diesen Gegensatz gerade nicht hervorhob. Wer aber so ciceronianisch sein will, daß er darüber meint nicht mehr christlich denken zu können, der ist nach Erasmus kein Ciceronianus. Das gegenwärtige Anliegen muß sich darauf richten, die Hauptsache bei Cicero zu erfassen, nämlich den Geist, der auf das Wesentliche hinzielt. Für Erasmus ist dies der christliche Geist. Wissenschaft und Religion (eruditio et pietas) müssen nach seiner Überzeugung in gegenseitigem Verständnis und Wohlwollen bestehen.

Damit grenzt sich Erasmus im ,,Ciceronianus" nicht nur von anderen humanistischen Kreisen ab. Obwohl diese Abgrenzung für ihn und seinen Standpunkt besonders wichtig ist, hebt sie nachdrücklich zugleich die Grundlinien seiner Konzeption hervor. Es geht hier nicht nur um den methodischen Zugang zur Bildungswelt, sondern um sein Lebensideal. Was er in seinen politischen oder pädagogischen Schriften in den Mittelpunkt stellte, daran hält er auch in der Auseinandersetzung mit anderen Auffassungen konsequent fest. Wenn Zeitgenossen wie Scaliger ihm Verrat am Humanismus vorwarfen, dann stand es für Erasmus fest, daß er einen anderen Humanismus meinte als Scaliger. Nicht umsonst widmete Erasmus den Ciceronianus einem Staatsmann, nämlich dem Düsseldorfer Kanzler Johannes Vlatten, der im Sinne des Erasmus ein Staatswesen leitete und zugleich seine Kirchenpolitik bestimmte. Diese Tatsache zeigt, daß Erasmus kein theoretisches, sondern ein durchaus praktisches Ziel mit seinem Humanismus erstrebte. Weil es sich dabei um eine ganzheitliche Auffassung handelte, darum kämpfte Erasmus auch so verbissen um ihre Anwendbarkeit und bleibende Geltung.

Kapitel VIII
Ausgleichende Motive im Alterswerk

Seit seinen frühen Jahren hat Erasmus immer zum Ausdruck gebracht, daß er die Wissenschaft nicht als l'art pour l'art betreibe. Ihren Zweck sah er vielmehr darin, anderen Menschen nützlich zu sein. Diesen praktischen Zug brachte er in den späteren Jahren, als seine großen Werke schon erschienen waren und er seine Position behauptet hatte, immer stärker zur Geltung. Wie es im Leben bedeutender Männer häufig geht, kehrte Erasmus im Alter zu den Gedanken seiner Jugend oft zurück. Der Gedanke des Nutzens (usus oder utilitas)[1] brach sich in seinen späten Schriften erst recht Bahn. Was er jetzt seinen Zeitgenossen nahebringen wollte, erinnert freilich nicht immer an die Frühzeit. Sein religiöser Individualismus ließ nach, jetzt ist es vielmehr der Kirchengedanke[2], den er betont.

Konkret verfolgte Erasmus das Ziel, durch Eintracht zur letzten Einigkeit zu gelangen. Der Christ sei dazu berufen, nicht nur die Einigkeit zu halten, sondern auch dafür aktiv einzutreten, daß sie unter Menschen und Völkern wachse. Was bedeutet für ihn aber concordia? Sie bringt die Übereinstimmung im Denken zum Ausdruck und ist soviel wie gleiche Gesinnung; zugleich ist sie ein Synonym zu pax. Gelegentlich spricht Erasmus von pax et concordia, ohne sie wesentlich zu unterscheiden; beide bezeichnen gleicherweise den Inhalt der christlichen Lehre[3] und sind Inbegriff christlicher Haltung.

Nach Erasmus muß sich jeder Christ dafür einsetzen, daß der christliche Glaube in der Welt Geltung erlange; dazu muß die friedliche Gesinnung sich durchsetzen. Sie muß auch das politische Leben bestimmen. Hier fragt er sich aber, mit welchen Mitteln das geschehen soll. Erasmus macht sich klar, daß im Grunde die menschliche Gesellschaft ohne die concordia nicht bestehen kann[4]. Religiöser Zwiespalt

---

[1] Allen 3,461.
[2] C. Augustijn, The Ecclesiology of Erasmus (Scrin. Erasm. 2, Leiden 1969, S. 135ff.
[3] LB 4,632B.
[4] Allen 4,79.

erscheint ihm sehr gefährlich. Wenn die Christenheit nicht unglaubwürdig werden will, muß etwas dagegen geschehen. In den 20er Jahren brachte er schon den Gedanken vor, ein Schiedsgericht einzurichten; dieses sollte untersuchen, auf welcher Seite das Recht sei[5]. Die Schiedsrichter, die für die concordia sorgen, müssen Menschen sein, die den Frieden kennen. ,,Wo die concordia fehlt, hören wir auf Christen zu sein"[6]. Die Schüler des Erasmus nahmen diesen Gedanken gern auf. Melanchthon hat ihn immer vertreten als einen brauchbaren Vorschlag, den er und auch andere gegen den Konzilsgedanken ausspielten.

Allen vertritt in seinem Aufsatz ,,Erasmus on church unity" den Gedanken, daß Erasmus durch Thomas Morus' Utopia bezüglich der religiösen Zukunft tiefgreifend bestimmt wurde[7]. Die Entstehung und Entwicklung der in diesem Werk enthaltenen Gedanken hatte Erasmus miterlebt. Die in der Utopia vorgebrachten Vorstellungen mußten wieder vor sein geistiges Auge treten, als die kirchlichen Spannungen immer größer zu werden begannen und seine Freunde sich auf beide Lager verteilten. Wie sollte die Spannung anders ertragen werden, als daß die verschiedenen Ansichten toleriert wurden? Der Toleranzgedanke wurde für Erasmus immer wichtiger. Während Allen diesen überbetont, scheint der Gedanke der Eintracht, den Erasmus in den letzten Jahren seines Lebens immer wieder hervorkehrte, bei ihm nicht zu seinem vollen Recht zu kommen. Dieser Gedanke hat eine lange Vorgeschichte. Als Erasmus im Jahre 1520 eine neue Ausgabe seiner ,,Ratio verae theologiae" vorbereitete, schrieb er den Satz: ,,Die Summe unserer Berufung ist Eintracht"[8]. Erasmus meinte damit die paulinische Auffassung aus 1. Cor. 12, wo die christliche Einheit unter dem Bilde von Leib und Gliedern dargestellt wird.

Erasmus war der Meinung, daß die Eintracht nicht nur im geistlichen Bereich, sondern auch in der Welt zu erreichen sei. Auch da müsse es bei gleicher Ausrichtung eine Harmonie der Kräfte geben. Die Natur gebe das Vorbild dafür ab. Die gleichen Anlagen der Menschen müßten zur Übereinstimmung im Denken und Fühlen führen und eine gemeinsame Gesinnung ergeben. Eine feste und unlösliche Einheit wird freilich nur da erreicht, wo die Übereinstimmung im Glauben besteht[9]. Daher

---

[5] Allen 6,218f.
[6] LB 9,272D.
[7] Utopia II, 9.
[8] Holborn S. 245.
[9] LB 2,929A.

konnte Erasmus in den 20er Jahren den Inbegriff der christlichen Religion mit concordia bezeichnen. Von dieser Position aus konnte er sagen: wo die concordia fehlt, hören wir auf Christen zu sein.

Als es im kirchlichen Bereich zu immer größeren Spannungen und Kämpfen kam, dachte Erasmus über Mittel und Wege nach, um die Einheit wieder herzustellen. Dieses Anliegen erschien ihm als das Wichtigste, was in seiner Gegenwart zu tun sei. An Konrad Pirckheimer schrieb er am 22. März 1522: ,,Ich habe vor, etwas zu schreiben, nicht gegen Luther, sondern über die Eintracht, doch ich sehe, beide Teile sind so erregt, daß es besser ist, still zu sein"[10]. Erasmus schwankte lange zwischen Resignation und Unternehmungslust. Die concordia mußte verwirklicht werden, auch wenn überall Aufruhr herrschte. Streit, Krieg, Aufruhr müßten als Niederlage der christlichen concordia gelten[11], so schrieb er an Marcus Laurinus am 1. Februar 1523. Man kann nicht alles laufen lassen, religiöser Zwiespalt ist noch gefährlicher als Uneinigkeit im weltlichen Bereich. Die uneinige, zerrissene Christenheit macht sich zunichte. Dagegen muß etwas unternommen werden! Es muß zwischen Recht und Unrecht geschieden werden. Wer soll es aber tun und wer soll das Recht zu Geltung bringen? Erasamus dachte ständig darüber nach.

Dieser Gedanke war von Erasmus zuerst schon 1520 im ,,Consilium" und in den ,,Axiomata", den beiden Flugschriften dieses Jahres vertreten worden[12]. Sie gingen zwar anonym aus, werden aber doch mit großer Wahrscheinlichkeit Erasmus zugesprochen werden müssen. Das ,,Consilium" hatte Erasmus zusammen mit dem Dominikaner Dr. Johann Faber entworfen. Er empfahl Faber seinen Freunden am Brüsseler Hofe, aber ebenso seinem Freunde Konrad Peutinger in Augsburg[13]. Wenn Erasmus das ,,Consilium" auch nicht selbst geschrieben haben wird, so lieferte er doch Faber Material, bemühte sich auch selbst im gleichen Sinne, auf die ihm bekannten Fürsten einzuwirken. Während seines Aufenthaltes in Köln hoffte Erasmus noch, daß der Papst Milde walten lassen und sein Urteil über Luther suspendieren würde, daß aber auch Luther seinerseits sich unterwerfen würde. Nach der Zusammenkunft mit den Nuntien in Köln gab Erasmus diese Hoffnung auf. Es ent-

---

[10] Allen 5,32.
[11] Allen 4,203 ff.
[12] Opuscula ed. Ferguson S. 337 ff. und 359 ff.
[13] Allen 4,358.

stand damals noch eine weitere Flugschrift, das „Judicium", das Faber
zum Verfasser hat[14]. Dieses erwies sich nach dem Wormser Edikt als
wirkungslos. Der Gedankengang der Flugschriften entspricht vielen von
Erasmus in seinen Briefen geäußerten Gedanken: Die Sache Luthers ist
von ungeeigneten Leuten geführt worden, andererseits auch die Verurteilung Luthers ein Werk der Mönche. Hier hätte gründlicher untersucht werden sollen. Vor allem hätten die Theologen ihre Pflicht ver-
säumt, anders zu verfahren, nämlich Luther brüderlich zu ermahnen,
und, wenn er nicht widerrufen wollte, ihn freundlich zu behandeln. Vor
allem verurteilt Erasmus die Verbrennung der Bücher. Man hätte aus
den Präzedenzfällen in Böhmen mit den Hussiten lernen sollen. Anwendung von Gewalt führt immer nur zur Hartnäckigkeit.

Die positiven Vorschläge für eine Befriedung liefen bei Erasmus
darauf hinaus, Schiedsrichter zu wählen, bestehend aus einem Deutschen, einem Engländer und einem Ungarn. Diese sollten Luthers Gedanken prüfen und ihm ihr Urteil auferlegen. Nehme er es nicht an, so
sollte zum Äußersten geschritten werden.

Wenn sich dieser Vorschlag auch nicht durchführen ließ, hat ihn
Erasmus trotzdem nicht fallen lassen. Schon im folgenden Jahre, als die
Lage durch das Wormser Edikt völlig verändert war, holte er diese Gedanken wieder hervor. Während die Stände in Deutschland nach einem
Konzil zu rufen begannen, beurteilte Erasmus die Konzilaussichten sehr
skeptisch[15]. Er meinte nicht, daß ein Konzil so viel Autorität besitzen
würde um sich durchzusetzen. Deshalb nahm Erasmus bei der nächsten
Gelegenheit, als er dem Papst Hadrian einen Rat geben sollte, den Gedanken des Schiedsgerichts gelehrter Männer wieder auf[16]. Der Papst
sollte einen derartigen Ausschuß berufen. Dieser Gedanke war für
Erasmus insofern von großer Wichtigkeit, als er dem Papst ein neues
Mittel vorschlug, das sich vom Konzil dadurch unterschied, daß es nicht
nur aus Theologen, sondern auch aus sachverständigen Laien bestehen
sollte, die das Gegengewicht zu den Theologen bilden sollten. Erasmus
war der Meinung, daß diese das Prinzip der Toleranz durchsetzen und
dem Dogmatismus der Kirche entgegenwirken könnten.

Erasmus erinnerte sich an seinen Briefwechsel mit dem böhmischen
Humanisten und früheren Sekretär des Königs Ladislaus, Jan Šlechta

---

[14] RTA 2,484 und Kalkoff, Vermittlungspolitik 1903, S. 21.
[15] Vgl. LB 9,358A.
[16] Allen 4,438 und 9,318.

von Kosteletz (gestorben 1522). Der Briefwechsel fiel in das Jahr 1519. Eine Einladung nach Prag lehnte Erasmus ab. Er wisse, schrieb er, daß es dort gelehrte und fromme Männer gebe, aber auch solche, die ihm nicht wohl wollten. Vor allem beklagte er es, daß dort niemand die kirchliche Eintracht wiederherzustellen vermöchte. Als Jan Šlechta ihm in einem weiteren Schreiben die kirchliche Lage in Böhmen schilderte, ging Erasmus erneut auf die kirchliche Problematik des Landes ein. Wie konnten die verschiedenen getrennten kirchlichen Gruppen in Böhmen wieder vereinigt werden? Erasmus hielt zwar die Ansichten der Utraquisten vom Kelch für annehmbar, meinte aber, daß sie sich der Majorität fügen sollten, statt auf ihrer Meinung zu beharren. Bei den böhmischen Brüdern erkannte er das Schriftprinzip an, verurteilte aber ihre Ablehnung der kirchlichen Autorität. Erasmus meinte, der Friede könnte auf die Weise erreicht werden, daß jede Partei nachgäbe und daß man sich auf mittlerer Linie träfe. Er ist überzeugt, der Papst werde, wenn die Spaltung beseitigt sei, Frieden und Eintracht unter allen herstellen. Dabei sollten alle Beteiligten die alten Ordnungen und das alte Sakramentsverständnis annehmen. Die Auffassungen vieler Neuerer werde der Papst zurückweisen. Als einzige Norm könne nur die Schrift gelten. Im übrigen käme es auf so viele Fragen nicht an. Es würde von großem Nutzen sein, wenn die Machthaber sich jedes gewaltsamen Eingreifens enthalten würden.

In seinem Ratschlag[17] an den Papst Hadrian VI. vom 23. Januar 1523 betont Erasmus, er werde, um den Nöten der Zeit zu wehren, keine unnötigen Klagen vorbringen, sondern die Mängel nennen, deren Abstellung von Nutzen sein müßte. Erasmus ist nicht der Meinung, daß Mißstände mit Gewalt behoben werden könnten. Auch die Wiclifie sei in England auf diese Weise nicht überwunden worden. Oft wird durch Gewaltanwendung die Lage nur verschlimmert. Wollte man dieses Mittel anwenden, so bedürfte es seines Rates nicht. Nach Meinung des Gelehrten entspräche es dem Papst mehr, das Übel durch Güte zu heilen. Auch müßten die beteiligten weltlichen und geistlichen Fürsten bereit sein nachzugeben und nicht hartnäckig ihre Rechte verteidigen.

Will man ein Übel beseitigen, dann muß man seine Ursachen kennen. Sobald diese festgestellt sind, muß eine Amnestie verkündigt werden und weitere Neuerungen verhindert werden. Manches muß abgestellt werden, was das Volk beschwert, und schließlich muß dem

---

[17] Allen 5,218f.

Volk auch mehr Freiheit in der kirchlichen Übung gewährt werden. Auch hier wieder schlägt Erasmus eine Kirchenversammlung würdiger, ernster Männer aus der ganzen Kirche vor, will aber an den weiteren Aufgaben auch die Obrigkeit beteiligt wissen. Es ist deutlich, daß er seinen alten Gedanken des Ausschusses von 50–100 Teilnehmern, die sich der vorbereitenden Arbeit widmen sollten, nach wie vor aufrecht erhält. Es sollte daher darauf gesehen werden, daß nur geeignete Männer als Obrigkeit gewählt würden. Herstellung besserer Zustände kann nach Auffassung des Erasmus nur von frommen Menschen ausgehen, die selbst mit sich einig sind. Ohne den christlichen Geist sind alle Bemühungen um Verständigung und Wahrung der kirchlichen Einheit vergeblich. Auf die Besserung der Lage wirkt letzten Endes Gott allein, er wirkt durch die bestehenden Ordnungen, deren Autorität gewahrt bleiben muß. Diese Vorschläge mußten nach dem plötzlichen Tode Papst Hadrians VI. wirkungslos bleiben. Erst als der Türkeneinfall von 1529 Europa bedrohte, fühlte sich Erasmus erneut bewogen, dafür einzutreten, daß die kirchliche Einheit wiederhergestellt würde. Die Fürsten sollten für die Versöhnung im eigenen Lande sorgen. In diesem Sinne schrieb Erasmus nicht nur an den Erzbischof von Köln, Hermann von Wied[18], sondern auch an den König Sigismund von Polen[19]. Auch in seinem letzten Ratschlag über den Türkenkrieg sprach er von dieser Notwendigkeit. Als er einen Verständigungsplan aufzustellen hatte, wies er wieder in dieselbe Richtung.

Erasmus hatte das 60. Lebensjahr schon überschritten, als der Reichstag in Augsburg 1530 zusammentrat, um den Religionsfrieden im Reich zustande zu bringen[20]. Der Kaiser versprach, eines jeden „Opinion und Meinung" zu hören. Nach einem Jahrzehnt scharfer Kämpfe sollte ein friedlicher Ausgleich erfolgen. Als königlicher Rat erwartete Erasmus, eine Einladung zum Reichstag zu erhalten. Aber die Zeit verging, ohne daß er eine Benachrichtigung bekam. Im Sommer kündigten sich Bestrebungen an, die teilweise von seinen Anhängern am kaiserlichen Hofe ausgingen, die Glaubensgegensätze auszugleichen. Viele seiner Freunde bestürmten ihn, nach Augsburg zu kommen oder wenigstens mit einer entscheidenden Schrift in den Kampf der Geister einzugreifen. In seinen aus Freiburg geschriebenen Briefen sagte Eras-

---

[18] Allen 7,362.
[19] Allen 7,60.
[20] Augustijn, Erasmus en de Reformatie. Amsterdam 1962, S. 227ff.

mus zwar, daß es ihm äußerst ernst um den Frieden sei. Er erkannte
auch den guten Willen seiner Korrespondenten an, sich um Ausgleich
und Eintracht zu bemühen. Aber die Hoffnungen seiner Schüler, daß es
ihm gelingen würde, dieses Werk zu schaffen, teilte er nicht.
Nachdem der Reichstag ergebnislos vergangen war und die Gegensätze nur noch schärfer hervorgetreten waren, gaben die Erasmianer die
Sache noch nicht auf. Der sächsische Rat Julius Pflug schrieb am 31. Mai
1531 an den Meister, er sei der einzige, der in dieser verfahrenen Lage
helfen könnte[21]. Alle Friedliebenden schauten auf ihn und erwarteten,
daß er in die spannungsvolle Lage eingreifen würde. Erasmus antwortete, daß malum fatale der Gegenwart sei so groß, daß nicht einmal ein
ökumenisches Konzil es beseitigen könnte, geschweige denn er mit
seinen schwachen Kräften[22]. Wenn er auch nicht selber eingreifen
wollte, so nahm er immerhin an den Bemühungen seiner Schüler Anteil.
Seine Meinung war die: Menschen mühen sich hier vergeblich; im
Grunde kann nur Gott selbst etwas erreichen[23].

Erasmus begab sich in diesen Jahren ganz auf die innere Linie. Er
schrieb ein „Gebet für den Frieden der Kirche". In Gebetsform entwickelte er seine Friedensgedanken in diesem kleinen Schriftchen, das er
gleich in Druck gab. Dieses Gebet hat er später seiner Schrift „De
sarcienda ecclesiae concordia" angefügt, mit der es in allen Ausgaben
verbunden blieb. Einen konkreten Entwurf für einen möglichen Ausgleich hatte Erasmus nicht vorzulegen. Vielleicht hing es mit seiner un-
praktischen Art zusammen. Als aber seine Schüler in Düsseldorf auf der
Grundlage seiner Anschauungen eine Kirchenordnung auszuarbeiten
versuchten und ihm diese vorlegten, war er mit ihr einverstanden. Diese
„Klevische Kirchenordnung" enthält manche Reformgedanken ohne
jeglichen Entscheidungscharakter[24]. Sie wurde daher eine „Halbe Refor-
mationsordnung" genannt. Durch sie sollte eine gemäßigte Position
Erasmischer Prägung gesichert werden. Theologische Fragestellungen
und Begriffe der Zeit wurden in dieser Ordnung vermieden. Der Leit-
gedanke blieb der: theologische Fragen soll die Sorbonne diskutieren,

---

[21] Allen 8,205 und 8,473: Toties provocor, ut impertiam meum consilium sar-
    ciendae concordiae.
[22] Allen 9,318.
[23] Allen 9,459.
[24] Vgl. A. Gail, Johann von Vlatten und der Einfluß des Erasmus auf die
    Kirchenpolitik der vereinigten Herzogtümer. (Düsseldorfer Jahrbuch 45, 1951,
    S. 2–109.)

Laien sollen ein frommes Leben führen[25]. Erasmus hatte diese Kirchenordnung begutachtet, so daß sie als seinen Intentionen entsprechend angesehen werden kann. Hatte er zur selben Zeit in zwei Auslegungen zu
den Psalmen 33 und 38 sein inneres Anliegen anklingen lassen, so ist es
verständlich, daß seine Anhänger und Freunde ihn bestürmten, auf dem
beschrittenen Wege fortzuschreiten. Das ,,heiße" Jahr 1532 sollte nicht vergehen, ohne daß ein Zeichen
aufgerichtet wurde. Selbst der geduldige Melanchthon hielt es für nötig,
Erasmus zu erinnern, daß er seinen Friedensdienst noch leisten müsse[26].
Auf diese Aufforderung antwortete Erasmus umgehend[27]. Seine Worte
klingen nicht mehr so pessimistisch wie in den Jahren zuvor. Das
Friedenswerk, so schrieb er jetzt, sei nicht nur die allerschwerste, es sei
auch die allerschönste Aufgabe. Unabhängig von Melanchthon richtete
auch Julius Pflug erneut die gewohnte Bitte an den Meister[28].

Indessen arbeitete Erasmus schon an seiner Friedensschrift, die zwar
nicht seine letzte werden sollte, aber in gewisser Weise doch seinen
Schwanengesang darstellt. Pflug selbst hatte sie schon als solchen bezeichnet. Es steht nicht fest, wann Erasmus diese Schrift zu schreiben
begonnen hat, abgeschlossen wurde sie im Sommer 1533.

Im Grunde enthält die Schrift ,,De sarcienda ecclesiae concordia"
keinen neuen Gedanken. Erasmus faßt in ihr zusammen, was er seit
vielen Jahren gedacht und teilweise auch ausgesprochen hat[29]. Diese
Gedanken, die zu seinen typischen Anschauungen gehören, werden freilich umfassender dargestellt und begründet. Auch bringt Erasmus sie
mit seiner Theologie in einen organischen Zusammenhang. In der
Hauptsache geht es ihm um das Kirchenverständnis, um die eine heilige
christliche Kirche des Glaubensbekenntnisses. Für ihn steht diese in
Verbindung mit der irdischen Kirche, wie er sie in Psalm 83 abgebildet
findet. Gemeint ist nicht seine ganze Theologie, sondern der Teil, auf
den es ihm jetzt am meisten ankam[30]. Begriffliche Schärfe lag ihm nie.
Er ließ gern vieles in der Schwebe. Um eine fromme Haltung zu beschreiben, brauchte er die strenge theologische Terminologie auch nicht.
Die innere Verfassung, die der Mensch erstreben soll, nennt Erasmus

[25] Vgl. L. v. Ranke, Deutsche Geschichte im Zeitalter der Reformation. München 1925, Bd. 4, S. 158.
[26] CR 2,445.449.
[27] Allen 10,120.
[28] Allen 10,140.
[29] Vgl. Huizinga S. 229.
[30] LB 5,485 ff.

Unschuld (innocentia). In dieser kann und wird er für die Eintracht sorgen. Dieses Mal wählte Erasmus einen Titel, der deutlich machte, daß es sein entscheidendes Wort zu der gestörten Eintracht der Kirche sein sollte. In dieser Schrift ging Erasmus vom Kirchenbegriff aus. Die Kirche ist für ihn der Bereich, in dem Gott allein die Herrschaft führt. Insofern ist sie unsichtbar, und Gott allein weiß um ihren Bestand (consortio). Andererseits hängt die unsichtbare Kirche für ihn im Augustinischen Sinne mit der sichtbaren zusammen. Nur in der Kirche haben die Menschen den reinen Sinn, so daß sie Gott suchen und mit ihm in Verbindung treten. Öffnen sie sich dem Wirken Gottes, dann nahen sie würdig dem Tabernaculum. Diesen alttestamentlich Begriff bevorzugt Erasmus, da er ihm das Geheimnis der Kirche am besten auszudrücken scheint. Wer sich von der Kirche trennt, trennt sich von Gott. Die Zugehörigkeit zur Kirche vermittelt für Erasmus der Glaube, der nicht in der Macht des Menschen steht, sondern von Gott verliehen wird. Um im Glauben zu leben, muß der Mensch sich dem Wirken Gottes ergeben. Tritt der Mensch würdig auf, so wird ihm durch Christus das Heil zuteil. Wer sich selbst aufgibt, gewinnt Christus. Wer die menschlichen Begierden überwindet, wird ein geistlicher Mensch, eine neue Kreatur. Er trägt Christus in sich und ist der Sünden ledig. Gottes Gnade allein befähigt den Menschen, diesen Weg einzuschlagen und schließlich den ursprünglichen Zustand des Menschen wieder zu erlangen. Dadurch wird die Kirche für die ganze Menschheit bedeutsam, daß in ihr alle die Umwandlung (transformatio) und die Wiederherstellung (restitutio) erleben. So verstand Erasmus die Kirche, in der er bleiben wollte. Seine Auffassung zeigt eine große Weite. Es ist die Gemeinschaft der Liebe, in die er sich begibt und in der er sich betätigt. Der erasmische Pietismus, der sich bereits frühzeitig in der Ablehnung des Zeremonialwesens geäußert hatte, konnte sich mit der veräußerlichten Kirchlichkeit seiner Zeit nicht abfinden. Sein Verhältnis zum Kirchenwesen seiner Zeit beschränkte sich mehr oder weniger auf den Gottesdienst. Seine Theologie als sakramental zu bezeichnen, erscheint abwegig. Besuchte Erasmus den Gottesdienst, so sah er sich im Geist in einer anderen Gemeinschaft.

Soll man sie mit Renaudet „die dritte Kirche" nennen[31]? Diese Bezeichnung erscheint insofern nicht zutreffend, weil Erasmus die ecclesia

---

[31] Renaudet, Erasme et l'Italie S. 200–210.

spiritualis, die unsichtbare Kirche meinte, die nicht einfach neben die alte Kirche oder neben die reformatorische Kirche gestellt werden konnte. Für Erasmus ist diese unsichtbare Kirche keine melior ecclesia, sondern die allumfassende Ecclesia praedestinatorum. Renaudet verstand unter diesem mißverständlichen Begriff „dritte Kirche" eine katholische Kirche, die durch Reformen gegangen war, die bereit war, allen Aberglauben abzutun, und die der frühchristlichen Kirche entsprach. Sie blieb für ihn zwar die römische Kirche, treu der Tradition, aber doch wieder die freie Kirche. Da Erasmus dieses Bild entwarf, meint Renaudet, er sei kein Verfechter der gallikanischen Freiheiten und kein Konziliarist gewesen. Ob Erasmus genaue Kenntnis der Kirchengeschichte besaß, wie es Renaudet voraussetzt, ist fraglich; was er unter Kirchenreform verstand, hat er niemals unmißverständlich ausgesprochen. Nur die allgemeinen Prinzipien entwickelte er.

Nach Renaudet hatte Erasmus in Rom einige Achtung verdienende Prälaten kennengelernt, deren Erscheinung es ihm ermöglichte, ein positives Urteil über die Kirche abzugeben[32]. Seine unversöhnlichen Gegner blieben die Theologen und Mönche, mit denen er fast drei Jahrzehnte im Streit lag. Erasmus wollte für die Zukunft nur das Wesentliche in der Kirche festgehalten wissen. Was war aber dieses? Darüber gingen die Meinungen immer auseinander. Die biblische Offenbarung stand für ihn unerschütterlich fest. Aber schon bei der Frage nach der Realpraesenz war die Auffassung des Erasmus schwankend. Bis ins Alter hoffte er, daß für die Kirche eine neue Zeit kommen werde.

Das konkrete Mittel, zu einer christlichen Einigung zu kommen, sah Erasmus im Consensus[33]. Dieser Gedanke leuchtete vielen seiner Schüler unter den Theologen und unter den Politikern ein. Es mußte eine Möglichkeit geben, diesen Consensus inhaltlich festzustellen. Nicht nur in kleinen Kreisen sollte dieser Gedanke lebendig werden, die Erasmianer griffen überall auf ihn zurück.

Wie die Aufnahme der Einigungsschrift des Erasmus unter seinen Freunden in beiden Lagern war, zeigt allein schon die Tatsache, daß, abgesehen von einer flämischen und dänischen, zwei deutsche Übersetzungen im gleichen Jahre 1534 erschienen. Die eine aus der Feder Wolfgang Capitos in Straßburg unter dem Titel „Von der Kirchen lieblicher Ver-

---

[32] Ebd. S. 200.
[33] K. Oehler, Der consensus omnium als Kriterium der Wahrheit. (Antike und Abendland 10, 1961, S. 103–129.)

einigung", die andere anonym, wahrscheinlich von Georg Witzel stammend, unter der Überschrift „Von der Eynigkeyt der Kirchen". Witzel, damals in Dresden tätig, betrieb zusammen mit Julius Pflug die Politik der Verständigung[34]. Auf ihren Einfluß ging 1534 das erste Leipziger Religionsgespräch zurück, dem 1539 ein zweites folgen sollte. Dort fanden sich Erasmianer beider Religionsparteien zusammen und bemühten sich, die Gedanken ihres gemeinsamen Lehrers zu konkretisieren. Aber damit nicht genug. Nach den kleinen Versuchen in Leipzig 1534 und 1539 hatte sich der Gedanke der Reunion mittels des Consensus quinquesaecularis anscheinend bewährt. Die kaiserliche Politik griff nach ihm als einem brauchbaren politischen Instrument. Diese Entwicklung sollte Erasmus nicht mehr erleben. Sein Lebensende stand noch durchaus im Zeichen des Kampfes, und seine theologischen Anliegen, die er in der Schrift „De sarcienda ecclesiae concordia" zusammengefaßt hatte, sollten noch immer seine Hauptgedanken sein.

Den zustimmenden Urteilen der Erasmianer auf beiden konfessionellen Seiten standen aber ablehnende Urteile gegenüber. Ein Mann wie Antonius Corvinus verfaßte einen scharfen Dialog „Quatenus expediat editam recens Erasmi de sarcienda ecclesiae concordia rationem sequi"[35]. Luther schrieb ihm ein Vorwort dazu. Ebenso wie dieser Lutheraner lehnten auch streng altgläubige Kreise diese Schrift des Erasmus ab. Nach flüchtiger Lektüre berichtete der Nuntius Vergerio aus Wien nach Rom über dieses Buch, stellte Erasmus als Fortsetzer Vallas hin, als einen, der Lästerliches über Kirchenlehren ausspricht[36]. Aber nicht nur ein italienischer Bischof, auch die niederländischen Gegner des Erasmus wie Jacobus Latomus spitzten die Feder gegen diese Schrift. In den Niederlanden ist sie die einzige Schrift des Erasmus, die auf den Index gekommen ist[37]. Es ist deutlich, daß auf diese Weise ihre Verbreitung verhindert werden sollte.

Obwohl diese Schrift vier Ausgaben erlebte, war ihre Wirkung doch gering. Neues hatte Erasmus über das hinaus, was er schon früher vertreten

---

[34] R. Stupperich, Der Humanismus und die Wiedervereinigung der Konfessionen. SVRG 160. Leipzig 1936, S. 39.

[35] Vgl. P. Tschackert, Antonius Corvinus. Leben und Schriften. (Quellen und Darstellungen z. Gesch. Niedersachsens 3.) Hannover 1900, S. 22.

[36] Nuntiaturberichte aus Deutschland I, 1 (1900) S. 138f.

[37] E. Gossard, Un livre d'Erasme reprouvé par l'Universite de Louvain. (Bull. de l'Academie Royale.) Brüssel 1902, S. 427–445.

hatte, nicht zu sagen. Vielfach entstand der Eindruck, daß er seine Zeit überlebt hatte.

Aber auch der Zeitpunkt für das Erscheinen dieser Schrift war nicht günstig. Das öffentliche Interesse verlagerte sich auf andere Gebiete. Es gab zwar noch Kreise, die auf einen religiösen Ausgleich hofften, die meisten aber sorgten für die Festigung des eigenen Standpunktes oder für eine politische Verständigung. Selbst die Anregungen, die von humanistischen Kreisen in Paris ausgingen, meinten nun einen anderen Humanismus als den des Erasmus.

In den letzten Jahren seines Lebens befaßte sich Erasmus nur noch mit Erbauungsschriften. Teils waren es weitere Auslegungen von Psalmen, teils Erklärungen der christlichen Grundlehren, die er in einer Explanatio[38] zusammenfaßte. Erasmus behandelte den katechetischen Stoff als Dialog zwischen Schüler und Lehrer. Er schloß sich an die entsprechende altkirchliche Literatur an, in der der Fragende ein Erwachsener war. Diese Schrift war von Thomas Boleyn bestellt.

Die ,,Explanatio'' bietet sechs Gespräche über das christliche Glauben und Leben. Dieser Katechismus ist lateinisch geschrieben, weil er für die Hand gebildeter Menschen, vor allem die der Lehrer bestimmt war[39]. Es sind zwar Gespräche, eine Kunstform, auf die sich Erasmus besonders gut verstand, aber das Hauptanliegen des Verfassers ist doch inhaltlicher Art. Es ist eine Übertreibung, wenn man meinte, vom erasmischen Adogmatismus sprechen zu müssen. Die Voraussetzungen, von denen er ausgeht, sind dogmatisch, und zwar thomistisch. Die Grundlage des Glaubens wird als virtus infusa verstanden, die vorhanden sein muß, wenn der Christ ein frommes Leben führen soll. Der Glaube, den Erasmus nach thomistischer Art staffelt, vertreibt jeden Zweifel hinsichtlich des Heils, wird tätig und wirksam: ,,Wie Feuer ist der Glaube: wo immer er auch ist, er ist nie müßig''[40].

Die Explanatio ist durch Augustins Enchiridion mitbestimmt. Von der Heiligen Schrift spricht er auch hier als von einem Mysterium; sie ist voll unergründlicher Geheimnisse, denn durch sie spricht Gott selbst. Das Symbol leitet Erasmus ganz aus der Schrift ab. Wenn er es aus der Schrift erläutert, dann kann er nicht umhin, auch von den Kirchenvätern sich leiten zu lassen. Besonders deutlich ist dieses in der Christologie, in der Lehre von der Kirche und den Sakramenten.

[38] LB 5,1133–1196.
[39] LB 10,1540 A.
[40] LB 5,1171 B.

Die Frage, ob bei Erasmus im Alter eine Rückbesinnung einsetzte oder ob er seine Auffassung immer durchgehalten hat, ist nach dem bisher Gesagten schon beantwortet. Obwohl Erasmus über Georg Witzel ungünstig geurteilt hat, wird sein ,,Typus ecclesiae prioris" erasmischen Intentionen entsprechen[41]. Dieses Verhältnis ist m. E. anders zu bestimmen, als es Padberg getan hat[42]. Kurz vor seinem Ende gab Erasmus noch ein Werk heraus, an dem er elf Jahre gearbeitet hatte. Ausgehend von dem Grundsatz, den schon viele vor ihm vertreten hatten, daß man die Reform der Kirche durch das gepredigte Wort erreichen müsse, und von der Tatsache; daß die Predigt noch immer viel zu wünschen übrig ließ, veröffentlichte Erasmus seine Homiletik. Wie seine anderen Bücher, die als Lehrbücher gedacht waren, ist auch dieses viel zu umfassend geworden. Es ging über die Grenzen einer Predigtlehre weit hinaus. In dieser Beziehung ist es eine Parallele zum ,,Ciceronianus".

Der ,,Ecclesiastes" ist nicht nur für die Hand des Predigers bestimmt, obwohl dieser gerade daraus viele praktische, auf seine Tätigkeit bezügliche Gedanken und Hinweise entnehmen konnte. Gedanken, die Erasmus sein ganzes Leben über bewegt und verschiedentlich hatte zu Worte kommen lassen, werden in dieser Schrift breit ausgeführt. Das letzte große Buch des Erasmus ist wie sein erstes auf das religiöse Leben bezogen. Wie schon oft in seinen Briefen, Gutachten und Schriftauslegungen zeigt Erasmus hier erst recht, daß er die Seelsorge ungemein hoch schätzt. Probleme, die in der theologischen Welt oft und nachhaltig erwogen wurden, wollte er in faßlicher Weise einem größeren Kreise von Gebildeten nahebringen.

Der Name eines biblischen Buches als Titel dieser Schrift war verständlich. Wenn aber Erasmus Ecclesiastes mit concionator evangelicus übersetzt, dann hat es den Anschein, daß er die Bezeichnung evangelisch nicht den Protestanten überlassen will. Wir besitzen kaum richtige Predigten des Erasmus. Seine Pariser Predigten hatte er verloren. Vierzig Jahre später, nachdem er sich in der Schriftauslegung erprobt hatte, schrieb er über die Predigt. Der eigentliche Titel des Buches ist ,,Ratio concionandi".

Erasmus geht von Christus als dem höchsten Ecclesiastes aus. Damit ist für ihn die Erhabenheit des Predigtamtes gleich erwiesen. Der Mensch kann sie nicht erfassen und verwirklichen, da sein Herz geteilt ist. Es

---

[41] Vgl. R. Stupperich, Der Humanismus S. 40.
[42] R. Padberg, Erasmus als Katechet. Freiburg/Br. 1956, S. 125.

gehört nicht nur Gott, sondern auch der Welt. Für den Prediger ist daher
die erste Voraussetzung die, daß er ein neues Herz erhält, ein cor novum
oder cor simplex. Diese Voraussetzung ist wichtiger als alle Kenntnisse.
Denn wie das Herz ist, so ist das Gebet, wie der Glaube, so der Mut. Der
Prediger, der die innere Voraussetzung mitbringt und in seinem Dienst bescheiden bleibt, verdient höchste Ehre. Erasmus begründet seine Autorität
nicht sakramental, sondern geistlich. Vom Glauben geleitet, wird er
andererseits sich dem Verständnis seiner Hörer angleichen und wird so
predigen, daß er nicht nur verstanden wird, sondern auch keinen Anlaß zu
Mißverständnissen und Mißtrauen bietet. Der rechte Prediger predigt
niemals nur für einen Stand oder eine Richtung, er wird imstande sein,
allen alles zu werden, selbst ein Armer im Geiste. Als Mann des Gebetes
wird er immer Gott im Gebet suchen.

Obwohl sich Erasmus sehr stark an das AT hält und dem allegorisch
gedeuteten Text die tiefsten neutestamentlichen Wahrheiten entnimmt,
wendet er sich immer wieder gegen den animus judaicus des Zerimonial-
gesetzes. Dieser Geist, der immer auf seine Taten und Leistungen pocht,
führt zur Überheblichkeit. Auch das Mönchtum hat viel von diesem Geist.
Erasmus meint, in der Alten Kirche seien mit Vorbedacht Leute, die aus
weltlichen Berufen kamen, wie Cyprian und Augustin, gegen diesen Geist
aufgetreten. Nach dem biblischen Bilde Aarons zeichnet Erasmus ein
Idealbild des Priesters. Ob er sich diesen Spiegel zuerst selbst vorgehalten
hat? Seit über 40 Jahren war er selbst Priester. Wie immer meint Erasmus
auch den Bericht über Aaron allegorisch verstehen zu müssen. Vom
Priester kann höchste Reinheit verlangt werden. Er hat mit der Hl. Schrift
umzugehen, die der heiligste Besitz der Kirche ist. Auch wenn der Priester
neben weltlichen Großen und Mächtigen steht, darf er kein ,,stummer
Hund'' sein. In jeder Lage muß er aufrecht bleiben und sich nach keiner
Seite ablenken lassen: weder durch den Glanz des königlichen Hofes noch
durch grobe Volksbräuche. Seine Aufgabe ist, wie Paulus Gal 4 sagt, den
Menschen Christus vor die Augen zu malen. Darin besteht die Größe und
Würde seines Amtes, daß er vollführen kann, was mehr wert ist als alle
irdischen Schätze, nämlich sündige Menschen zu Gott zu bekehren. Das
Mittel in seiner Hand ist immer das biblische Wort. Es ist bezeichnend, daß
Erasmus in diesem Zusammenhang kein einziges Mal an das Sakrament
erinnert. Obwohl er das Sakrament anerkennt, ist ihm das Wort doch
näher.

Handelte das erste Buch vom Prediger, so die übrigen drei Bücher von
der Predigt. Auch hier erinnert Erasmus an die Erfahrung (experientia) als

den tragenden Boden für die Predigt. Dann weist er auch auf die Tatsache hin, daß der Prediger, der eine rechte Predigt halten will, belesen sein muß. Nun erst geht er an die homiletischen Regeln, die er im schulmäßigen Verständnis vorträgt. Handelt er zuerst die einzelnen Teile ab (genera, casus, tempora, instrumenta, modi), so geht er bald weiter zu den Beispielen, Analogien und Schlüssen. Das dritte Buch ist dem Predigt-Vortrag gewidmet. Für Erasmus und seine Zeit ist es selbstverständlich, daß der Prediger seine Predigt sicher memoriert, deutlich spricht u. ä. Aber auch hier wirft er Fragen auf, die in einem praktischen Lehrbuch nicht ohne weiteres vorausgesetzt werden. So schaltet er hier noch die Frage ein, ob der Prediger in seiner Predigt von der üblichen kirchlichen Exegese abweichen dürfe. Für Erasmus selbst ist diese Frage wichtig gewesen, zumal, wie er betont, auch die Kirchenväter in der Auslegung nicht immer einig waren. So sehr sich Erasmus für die Mariologie einsetzt, so will er doch Ambrosius recht geben, der in seiner Exegese Maria von anderen Frauen nicht unterscheidet.

Dieses umfangreiche Werk wollte Erasmus seinem alten Freunde, dem Bischof von Rochester, John Fisher widmen. Dieser hatte aber soeben dasselbe Schicksal wie Thomas Morus erlitten. Nun ließ Erasmus sein Buch nicht mehr nach England gehen, sondern schrieb es dem Bischof von Augsburg, Christoph von Stadion zu, denn in Augsburg hatte er noch viele Freunde.

Aus welchem Grunde hatte Erasmus Basel 1528 verlassen und war nach Freiburg im Breisgau übergesiedelt? Üblicherweise wird angenommen, daß ihn die Einführung der Reformation aus Basel vertrieb. Diese Auskunft ist aber nicht überzeugend. In der Frobenschen Druckerei waren viele, die sich weiterhin zur alten Kirche rechneten, und sie blieben, ob Beatus Rhenanus, ob Bonifatius Amerbach u. a., unangefochten in Basel. Dem Beispiel des Erasmus folgte keiner von ihnen. Ein Kirchenchrist war Erasmus auch nicht. Er konnte durchaus ohne Sakramente leben. Auch für seine Arbeit brauchte er keine andere Umgebung. Erasmus hatte auch nie den Wunsch geäußert, in Basel an die Universität zu kommen. Auch in Freiburg meldete er diesen Wunsch zunächst nicht an. Erst am 5. August 1533 ließ er sich dort als Desiderius Erasmus Roterodamus, theologiae professor immatrikulieren[43]. Zwei Monate später wurde er in den Senat

---

[43] Matrikel der Universität Freiburg (1460/1656). Freiburg 1907. Vgl. H. Mayer, Erasmus in seinen Beziehungen zur Universität Freiburg. (Alemannia 35, 1907, S. 287–302.)

berufen. Aber von irgendwelcher Tätigkeit an der Universität hören wir nicht.

Um Erasmus wurde es allmählich stiller. Von seinen Freunden war nur Ludwig Beer nach Freiburg gekommen. Erasmus fühlte sich dort vereinsamt. Er blieb auch nicht lange Zeit hintereinander in Freiburg. Wohl hatte er sich dort ein Haus gekauft, aber heimisch fühlte er sich dort doch nicht. Trotz Alter und Kränklichkeit reiste er im Jahre 1535 nach Besançon, denn er bildete sich ein, daß er ohne Burgunderwein nicht leben könnte. Dieser herrliche Wein, sagte er, erhalte ihm das Leben. Aus Burgund brachte er auch seinen letzten Amanuensis Gilbert Cognatus mit. Mit vielen südfranzösischen Humanisten trat er auch jetzt erst in Verbindung. Seine Korrespondenz wuchs zusehends. Die meisten Briefe aus dieser Zeit sind freilich nicht von ihm, sondern an ihn gerichtet. Aus den Jahren 1532–36 sind es 72.

Erasmus hatte sich auch jetzt nicht allein für den Humanismus entschieden. Außer einigen humanistischen Schriften schrieb er in Freiburg kleine Traktate: die „Apophtegmata" (1531), seinen Katechismus und den „Modus orandi Deum". Auf Bitten des Thomas Boleyn schrieb er die Trostschrift „De praeparatione ad mortem"[44]. „Wanderer sind wir in dieser Welt", heißt es darin, „keine Einwohner. Wir leben in Zelten und sind nicht in unserem Vaterland"[45]. Der Tod ist erst der Eingang in die Ewigkeit, wie die Schrift sagt. Ständig sich mit ihr zu befassen, ist die beste Vorbereitung auf den Tod. Für den christgläubigen Menschen ist der Tod ein lichter Tag, für den ungläubigen der Abgrund der Verzweifelung[46]. Weiter spricht Erasmus vom natürlichen, geistlichen, umgestaltenden und ewigen Tode. Mit Beispielen aus dem Neuen Testament wird belegt, wie der sündige Mensch seinen Weg über Kontemplation, Kreuz und Eucharistie zu nehmen hat[47].

Wenn Zwingli und Bucer das Geistprinzip aufstellten und selbst den Geist für sich in Anspruch nahmen, um gleichsam nach den Höhen der Erkenntnis zu greifen, so fühlte sich Erasmus, zumal in seinen lezten Jahren, als armer Mensch, der noch lange nicht erfaßt hat, was des Geistes ist[48]. Als Zwingli und Ökolampad 1531 aus dem Leben schieden, hielt es Erasmus

---

[44] LB 5,1295 ff.
[45] LB 5,1295.
[46] LB 5,1300 B.
[47] LB 5,1306 B.
[48] LB 10,1594 A.

für gut. Dagegen nahm er sich den Untergang seiner englischen Freunde, des Bischofs John Fisher von Rochester († 22. 6. 1535) und vor allem des Kanzlers Thomas Morus sehr zu Herzen. Von nun an bedrückten ihn schwere Sorgen. Hätte er gewußt, sagt er, was noch alles kommen werde, so hätte er vieles gar nicht geschrieben oder es doch ganz anders zum Ausdruck gebracht. Aber nicht nur Sorgen und die Furcht vor der Zukunft bedrückten das Leben des greisen Gelehrten. Die Sehnsucht nach dem Tode trat immer stärker hervor. Mit dem Tode seiner englischen Freunde sah er sein eigenes Leben gleichsam ausgelöscht[49].

Huizinga meint[50], Erasmus sei in dieser Zeit mit den Täufern, deren Lehren er ablehnte, im Grunde doch verbunden gewesen, da er bei ihnen den ernsthaften Versuch sah, das Leben zu bessern. Dieses Zusammenhangs ist sich Erasmus nicht bewußt gewesen.

Im Alter lebte Erasmus in einer Welt, die sich stark mit der Welt seiner Jugend berührte. Die Erbauungsschriften, die er noch schrieb, führten auf die biblische Wirklichkeit hin.

Im ,,Modus orandi" bestimmte er das Wesen des Gebetes und bemüht sich, angebliche Widersprüche in den Weisungen des Neuen Testamentes auszugleichen. Auch von der Nachfolge (Imitatio Christi) ist da die Rede, vom Loben und Danken im Gebet und vom Inhalt des Bittens, der unter eine der sieben Bitten einzureihen sei.

Sein Katechismus[52], der in diesen Jahren entstand, erscheint für Lehrzwecke ungeeignet. Es sind mehr Katechismuspredigten. Geboten werden: das Credo, der Dekalog und eine kurze Darstellung der sieben Sakramente. Erasmus schloß seine letzten Arbeiten ab, um nichts schuldig zu bleiben, aber er vermochte nicht mehr viel zu bieten.

Nach Abschluß des Ecclesiastes hat Ersamus keine größere Arbeit mehr in Angriff genommen. Er war nicht der Meinung, daß er nichts mehr zu sagen hatte. Ihm fehlte nur der Kontakt mit der neuen Zeit und mit der herangewachsenen Generation. Eine gewisse Unsicherheit erfüllte daher den großen alten Mann. Es ist nicht deutlich zu erkennen, welches Ziel er vor Augen hatte, als er Freiburg verließ. Da er selbst nicht wußte, wohin er sich wenden sollte, fiel es Bonifatius Amerbach nicht schwer, ihn zu bestimmen, in den alten Basler Wirkungskreis zurückzukehren.

---

[49] Allen 11,222.
[50] Huizinga S. 191.
[51] LB 5,1102.
[52] LB 5,1134.

Die letzte Schrift, die Erasmus in Druck gab, war die Auslegung des 14. Psalms[53]. Er widmete sie seinem treuen Anhänger, dem Zöllner Christoph Eschenfelder in Boppard am Rhein.

In der Absicht, Deutschland zu verlassen und nach Brabant (er spricht von Burgund) zurückzukehren, war Erasmus nach Basel gekommen. Bonifatius Amerbach hatte ihn aus Freiburg abgeholt. Einige Monate hielt er sich dort, dauernd kränkelnd, auf. In der Nacht vom 11. zum 12. Juli 1536 ereilte ihn dort der Tod[54]. Seine letzten Gedanken richteten sich nach seiner Heimat. „Wenn doch Brabant näher wäre!". Er starb in der frommen Haltung, in der er gelebt hatte.

[53] LB 5,1134.
[54] C. Reedijk, Das Lebensende des Erasmus. (Basler Zeitschr. 7, 1958, S. 23 bis 66.)

Zeittafel

1467/69(?)	28. Oktober wird Erasmus als Sohn des Priesters Gerard Rogerius aus Gouda in Rotterdam geboren (seinen Namen schreibt er anfänglich Herasmus, 1496 wählt er den Beinamen Desiderius). Erster Unterricht in Gouda. Im Domchor in Utrecht.
1478/84(?)	Auf der Lateinschule in Deventer, wohnt bei den Brüdern vom gemeinsamen Leben. Tod der Eltern. Auseinandersetzung mit dem Vormund in Gouda.
1485/87(?)	Auf der Schule in s'Hertogenbosch.
1487(?)	Eintritt ins Kloster Steyn bei Gouda.
1488	Profeß. Beginn literarischer Arbeiten.
1492	25. April Priesterweihe in Utrecht.
1493/95	Sekretär des Bischofs von Cambrai Heinrich von Bergen.
1495/99	Studium der Theologie in Paris. E. wohnt anfangs im Collège Montaigu, später privat, erwirbt seinen Unterhalt durch Unterricht deutscher und englischer Schüler: Gebr. Northoff aus Lübeck, Lord Mountjoy. Verkehrt mit Robert Gauguin und Fausto Andrelini. Entwürfe vieler humanistischer Schriften.
1499/1500	Erster Aufenthalt in England: London, Oxford. Umgang mit John Colet in Oxford.
1500	Rückkehr nach Paris. Erstes Buch: Adagiorum collectio.
1501/04	Wanderleben: Orléans, St. Omer (Begegnung mit Jean Vitrier), Löwen, Paris. Abfassung des Enchiridion militis christiani, gedruckt in den Lucubratiunculae. Antwerpen 1503.
1504	Abfassung des Panegyricus, Lobgedicht auf seinen Landesherrn. E. entdeckt im Kloster Parc Vallas Annotationes zum NT.
1505/06	Zweiter Aufenthalt in England: Cambridge. Keine Doktorpromotion möglich. Dispens von Papst Julius II. Abreise nach Italien.

1506/09   Übergang über den Mont Cenis. Carmen alpestre.
           4. September 1506 Dr.-Promotion in Turin.
           Einjähriger Aufenthalt in Bologna.
           Bei Aldo Manitio in Venedig. Neuausgabe der Adagia. In
           Siena und in Rom.
1509/14   Dritter Aufenthalt in England: London und Cambridge.
           Bearbeitung der Laus stultitiae (erscheint in Paris 1511).
           Copia verborum (erscheint in Paris 1512).
           Vorbereitung der Ausgabe des griechischen NT und der
           Hieronymus-Ausgabe.
           Julius exclusus e coelis (?).
           E. lehnt die Rückkehr ins Kloster Steyn ab.
1515   E. reist zu Froben nach Basel.
           Seine Reise durch Deutschland gleicht einem Triumphzug.
           In Mainz Begegnung mit Reuchlin, Zwingli u. a. Huma-
           nisten.
           Froben-Drucke: Adagia, Seneca, Hieronymus-Briefe.
1516   Königlicher Rat in Brüssel. Institutio principis christiani
           Dispens Leos X.
           E. erhält eine Pfründe in Courtray. Aussicht auf ein
           Bistum.
           Erste Ausgabe des Novum Instrumentum Omne.
1517   Aufenthalt in Löwen. Querela pacis.
           Streit mit Faber Stapulensis.
1518   Neue Ausgabe des Enchiridion mit Widmung an Paul Volz.
1519   Verbesserte Ausgabe des Novum Instrumentum.
           Ratio verae theologiae.
           Brief an Luther.
1520   Erster Druck der Antibarbari.
           E. in Köln: Aussprache mit den Nuntien und Friedrich d. W.
           Streit mit Eduard Lee.
           Aleander versöhnt sich mit E. in Anderlech.
1521/28   E. in Basel:
           Veröffentlichung der Paraphrasen zum NT (1517/24).
1522   Colloquia familiaria.
           Kirchenväterausgaben: Arnobius, Hilarius, Irenaeus, Am-
           brosius, Augustin, Lactantius, Joh. Chrysostomus (lat.).
           Streit mit spanischen und italienischen Gegnern.
1523   Bruch mit Hutten.
           Letzte Bearbeitung der Ratio verae theologiae.
1524/25 · Streit mit Luther: Diatribe de libero arbitrio und Luthers
           Antwort De servo arbitrio.
1526/27   Replik auf Luther: 2 Bände des Hyperaspistes.

1528	Auseinandersetzung mit humanistischen Puristen: Ciceronianus.
1529	April. Übersiedelung von Basel nach Freiburg Br.
1530	Enttäuschung über den Reichstag von Augsburg. Consultatio de bello Turcico.
1532/33	Letzte Bemühungen um die Wiedervereinigung: De sarcienda ecclesiae concordia. Explanatio symboli.
1533/35	Letzte Arbeiten: De praeparatione ad mortem. Ecclesiastes.
1536	Rückkehr nach Basel. De puritate ecclesiae. Die Origenes-Ausgabe (1536) (posthum erschienen). In der Nacht vom 11. zum 12. Juli stirbt E. in Frobens Hause.

Literaturverzeichnis
(in Auswahl)

Bibliographien

Bibliotheca Erasmiana publiée par F. van der Haeghen, R. van den Berghe et T. J. I. Arnold. Gent 1897 ff.

Bibliographie des impressions et des œvres de Josse Badius Ascensius, publiée par T. Renouard. 3 vol. Paris 1908.

Oversicht van de werken en uitgaven van Desiderius Erasmus, anwezig in de Bibliotheek der gemeente Rotterdam. Rotterdam 1937.

J. C. Margolin. Quattorze années de la Bibliographie érasmienne (1936–1949). Paris 1968.

J. C. Margolin. Douze années de la Bibliographie érasmienne (1950–1961). Paris 1963.

Werke

Opera omnia (bisher erschienen I/1–4). Amsterdam 1969 ff. = ASD.

Opera omnia ed. J. Clericus. 10 vol. Lugduni Batavorum = LB 1703/06. Neudruck Hildesheim 1961.

Erasmi opuscula. A Supplement to the Opera omnia. Ed. W. K. Ferguson. Den Haag 1933.

Opus epistolarum edd. P. S. et H. M. Allen 12 vol. Oxford 1906/58.

Poemata (The Poems) ed. Cornelis Reedijk. Leiden 1956.

Ausgewählte Werke (lat.) ed. H. Holborn. München (1933) 1964.

Ausgewählte Schriften (lat. und deutsch) ed. W. Welzig 8 Bde. Darmstadt 1967 ff.

De libero arbitrio diatribe ed. J. v. Walter. Leipzig (1910) 1935.

Querela pacis (lat. und ital.) ed. Luigo Firpo. Turin 1967.

Deutsche Übersetzungen:

Desiderius Erasmus. Ein Lebensbild in Auszügen aus seinen Werken hrsg. von W. Köhler. Berlin 1917.

Das Lob der Torheit übers. v. Alfred Hartmann, hrsg. von E. Major. Basel 1929.

dasselbe übers. v. Uwe Schultz. (Samm. Dieterich) Bremen o. J.

Vom freien Willen, verdeutscht v. Otto Schumacher. Göttingen ³1969.
Klage des Friedens übertr. v. Arthur Arx. (Samm. Klosterberg).
Basel 1945.
Vertraute Gespräche übertr. v. H. Schiel. (Am Lebensstrom 2) Köln
1947.
Briefe verdeutscht und hrsg. v. W. Köhler (Samm. Dieterich). Leipzig
1938, Wiesbaden 1947.

Biographien

C. Augustijn. Erasmus. Vernieuwer van kerk en theologie. (Theol.
Monografieen). Baarn 1967.
R. Bainton. Erasmus of Christendom. New York 1969, (dt.) Erasmus.
Reformator zwischen den Fronten. Göttingen 1972.
W. P. Eckert O. P. Erasmus von Rotterdam. Werk und Wirkung.
2 Bde. Köln 1967.
Johan Huizinga. Erasmus. (1924) Haarlem ³1936.
K. A. Meissinger. Erasmus von Rotterdam. (1942) Berlin 1948.
R. Newald. Erasmus Roterodamus. Freiburg 1947, ²1963.
P. Smith. Erasmus. A study of his life, ideals and place in history.
(1923) New York 1962.

Sammelwerke

Gedenkschrift zum 400. Todestag des Erasmus von Rotterdam. Basel
1936.
Colloquium Erasmianum. Actes du Colloque International. Mons
1968.
Scrinium Erasmianum. Melanges historiques ed. J. Coppens. 2 Bde.
Leiden 1969/70.
Commémoration Nationale d'Erasme. Actes Bruxelles, Gand, Liège,
Anvers 3.–6. Juin 1969. Bruxelles 1970.
Actes du Congrès Erasme. (Academie Royale Neerlandaise des sciences
et des sciences humaines). Rotterdam 27.–29. Octobre 1969.
Amsterdam–London 1971.
Colloquia Erasmiana Turonensia. I. ed J. C. Margolin. Toronto 1972.

Monographien

P. S. Allen. Erasmus. Lectures and wayfaring sketches. Oxford 1934.
A. Auer. Die vollkommene Frömmigkeit des Christen nach dem
Enchiridion militis christiani des Erasmus von Rotterdam. Düssel-
dorf 1954.

C. Augustijn. Erasmus en de Reformatie. Amsterdam 1962.

P. G. Bietenholz. History and biography in the work of Erasmus Roterodamus (Travaux d'Humanisme et Renaissance 87). Genf 1966.

L. Bouyer. Autour d'Erasme. Etudes sur le christianisme des humanistes catholiques. Paris 1955.

R. W. Chambers. Thomas Morus, ein Staatsmann Heinrichs VIII. (London 1936) dt. Übers. Basel 1947.

Ch. Dolfen. Die Stellung des Erasmus zur scholastischen Methode. Diss. Münster. Osnabrück 1936.

J. Etienne. Spiritualisme érasmien et théologiens louvanistes. Löwen 1956.

G. Gebhardt. Die Stellung des Erasmus von Rotterdam zur römischen Kirche. Marburg 1966.

Marcel Godet. La Congregation de Montaigu (1490–1580). Paris 1912.

E. Gutmann. Die Colloquia familiaria des Erasmus von Rotterdam. Basel 1968.

W. Hentze. Kirche und kirchliche Einheit bei Erasmus von Rotterdam. (Konfessionskundliche und kontroverstheologische Studien Bd. 34) Paderborn 1974.

H. Holeczek. Humanistische Bibelphilologie als Reformproblem bei Erasmus von Rotterdam, Thomas More und William Tyndale. (Studies in history of Christian Throught 9). Leiden 1975.

A. Hyma. The youth of Erasmus. (1930) New York ²1968.

D. Kerlen. Assertio. Die Entwicklung von Luthers theologischem Anspruch und der Streit mit Erasmus von Rotterdam. Wiesbaden 1975 (Veröffentl. des Instituts f. Europ. Geschichte. Abt. Abendland. Religionsgeschichte Bd. 78).

G. Kisch. Erasmus und die Jurisprudenz seiner Zeit. Studien zum humanistischen Rechtsdenken. Basel 1960 (Basler Studien zur Rechtsgesch. Heft 56).

G. Kisch. Erasmus Stellung zu Juden und Judentum. Tübingen 1969.

A. C. F. Koch. The year of Erasmus birth and other contributions to the Chronologie of his life. Utrecht 1969.

E. W. Kohls. Die Theologie des Erasmus. 2 Bde. Basel 1966.

E. W. Kohls. Theologische Lebensaufgaben des Erasmus. Stuttgart 1969.

F. Krüger. Bucer und Erasmus. Wiesbaden 1970 (Veröff. d. Instituts f. Europ. Gesch.: Abt. Abendl. Religionsgesch. Bd. 57).

F. Lezius. Der religiöse Standpunkt des Erasmus. Gütersloh 1895.

J. Lindeboom. Erasmus. Onderzoek naar zijne theologie. Leiden 1909.

J. Lindeboom. Het bijbelsch humanisme. Leiden 1913.

J. C. Margolin. Erasme par lui-même. Paris 1965.

J. C. Margolin. Erasme et la musique. Paris 1965.

P. Mestwerdt. Die Anfänge des Erasmus. Humanismus und Devotio moderna. Studien zur Kultur und Geschichte der Reformation 2) Leipzig 1917.

J. G. Michel. Essai sur le Ciceronianus d'Erasme. Paris 1951.

P. de Nolhac. Erasme en Italie. Paris (1888) ²1898.

K. H. Oelrich. Der späte Erasmus und die Reformation. (RGST 86) Münster 1961.

H. C. Porter and D. F. S. Thomson. Erasmus and Cambridge. Toronto 1963.

A. Renaudet. Erasme, sa pensée religieuse et son action d'après sa correspondence (1518–1521). Paris 1926.

A. Renaudet. Etudes érasmiennes (1521–1529). Paris 1939.

A. Renaudet. Erasme et l'Italie. (Travaux d'Humanisme et Renaissance 15) Genf 1954.

K. Schätti. Erasmus und die Römische Kurie. Basel 1954.

O. Schottenloher. Erasmus im Ringen um die humanistische Bildungsform. (RGST 61) Münster 1933.

W. Schwarz. Principles and Problems of Biblical Translation: Some Reformation Controversies and Their Background. Cambridge 1955.

R. Stupperich. Der Humanismus und die Wiedervereinigung der Konfessionen (SVRG 160). Leipzig 1936.

J. D. Tracy. Erasmus. The Growth of a Mind. (Travaux d'Humanisme et Renaissance 126). Genf 1972.

W. Vischer. Erasmiana. (Programm z. Rektoratsfeier der Univ. Basel.) Basel 1876.

E. H. Waterbolk. Een hond in het bad. Eenige aspecten van de verhouding tussen Erasmus en Agricola. Groningen 1966.

Abhandlungen

C. Augustijn. The Ecclesiology of Erasmus (Scr. Erasm. 2). Leiden 1969, 135–155.

R. Bainton. Erasmus, Luther and the dialog Julius exclusus (400 Jahre luth. Reformation. Festschr. f. F. Lau). Leipzig 1967.

J. N. Bakhuizen van den Brink. Erasme. Humanisme et „philosophia christiana" (Mededelingen van het Nederlands Instituut te Rome 1974, 36).

H. Baron. Erasmus-Probleme im Spiegel des Colloquium „Inquisitio de fide". ARG 43, 1952, 256–263.

K. Bauer. John Colet und Erasmus. Festschr. f. Hans von Schubert. Erg.-Heft 5 zum ARG. Leipzig 1929.

J. Beumer. Erasmus von Rotterdam und seine Freunde aus dem Franziskanerorden. (Franziskanische Studien 51) 1969, 117–129.

F. Bierlaire. Erasme et Augustin Vincent Caminade (Bibliothèque d'Humanisme et Renaissance 30,2). 1968, 357–362.

N. van der Blom. Erasmus en Terminus. Hermes 28, 1957, 153–158.

A. Bludau. Die beiden ersten Erasmus–Ausgaben des NT und ihre Gegner (Biblische Studien 7,5). Freiburg 1902.

R. Bultot. Erasme, Epicure et le „De contemptu mundi" (Scr. Erasm. 2, 205–238).

V. de Caspariis. Il „Panegyricus" di Erasmo a Filippo di Borgogna (Rivista Storica Italiana 65). 1953, 199–221.

R. Crahay. Recherches sur le Compendium vitae attribué à Erasme (Bibliothèque d'Humanisme et Renaissance 6). 1939, 17–19; 135–153.

H. Dibbelt. Erasmus' griechische Studien (Gymnasium 57, 1950, 55–71).

L. Dulieu. Les „Théologastres" de l'Université de Paris au temps d'Erasme et de Rabelais (1496–1536). (BHR 27, 1965, 248–271).

A. Gail. Johann von Vlatten und der Einfluß des Erasmus auf die Kirchenpolitik der vereinigten Herzogtümer (Düsseldorfer Jb. 45, 1951, 2–109).

M. P. Gilmore. Erasmus and Alberto Pio Prince of Carpi (Action and Conviction in Early Modern Europe. Essays in memory of E. H. Harbison). Princeton/New Jersey 1969, 299–318.

D. Gorze. La patristique dans la réforme d'Erasme (Festgabe für J. Lortz. Bd. 1, Baden-Baden 1958, 233–276).

P. Gorissen. Het Kortrijkse pension van Erasmus (Verslagen en mededelingen o. de Leiegouw 13, 1971, 107–152).

L. E. Halkin. Erasme de Turin à Rome (Melanges d'histoire du 16. siècle offerts à H. Meylan). (Travaux d'Humanisme et Renaissance 110). Genf 1970, 5–19.

K. Hartfelder. Erasmus und die Päpste seiner Zeit.(Histor. Taschenbuch 11, 1891, 121–162).

B. H. D. Hermesdorf. Erasmus en de juristen van zijn tijd.(Tijdschrift voor Rechtsgeschiedenis 15, 1937, 1–24).

H. Holeczek. Die Haltung des Erasmus zu Luther nach dem Scheitern seiner Vermittlungspolitik 1520/21. ARG 64, 1973, 85–112.

G. Hoogewerff. Erasmus te Rom in de zomer van 1509 (De Gids 122). 1959, Nr. 7,22–30.

T. Kardos. Zur Entstehungsgeschichte des Lobes der Torheit (Filologiai Közlöny). 4, 1958, 571–599.

F. Kerker. Erasmus und sein theologischer Standpunkt (Tübinger Theol. Quartalschrift 41, 1859, 531–566).

F. Krüger. Die Bergpredigt nach Erasmus (Forschungen zu Bucer und seiner Zeit. Veröffentlichungen d. Inst. f. Europ. Gesch. Abt. Abendl. Religionsgeschichte Bd. 80). Wiesbaden 1976.

J. Lortz. Erasmus – kirchengeschichtlich. (Aus Theologie und Philosophie, Festschr. f. F. Tillmann). Düsseldorf 1950, 271–326.

J. C. Margolin. Le „Chant Alpestre" d'Erasme, poème sur la vieillesse. (BHR 27, 1965, 37–79).

R. Marcel. Les „découvertes" d'Erasme en Angleterre. (BHR 14, 1952, 17–123).

W. Maurer. Melanchthons Anteil am Streit Luther-Erasmus. (ARG 49, 1958, 89–115).

H. Mayer. Erasmus in seinen Beziehungen zur Universität Freiburg. (Allemannia N. F. 8, 1907, 287–302).

K. A. Meissinger. Erasmus entdeckt seine Situation: Gedanken über die Antibarbari. (ARG 37, 1940, 188–198).

P. Mesnard. Erasme et Guillaume Budé. (Bull. de l'Association Guillaume Budé 4, 1965, 307–331).

P. Mesnard. La Paraclesis d'Erasme. BHR 13, 1951, 26–42.

P. Mesnard. Humanisme et Theologie dans la controverse entre Erasme et Dorpius. (Filosofia 14, Turin 1963, 885–900).

M. Nedocelle. L'humour d'Erasme et l'humour de Thomas More. (Scr. Erasm. 2, 1969, 547–568).

K. Oehler. Der consensus omnium. (Antike und Abendland 10, 1961, 103–129).

R. Pfeiffer. Die Wandlungen der „Antibarbari". (Gedenkschr. z. 400. Todestage d. Erasmus v. Rotterdam). Basel 1936, 50–68.

R. Pfeiffer. Die Einheit im geistigen Werk des Erasmus. (Deutsche Vierteljahrsschrift 15, 1937, 473–487).

P. Rassow. Erasmus und der Augsburger Reichstag. (Die politische Welt Karls V. München 1946, 40 ff.).

C. Reedijk. Das Lebensende des Erasmus. (Basler Zeitschr. f. Gesch. 7, 1957, 23–66).

A. Renaudet. Jean Standock, un Reformateur catholique avant la Réforme. (Bulletin de la societé protestante française 57, 1908, 1–81.

A. Renaudet. Erasme. Sa vie et son œvre jusqu'au 1517 d'après sa correspondance. (Revue Historique 111/112 (1911/12), 225–262; (1912/13) 241–274.

A. Renaudet. Erasme et l'Eglise catholique (1521–1524). (Etudes érasmiennes) Paris 1939, 190–236.

A. Renaudet. Politique d'Erasme et politique de Macchiavel (Atti del Congresso Internazionale di Studi humanestici). Milano 1951, 353–363.

J. H. Rieger. Erasmus, Colet and the schoolboy Jesus. (Studies in the Renaissance 9, New York 1962, 187–194).

O. Schottenloher. Erasmus, Johann Poppenreuther und die Entstehung des Enchiridion militis christiani. (ARG 45, 1954, 109–116).

F. Simone. Robert Gaguin et il cenaculo umanistico, („Aevum",
Rassegna di scienze storiche, linguistiche e filologiche. 13, Milano
1939, 410–476).

C. Slotmans. Erasmus en zijn vrienden uit Bergen op Zoom.(Taxandria
35, 1928, 113–123).

J. K. Sowards. The lost two years of Erasmus (Studies in the Renaissance
9, New York 1962, 162–186).

R. Stupperich. Zur Biographie des Erasmus von Rotterdam. Zwei Untersuchungen. (ARG 65, 1974, 18–36).

R. Stupperich. Erasmus und Westfalen. (Jb. f. westfälische Kirchengeschichte 68, 1975, 9–23).

R. Stupperich. Erasmus und die kirchlichen Autoritäten (Annuarium
Historiae Conciliorum 1976, H. 1/2).

G. Tournoy. Lorenzo Valla en Erasmus.(Onze Alma Mater 23, 1969,
137–152).

J. D. Tracy. On the composition of seven of Erasmus' writings.(BHR
31,1969, 354–364).

W. Trillitzsch. Erasmus und Seneca.(Philologus 109, 1965, 270–293).

Personen- und Ortsregister

Sachregister